田中清玄

二十世紀を駆け抜けた快男児

徳本栄一郎
Eiichiro Tokumoto

文藝春秋

田中清玄　二十世紀を駆け抜けた快男児◉目次

装丁　征矢武

田中清玄

二十世紀を駆け抜けた快男児

プロローグ

全生庵《ぜんしょうあん》は、江戸城の無血開城に貢献した幕末の剣客、山岡鉄舟が開いた臨済宗の寺である。この日、朝から降り続く雨で、都内台東区の谷中の境内には、湿った冷気が漂っていた。三崎坂《さんさきざか》の通りから正門を入ると、前方に本堂が、右手に鐘楼と、それを覆うように立つ桜の木がある。毎年春には見事に咲き誇るのだが、この時はまだ、蕾《つぼみ》が冬の寒さに耐えていた。一九九三年一二月一四日の午後、田中清玄《きよはるせいげん》の葬儀は、ここで行われた。

ある意味で、この人物は、二〇世紀という時代を体現する人生を送ったと言えた。

それは、四日前、慶應義塾大学病院で亡くなった際、各新聞に載った訃報からも窺える。「昭和史に波乱の足跡」「怪物」「政財界のフィクサー」といった見出しで、その波乱万丈の生涯を伝える。

そして、この日、田中を見送るために集まった参列者は、過去、何らかの形で、彼の力を必要とした者たちだった。

参列者で一際目立ったのは、元総理の中曽根康弘である。総理を退いてから六年、すでに七〇代半ばを迎えたが、政界での存在感は衰えていなかった。

中曽根は東大を卒業後、内務省に入り、海軍主計士官として終戦を迎える。一九四七年の衆議院選挙で当選し、以来、科学技術庁長官や防衛庁長官、通産大臣などを歴任、八二年、内閣総理大臣に就任した。中曽根が田中と知り合ったのは、初当選直後である。

敗戦で、それまでの秩序が崩壊する中、勢力を伸ばしたのが日本共産党だ。ある時、過激化した共産党が、首都・東京に電力を供給する北関東の発電所を破壊、それによる暗闇とパニックの中で革命を起こそうとしているとの情報が流れる。そこで、復員兵やヤクザから成る「電源防衛隊」を組織し、発電所で党員を殴り倒して回ったのが、田中だった。

この時、地元の群馬県で、同志を率いて協力したのが、若き日の中曽根だ。二人の関係は、空白の時期も挟み、総理在任中まで続いた。

その側に、中曽根内閣で官房長官を務めた後藤田正晴がいるのは、自然であった。

後藤田も東大卒業後、内務省に入省し、軍隊生活を経て、警察官僚の道を歩む。六九年、警察庁長官に就任すると、よど号ハイジャック事件やあさま山荘事件など、左翼過激派への対応に追われた。

文藝春秋

〝青年将校〟中曽根康弘

七二年、当時の田中角栄総理に請われ、内閣官房副長官となり、四年後、衆議院選挙に当選した。その後も行政管理庁長官、法務大臣、副総理を歴任した政界の実力者である。

田中の葬儀らしかったのは、そこに篠原浩一郎が同席したことだった。

五〇代半ばで、柔らかい物腰の篠原の肩書は、

文藝春秋

〝カミソリ〟後藤田正晴

都内のコンピュータソフトウェア開発会社の役員だ。だが、その過去を知る者にとって、元警察庁長官の後藤田と篠原が同席すること自体、一つの事件だった。

三三年前、国中を騒乱に陥れた六〇年安保闘争。そこで、岸信介総理の退陣を叫んだのが、全日本学生自治会総連合、全学連だ。九州大学の学生で中央執行委員の篠原は、デモで国会突入を図り、逮捕歴一三回という全学連最高記録の保持者だった。

逮捕されれば、当然、保釈金や弁護士費用がいる。大人数が逮捕されれば、その金額も馬鹿にならない。この時、自腹を切って全学連を支援したのが、田中だ。右翼の黒幕とされる男が、左翼を助けた。その結果、追う側と追われる側、かつての警察のトップと左翼活動家が一堂に会してしまった。

だが、この日、最も人目を引いたのは、前触れもなく受付に現れた宅見勝だったかもしれない。上場企業の役員を思わせる穏やかな物腰は、日本最大の暴力団、山口組の五代目組長の若頭には、到底見えなかった。

昭和の終わり、日本中がバブル景気に沸き返った頃、宅見はフロント企業、いわゆる企業舎弟を駆

共同通信

〝山口組ナンバーツー〟宅見勝

使して株や不動産の取引を行い、一説では数千億円とされる巨額の資金を作った、「経済ヤクザ」の代表的存在だった。

そして田中は、山口組三代目組長の田岡一雄と生涯の友情を結び、共にビジネスや麻薬撲滅運動をやった仲だ。宅見は、山口組を代表して、三代目の盟友に別れを告げに来たのだった。

これに慌てたのが、受付にいた面々である。終戦直後から田中の側近だった太田義人も、「どうしようか」と迷ったという。

太田たちが危惧したのも、無理はない。

正面の階段を上がった本堂には、すでに喪主のひで夫人、親族の人々、そして、中曽根元総理や後藤田元官房長官もいた。そこへ、山口組ナンバーツーを、並んで座らせていいものか。もし、一緒の写真にでも写ってしまったら、後で取り沙汰されるかもしれない。

その前年、兵庫県公安委員会は、全国で初めて山口組を「指定暴力団」に指定したばかりであった。

宅見自身、同じ年、カナダでの住宅購入に絡んで不正送金した疑いで、大阪府警に逮捕されていた。

周りが躊躇《ちゅうちょ》するのを見て、何かを察したのだろうか。

文藝春秋

〝財界の鞍馬天狗〟中山素平

宅見は、一礼すると、境内に張られたテントに向かい、他の参列者とパイプ椅子に腰を降ろした。

「中曽根さんも来てる。後藤田さんも来てる。そこへ、宅見若頭が来た。さぁ、どうしようかという話になった。すぐに中に入れるわけにもいかんし、椅子を置いて、座ってもらってね。それから焼香してもらいましたよ」

と、太田は語る。

振り向くと、正門近くに、護衛らしい組員と、監視についてきた数人の刑事が屯《たむろ》していた。その誰もが、それから四年後、神戸のホテルで、宅見が暴力団員に射殺されるとは夢にも思わなかったはずだ。

雨はまだ、降り続いている。

やがて正午を過ぎた頃、葬儀が始まった。読経の声が流れた後で、本堂には再び、静寂が戻った。そこで促されて立ち上がったのは、日本興業銀行特別顧問の中山素平《そへい》だった。

この中山と田中は、双子で生まれてくるはずだったのかもしれない。なぜなら、二人は一九〇六年三月五日生まれ、生まれた年も日も全く同じなのだ。彼らが出会ったのは終戦直後、それから晩年まで深い友情を結んだ。

ただ、中山の歩んだ道は、田中のそれとは、大きく異なる。

中山は、東京商科大学、今の一橋大学を卒業後、興銀に入り、戦後すぐに理事に就任した。六〇年代に頭取と会長を歴任し、その間、山一證券の救済、新日本製鐵の発足など日本経済の大転換を演出した。

あだ名は「財界の鞍馬天狗」、原油の自主開発輸入を唱える「資源派」としても知られた。その行動隊長となり、中東やインドネシアで油田権益を獲得したのが、田中だった。

静まり返った本堂に、友人代表の中山が読み上げる弔辞の声が響く。

「あなたは、右翼でもなかった。左翼でもなかった。純粋な愛国者だった。その行動力は、時に戦闘的な激しさを見せた」

それに続いて、遠く欧州から届いた弔辞も披露された。

田中が、三〇年以上に亘って親交を結んだ友人で、欧州議会議員、オットー・フォン・ハプスブルク大公のものだ。神聖ローマ皇帝の流れを汲む、欧州きっての名門、ハプスブルク家の当主である。

元内閣総理大臣と官房長官、全学連の左翼活動家、そして、山口組の若頭、立場を超えて、皆が揃って姿を見せた。さらに財界の重鎮が、「君は右でも、左でもなく、愛国者だった」と、情感を込めて別れを告げ、ハプスブルク家からメッセージが届けられる。

傍《はた》から見れば、支離滅裂で、矛盾に満ち、脈絡もへったくれもない。が、じつは、それぞれがジグソーパズルのピースのように、故人の生涯を物語っていた。

田中は、自分の葬儀にさえも、彼らしさを遺憾なく発揮したのだった。

それを、最もよく理解したのは、本堂の奥に座るひで夫人だったかもしれない。

後日、ひで夫人は、夫と出会ってからの数十年の出来事を、「一大絵巻」のようだったと語っている。

それは、決して誇張などでなかった。

「騒動ある処、清玄あり」、いや、「清玄行く処、騒動あり」か。

とにかく田中の人生は騒々しいものだった。

明治の末、北海道の函館近郊に生まれた田中は、戦前、東京帝国大学に在学中、日本共産党に入党した。昭和四年の四・一六事件で党員が大量に検挙された後、中央委員長として武装闘争を指揮。治安維持法違反で逮捕され、一一年を獄中で過ごした。

一方のひで夫人は、長野で地元の名士の家に生まれ、高等女学校を出て、何不自由なく暮らしていた。それが兄の左翼活動を通じて、田中と出会い、行動を共にするようになる。やがて、共産党のシンパとして、和歌山で銃撃戦の末、特高警察に逮捕された。過酷な拷問と取調べを経て、刑務所に送られ、その間に田中と獄中結婚する。

ところが、田中は獄中で共産主義を捨てて転向。かつての仲間から、「裏切り者」「変節漢」と罵声を浴びせられ続けた。

田中の前半生は、きわめて〝乱暴〟なものでもあった。若い頃から空手の達人として知られ、その手で特高警察や右翼を叩きのめした。転向後は、その腕力で荒くれ男を束ね、土木会社を興す。後に右翼が送った暴力団員に狙撃された時などは、身に三発の銃弾を受けつつ、暴漢に立ち向かい、奇跡的に命を取り留めもした。

そうこうしているうちに、夫、清玄が関わる相手は錚々《そうそう》たる人物になってゆく。中国の鄧小平《とうしょうへい》副

オットー・フォン・ハプスブルク財団提供

来日したオットー・ハプスブルク大公（右から2人目）を京都に案内する田中（左端）。

首相（当時）、インドネシアのスハルト大統領、アラブ首長国連邦のザーイド大統領、そしてハプスブルク家の当主やノーベル賞学者——まさに一大絵巻であった。

田中は〝国際的フィクサー〟と呼ばれたが、確かに日本人離れした先見性と行動力も、その特質であった。

戦後の高度経済成長で石油の消費が急増すると、油田権益を求めて、単身、中東へ乗り込む。まだ、商社や石油会社が、現地に駐在員すら置いていない時期である。そこで、アラブの王族や国際石油資本に食い込み、いくつもの権益をもたらすのに成功した。また、密かに産油国のクーデターを支援し、見返りに、石油を手に入れたこともあった。こうした中で、スハルトやザーイドとの関係を築いてゆくのだが、田中は、「国際的フィクサー」と呼ばれる一方、日本では「政商」「利権屋」とも攻撃された。

こうして石油をめぐる国際的なフィクサーの地位を盤石なものにしたかと思えば、晩年は、石油にあっさり見切りをつけ、地球環境問題と再生可能エネルギーに向かってゆく。これもまた、じつに田中らしかった。

今、冬の冷雨の中での葬儀から、三〇年近い歳月が過ぎた。

時代は世紀を超えて、平成から令和へ移り、この日の参列者の何人かも、世を去った。田中を知る者も、次第に少なくなっていく。

しかし、世界が激動期に入った今、彼は、再び、私たちの前で強烈な存在感を放ち始めた。

世界中で、資本主義と民主主義が軋《きし》み、人々が分断され、戦火も上がり、まるで第三次世界大戦の前夜のような空気が漂っている。剝き出しの憎しみが連鎖し、それは地球環境を破壊し、核戦争の恐れすら囁《ささや》かれるようになった。

今から思えば、こうした世界を予見したかのように警告を発し、それを防ぐべく、自ら行動を起こしていたのが田中清玄だった。

その波乱に満ちた物語を、戦争直後、日本の会津の地から始めよう。

第一章

電源防衛隊

～終戦直後～

会津若松駅に降り立ったその男は
背広に蝶ネクタイ姿。
周囲を目つきの悪い連中が固めていた。
表の顔は建設会社社長。
しかし、裏の顔は……。
「右翼の黒幕」がここに誕生した。

共同通信

1950年の田中清玄

会津若松の近代は、血みどろの悲劇と共に始まった。明治維新の際の戊辰《ぼしん》戦争である。幕末の会津藩主、松平容保《かたもり》は、京都守護職として、尊王攘夷派の薩摩や長州を厳しく取り締まった。それに恨みを抱く者も多く、江戸の無血開城後、官軍は進撃を続け、戦火は会津へ迫った。藩士らは、本拠の若松城に立て籠もって抵抗したが、最新式の大砲を持つ官軍の前に為す術《すべ》もなかった。激しい砲撃で、城内には死傷者が溢れ、足手まといにならぬよう、城下の屋敷で婦女子が自刃した。

凄惨な戦いの記憶は、会津の悲劇として今も語り継がれる。

その戊辰戦争から八〇年余り経った一九五〇年の夏、市内には、再び戦火が迫りくるような緊迫した空気が漂っていた。

と言っても、今度やって来たのは、官軍ではない。

東京から続々と乗り込んだのは、目つきの鋭い復員兵や元特攻隊員、空手の達人の大学生たちだ。中には、背中一面に刺青を彫ったヤクザもいて、まさに異様な風体の集団であった。

何かを探るように城下を闊歩《かっぽ》し、共産党のポスターがあると、乱暴に引き剝がす。それを見咎《とが》め、ヒステリックに抗議する者がいれば、無言のまま、胸倉を摑んで殴り倒した。あちこちで乱闘も見られ、一体、何が起きているのかと市民は囁き合った。

騒動の最中の八月上旬、会津若松駅に、この集団の親玉らしき男が降り立った。

年の頃は四〇代半ば、痩せ型の、刺すような目差しで、当時では珍しい、背広に蝶ネクタイ姿である。プラットホームに降りると、出迎えた数人の用心棒が傍らについた。

男の名前は、田中清玄、東京の築地で三幸建設という会社を経営する実業家だ。

だが、彼が会津入りしたのは、橋や道路の工事の指揮のためではない。猪苗代《いなわしろ》湖から流れる日橋《にっぱし》川、その上流に位置し、首都の電力供給基地である猪苗代第一発電所、それを共産党の破壊から守るためである。

戦後史の裏で暗躍して、どこかへ去っていった謎の男たち、それが田中率いる「電源防衛隊」だった。ドラマは、一人の若者が会津に送り込まれたところから始まる。

大学空手部の先輩

敗戦から四年後、一九四九年の夏、まだ復員兵も目立つ会津若松駅で、太田義人は、期待と不安の混じった目で行き交う人を眺めていた。長身が人目を引くが、顔には、まだ学生と言っても通用するあどけなさを残していた。

当然である。その春、東京大学を卒業して三幸建設に入社、たった数ヵ月で、いきなり会津出張所長に抜擢されたのだ。

本社では経理部だったが、これから猪苗代の山中で、年上の労務者を指揮せねばならない。日橋川に架かる橋や道路の工事の事務だが、それが、あくまで仮の姿なのはよく分かっていた。自分の正体は、当分、絶対に知られてはならない。

まるで敵地に潜入する工作員だが、これも思えば、あの日、田中と出会ってから運命付けられていたのかもしれない。

「あの人は昔、東大の空手部にいてね、私も空手をやってたんで先輩に当たるんですよ。戦争中、入学したはいいけど、すぐ一年で海軍に入った。それで敗戦後、和歌山で海外からの引き揚げの世話をしておった。それで復学したんだが、先輩に田中清玄というのがいて、横浜で神中組っていう会社をやってて、金回りがいいっていうんだ。それで、カンパをもらいに行ったのが、そもそもの始まりですよ」

北海道室蘭出身の太田は、幼い頃、両親に連れられて、台湾に移り住んだ。戦争中、東京帝国大学の文学部インド哲学科に入学したが、すぐ海軍予備学生として兵学校に入り、少尉で終戦を迎えた。

その後は、和歌山県の田辺で、海外からの引き揚げ業務に従事し、四六年暮れに東大へ復学した。だが、古巣の空手部へ顔を出すと、戦後の混乱で活動資金もない。監督兼主将の太田は、部員らと警備のバイトに精を出すが、所詮、焼け石に水だった。

そんな時、部室の机で、長い間埃を被っていた古い冊子が目に入った。開くと、創立以来の空手部員の名簿である。それを頼りに先輩を訪ねて回り、カンパを募ることにしたのだった。

「それで、神中組が三幸建設に変わって、大学を卒業する時、『お前、これからどうする。よかったら、うちに来んか』と。『空手続けたけりゃ続けていいし、大学院行きたきゃ行っていい』って、随分いいこと言うんでね。それで、まぁ、大学の先輩という感じで入社したんです」

そして、経理部に配属されて数ヵ月経ったある日、太田は突然、社長室に呼び出された。

「すぐに会津若松の猪苗代に行け、って言うんです。共産党が発電所をぶっ壊そうとしてる、東京を暗黒にして革命をやるつもりだ、とにかく行って準備しろ、後で行動隊を送る、と。確か、五千円もらって行きましたね。行くと、発電所で赤旗立てて朝礼やってるんだ。インターナショナル、歌ってね。でも、課長も係長もびびっちゃって何もできない。地元の警察は、『うちも、どうしていいか分かりません』なんて言ってるし」

若い太田が見たのは、まるで共産党の解放区のような光景だった。戦前、治安維持法で弾圧された共産党は、連合国総司令部（ＧＨＱ）によって合法化された。そして、自由を得た彼らは、次第に過激化していく。

一部は公然と武力革命を唱え、その波は政界から官界、経済界、言論界まで及んだ。その格好の標的となったのが日本発送電、いわゆる日発《にっぱつ》だった。戦前に発足した国策会社で、全国の発電と送電を一手に担い、後にその一部は関東配電と合併し、東京電力となる。その労働組合が、共産党に牛耳られていたのだ。

当時の関東配電の理事で、労務部長として組合と真っ向からぶつかったのが、木《き》川《かわ》田《だ》一隆《かずたか》である。後年、東京電力の社長と会長を歴任したが、回顧録で、生々しい証言を残している。

「アメリカの占領政策は、日本人が予想したよりもはるかにきびしいものだった。きびしいばかりではなく、次々と矢継ぎ早に手を打ってきた。電気事業の受けた第一の大きなウネリは、労働大衆の解放により、怒濤《どとう》のように押し寄せてきた労働組合運動であった。その先駆としてリーダーとしてわれわれの前に立ちはだかったのは電産（日本電気産業労働組合）だったからである」（『私の履歴書　経済人13』日本経済新聞社）

そして、電産執行部は、賃上げや労働協約の締結など、次々と要求を出した。それに対し、日発と各配電会社は、電気事業経営者会議を設立、組合との団体交渉に臨んだ。こう言うと、ありきたりの組合運動のようにも聞こえる。

だが、それは、およそ交渉とは言えない修羅場だった。木川田の回想を続ける。

「戦時中、職場を死守し、会社のためには命をささげると誓ったひとびとが、こんどは赤旗をふりまわし、社長や役員をへいげいして、自己批判させるようなことになってしまった。関東配電本社の四階ホールは、一時電産が占領し、わたくしは地下室で、賄《まかない》の親父とボソボソ食事をとる日がつづいた。かつては日本の電力の宗家ともいうべき場所が、完全に赤旗に包まれ、怒号はくり返された。わたくしは昼夜の別なく、激情にわく多数の組合員に包囲されながら、はげしい折衝をつづけねばならなかった」（同）

「バカと呼ばれ、つらを洗って来い！　とどなられるのは日常のこと。その罵声の中には、いつも女闘士のカン高い声がまじっていた。わたくしの会社のある支店長のごときは、非民主的と呼ばれて、組合幹部の前に土下座してあやまらされるといった暴挙が随所に行なわれた。経営権を守るどころか、経営側の人格は完全に蔑視される有様であった」（同）

こうした事例は、大なり小なり他の業種でも見られた。いわば、国中が左翼思想に覆われる中、いち早く共産党の脅威を指摘したのが、田中だった。そして、電産の背後に、単なる組合活動以上の意図を感じ取ったらしい。

当時のインタビューに本人の言葉がある。

「日発は共産党の牙城であり、われわれは昨年の夏から準備して、この三月から対共産党直接壊滅攻勢の火蓋を切ったものです。われわれとしては命をかけて電源防衛の配置についてきた」（「産業と貿易」一九五〇年一一月号）

「もはや共産党自体は日本の労働者階級の前衛党ではなくて、ソ連赤軍の第五列に変質して来ています。今日の共産党はソ連の赤軍を日本に導入し、彼らの軍政権を樹立させるための第五列部隊だとい

う点が本質でしょう」（同）

また、猪苗代周辺の村議会も共産党が押さえ、ちょっと反共的な発言をすれば吊し上げられ、脅迫され、行方不明になった者さえいるとし、

「こんな暴力沙汰はザラですよ。そこは赤色暴力地帯だ。これが一体、民主々義ですか……。笑わせますョ……。労働省や通産省の役人でわれわれの電源防衛運動に反対するって云うなら、自分で発電所を回ってから文句を云えッてもんですよ」（同）

電産を背後で操っているのはソ連で、その最終目標は、日本の共産革命だ。そのため、基幹産業の電力供給を破壊し、騒乱状態を作り出そうとしているというのだ。

強烈な告発だが、昭和の時代、それも戦争直後を見れば、必ずしも荒唐無稽ではなかった。

一九四九年一月の総選挙で、共産党は二九八万票、三五議席という空前の支持を集めた。国政への影響力も増すが、翌年五月、ＧＨＱのダグラス・マッカーサー総司令官は、共産党非難の声明を発表、翌月に、徳田球一や野坂参三ら中央委員二四名を公職追放した。法と秩序を蔑視し、虚偽と扇動、破壊的手段で日本の立憲政府打倒に努めている、との理由だった。

そして、五一年一〇月、共産党は、第五回全国協議会で新しい綱領、いわゆる「五一年綱領」を採択した。

それまでの方針を転換し、暴力革命を採ることを表明、武装闘争路線へ走ったのである。その前年、国際共産主義組織コミンフォルムから、平和革命路線を批判されたのも、背景にある。

以降、共産党はこれに沿って非合法活動を展開し、世間に衝撃を与えた。五四年に国家地方警察本部が作った報告からも、治安当局の焦りが、はっきり伝わる。

「共産党の革命方式は、国会に議席を多数占めることによって政権を獲得するとか、単にゼネストやデモの圧力によって政権を獲得するとかという方式のものではなく、労働者のゼネスト武装蜂起とこれを援護する都市及び農村の遊撃戦《パルチザン》によって政権を奪取しようとするものである」（『共産主義運動の実態』国家地方警察本部）

そして、党には軍事委員会が、各地の司令部には中核自衛隊、独立遊撃隊といった実力部隊が置かれた。

彼らは「武装行動綱領」も作り、基幹産業の労働者に食い込み、武器の調達と訓練をしているとされた。報告ではそれを裏づける事実として、五〇年代初めの武装活動を列記した。党員の家宅捜索で、拳銃やダイナマイトが見つかり、九州や福島、青森で、射撃や火炎瓶の訓練が行われた。

そして同時期、各地の発電所や送電施設で、原因不明の事故や事件が相次いでいたのだ。

水力発電所で鉄管が突如、破裂し、高圧送電線が切断される事例が続いた。猪苗代でも夜、戸ノ口堰第三発電所に賊が侵入し、変圧器を冷やす送風機を盗み出そうとした。幸い、宿直員が発見し、賊は逃走したが、下手をすると変圧器が焼き切れたかもしれない。国鉄の常磐線でも信号機が壊され、警察電話が切断される事件があった。

猪苗代は首都圏の生命線だった。

ここは、日橋川上流の第一発電所を始め、小野川、秋元、沼ノ倉などいくつもの水力発電所を抱えていた。総発電量は五〇万キロワットに達し、京浜地区の需要のじつに三分の一をまかない、大正時代に完成した送電線で首都へ送られる。その出発点が、第一発電所付近の膳棚開閉所で、一帯の電力はここに集められた。

つまり、この開閉所のスイッチ一つで大停電が起き、首都は混乱に陥る。「共産党が発電所をぶっ壊そうとしてる、東京を暗黒にして革命をやるつもりだ」という田中の言葉は、それを指していた。

共産党の脅威を唱えたのは田中だけではない。地元紙の福島民報も当時、社説でこう書いている。「たとえ赤旗をふり回そうが、デモをしようが政治的信念の宣伝としてすなおに受けとれるのだが、そうでなくてそれらはウワベのことで、何か別の破壊的意図をもつていたり、または別の仕事をやるのが本旨で政治結社というのは表面上のつくろいに過ぎず、正体は暴力団体であつたり、テロ陰謀団であつたりしたのでは政治活動は自由だからという理由だけで、そのまま手をつけずにおくことは出来ないのである」（「福島民報」一九五〇年六月七日）

風雲急を告げる中、その防衛の最前線に立ったのが二五歳の太田だった。

「まず、発電所の所長に挨拶に行って、社員の名簿を手に入れたんです。二百数十名かのね。それを電産と民同に色分けして、下調べから始めた。民同派は最初、三名ぐらいしかいなかったね。そういう連中とも会いました。警察は全然ダメで、どうしていいか分からないんだ。こっちに『いろいろ、ご指導下さい』なんて言うし。警察力もないから、共産党もしたい放題やってたね」

先に述べた通り、日発の労働組合の電産は共産党が牛耳っていた。役員に罵声を浴びせたのは彼らで、それとは別に、共産党を排した民主化同盟派、いわゆる民同も存在した。その後者を支援し、組合の支配権を奪い取るという戦略だった。

作業服を纏《まと》った太田は、工事現場の指揮を装いながら、社員たちの様子を探った。少しでも組合に不満を漏らせば、それとなく勧誘をかけてみる。

その間、若松市内に下宿したのだが、そこは何と、共産党の女性党員の自宅だった。正体がバレたらただでは済まないが、情報収集の一環と腹をくくったのだろう。

そうこうしているうちに、東京の本社から「行動隊」が到着した。その面々を出迎えた際、太田は思わず、目を大きく見開いたという。

「田中が、配下の勇ましいのを送ったんだが、凄い連中がやって来た。復員兵や特攻隊員、大学で空手やっとった学生、あと、背中に彫り物入れた本物のヤクザね。一部は、田中が神中組の頃から付き合ってたと思う。昔、横浜で土木会社を始めた時、組んだのが前科六犯の男だし。所長に言って、皆、発電所で雇いましたよ」

社長直属で、ごく一部の社員しか存在を知らない、共産党討伐の部隊、それが三幸建設から来た行動隊だった。とても堅気に見えない集団の出現に、さぞ共産党も驚いたはずだ。

「で、猪苗代で工事をやりながら、若松市内で共産党のビラを剝がす。こっちのビラを貼ってね。連中と殴り合いもしょっちゅうだけど、負けちゃいけないから、人員を増強してやった。最後は、こっちが勝ったね。こういうのは、うちで『第二工事』って呼んでたけど」

橋や道路の修理が「第一工事」で、共産党討伐が「第二工事」か。

平気で役員を怒鳴りつける若い党員も、本職のヤクザには敵わなかった。やがて市内からは共産党のポスターが消え、代わりに「ソ連の犬を叩き出せ！」「民族の産業はわれわれの手で守れ！」といった言葉が目立つようになった。

また、田中の周囲には空手の達人など、腕に覚えのある者が揃っていた。戦後の武道家として有名な大山倍達《ますたつ》も、その一人だ。

大山は、戦後間もない頃に全日本空手道選手権で優勝し、後に渡米。プロレスラーやボクサーと対戦を重ねる。帰国後は、直接打撃制の実戦空手を唱え、国際空手道連盟極真会館を設立し、国内外で多くの弟子を養成した。その彼が、二〇代の頃、田中のところに出入りしていたのである。

その姿を、おぼろげに覚えているのが、田中の長男の俊太郎だ。終戦直後、田中家は静岡県の三島に居を構えたが、そこへ、大山も姿を見せていた。

「まだ、幼稚園くらいですから。私は、小学校一年から東京なんです。大山倍達さんが、三島の家に来たっていうのは、うろ覚えに覚えてますよ。親父が、『空手の先生だ。お前も、少し習え』みたいなことを言ったのは、記憶にあります」

大山自身が、電源防衛隊に参加したかどうかは不明だ。ただ、田中の後輩の東大空手部に顔を出し、稽古をつけたこともあった。

この頃、太田はもう一つ、田中の指示で別動隊を組織していた。共産党に反発する地元の有志や若者を集めた、「会津再建青年同盟」である。

「地元で青年団体も作ったんです。鎌田弐《はじめ》っていう男がいてね。自分と同年代で、意気投合した。一緒にやって、随分助けてもらったね。初め、若松市内は共産党のビラだらけだけど、こっちは青年同盟のを貼った。学生たちを連れて行っては、殴り合いだよ。その鎌田君の上にいたのが、山王丸茂だった」

山王丸茂は、後に福島県経営者協会連合会の専務理事を務めた地元の有力者である。ヤクザも動員した電源防衛には、福島財界からの陰の支援もあったのだった。

だが、ここで疑問なのは共産党討伐の秘密工作、もとい第二工事の資金である。東京からの荒くれ男の旅費や給与、ビラの製作費など結構な金がかかったはずだ。それは一体、どこから捻出したのか。

ちょっと苦笑いしてから、太田が答える。

「そりゃ、やはり電力会社ですよ。自分が事務主任だった時は、工事で二〇人使うのに一〇人ばかり余計に入れるんです。本当の工事費に乗せてね。三幸に仕事をくれて、電源防衛の拠点にするということだった。所長に話をつけて、向こうで（現金を）出してもらってました。今から考えると、無茶苦茶だけどね」

紛うことなき裏帳簿である。土木工事の経費を水増しし、共産党討伐の工作資金を捻出した。これらは日発でも、ごく一部の幹部しか知らない、極秘の取り決めだった。

だが、若松市内で行動隊が暴れ回るうち、その背後に三幸建設、田中清玄がいるのは次第に漏れ始めていた。そして、ついに電源防衛隊の暗躍が、国会で問題になったのだ。

東電の社史に残らない仕事

太田が猪苗代に来て一年余り経った、一九五〇年一一月、衆議院の考査特別委員会で、日発の幹部数人が証人喚問された。野党が追及したのは、ずばり、田中率いる三幸建設との関係である。日発は工事を発注したのは認めたが、野党の関心は、そこではなかった。

例えば、共産党の梨木作次郎議員と日発の総務担当理事、山本善次のやり取りは、こうだ。

梨木「あなたの話だと、電源防衛のために講演をやったというふうに受けているのでありますが、危険分子をなくし、また啓蒙するために講演をやったという、その講演費のほかに、電源防衛費というものが別にあったわけなんですか、どうなんですか」

山本「非常にごっちゃになっておりまして、電源防衛ということは、最初のほどは、結局電源を大切にするということ、それから会社のためになる考えを持っていただきたいということのために、田中清玄氏の講演をお願いしたわけでありまして、決して電源防衛費というものを田中氏に別に出している次第ではございません」

（一九五〇年一一月一六日、衆議院考査特別委員会議事録）

そして梨木議員は、電源防衛隊がばら撒いたとされるソ連批判のビラやポスターを槍玉に挙げ、こう問い詰める。

梨木「こういう田中氏自身の考え方は、ソ連の攻勢に対して民族を防衛するために電源を防衛しなければならぬ。そのためにお前さんのところに協力して、そうして金を出せ、これでは明らかに反ソ的な宣伝と活動をするために、日発は田中清玄氏に金を出しておるということになるわけです。あなたは田中氏がこういう考えを持ち、こういうことを行動に移しておるということを知らなかったのですか」

山本「会社は田中清玄氏に社員、従業員のためになる思想、ためになるように啓蒙講演をお願いした次第でございまして、どういうふうに講演をされたか、あるいは国際情勢を伝え、そうしていろいろの思想について批判を加えて講演をしたことと思いますが、決して会社はそれ以外の大きな政治的な目的を田中清玄氏にお願いした次第でございません。ひたすら日本の産業のために電源がりっぱに従業員の手で守られることを念願してお願いした次第でございまして、田中清玄氏がどういうわけでかかることをされたかは、私、一技術者でございましてよくわからぬのでございます」
（中略）
梨木「それではあなたは反ソ宣伝をするということが日本の産業の防衛になる、こう考えておったわけですか」
山本「日発が反ソ宣伝を田中清玄氏にお願いしたことは毛頭ございません」
梨木「頼んであるじゃないか、現実にそういうことを言っているじゃないか。そういうでたらめを言ってはだめだ」

（同議事録）

共産党のビラを剝がし、党員を殴り倒すのは、電力の安定供給のための「啓蒙」という。山本理事が脂汗を流すのが目に浮かぶが、これでは、いかにも苦しい。
この日の喚問で、野党は再三、三幸側に流れた金の行方を問い質《ただ》したが、日発幹部は、のらりくらりとかわし続ける。そのため、委員長の篠田弘作が苛立ちを隠さず、こう釘を刺す一幕もあった。
篠田「あなたの方から労務対策費というものが出ておる。講演会の田中清玄君に渡された千九十余万円の、いわゆる電源防衛講演会の費用というものは、受取人もはっきりしておるけれども、そのほか二千何百万円からの労務対策費は、支店長まで渡されたことは伝票もあるけれども、支店長がそれから先に使ったものについてはどこへ使われているかわからない。（中略）正当なものに使われておるならば、なぜそれを伝票なり何なりにして、受取人をはっきりしておかないのであるか。何かそういう支店長から先に伝票もない、領収書もないというところに、その労務対策費というもののの使途が非常に不明確であるということで、いろいろなうわさも立ち、迷惑も受けておるわけなんである」

（同議事録）

この伝票も領収証もない金が電源防衛の資金なのだが、まさか国会で、ヤクザや復員兵を雇い、共産党員を殴り倒させたなどと言えるはずがない。

また、ここではっきり分かるのは、日発が田中を、英語で言うディナイアビリティ、否認権を得るのに利用している点だった。

会社にとって、共産党が牛耳る労組、電産は、電力の安定供給を妨げる不倶戴天《ふぐたいてん》の敵だ。だが、民主主義の手前、露骨に非難して、手を下せば格好の餌食にされてしまう。そこで、下請けの業者が勝手にやったことにする。証拠がなければ追及できず、知らぬ存ぜぬで切り抜けられる。それがディナイアビリティである。

会社がやりたくない、ノウハウもない汚れ仕事を受けたのが田中で、現代風に言えば、アウトソーシング（外部委託）か。

前述の通り、その後、日発は分割され、一部は関東配電と合併して、東京電力となった。猪苗代第一発電所は、現在、東京電力リニューアブルパワーが所有し、首都に電気を送り続けている。

文藝春秋

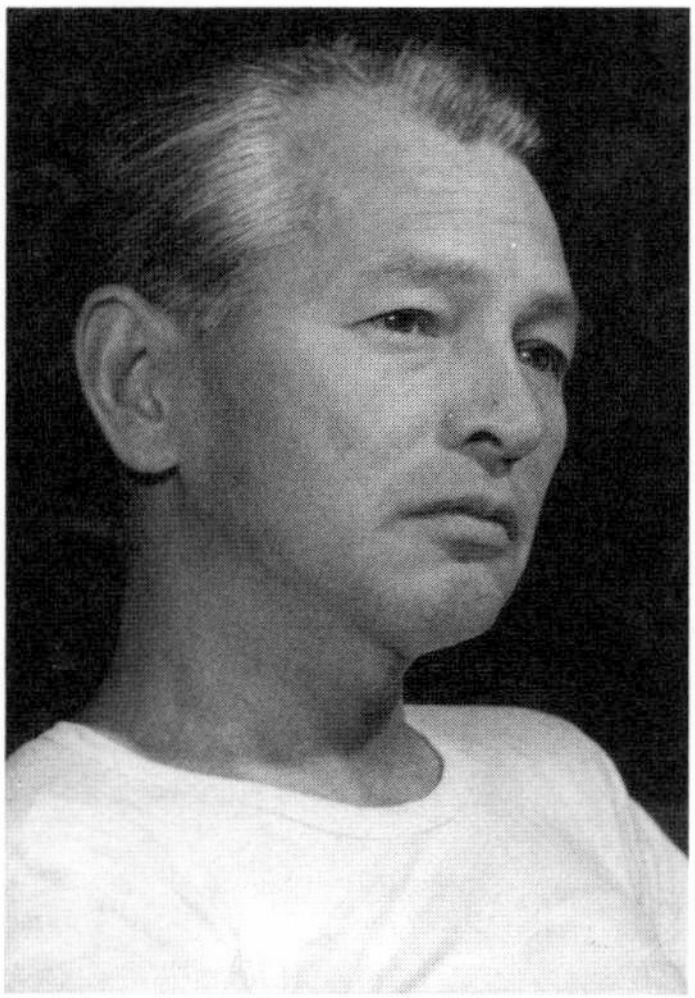

〝吉田茂の側近〟白洲次郎

ところが東電の社史では、電源防衛隊に関する記述が、丸々抜けているのだ。例えば、「労働組合の結成と電産争議」という項目の記述は、こうである。

「電産内部では当初から、中央と地方、共産派と民同派の対立という内部矛盾を抱えており、時の経過とともにこれがますます深刻化し、やがて電力再編成後、この単一組織の動揺と崩壊をもたらすことにもなったといわれる」（『東京電力三十年史』東京電力）

まるで勝手に電産が崩れていったと言わんばかりだ。

さらに興味深いのは、電源防衛隊と、当時の吉田内閣との関係である。それを示唆するのが、三幸建設の顧問を務めた樺山丑二《ちゅうじ》だった。

戦前の貴族院議員、樺山愛輔伯爵の息子で、米プリンストン大学などで学び、東宝の取締役や同盟通信理事も務めた財界人だ。妹の正子は、吉田茂総理の右腕だった白洲次郎の妻である。白洲は、占領期、終戦連絡中央事務局の次長を務め、日本国憲法の制定などＧＨＱとの折衝で活躍した。

この日米のエスタブリッシュメントに連なる人物を、三幸建設は顧問として迎えた。当時の若手社員だった太田も覚えていた。

「樺山丑二さんも、よく田中のところに来てましたね。しょっちゅう、社長室に行って。自分は中には入ってないから、話は知らんけど。樺山さんは、ゴルフや釣りが上手いんですよ。よく庭にポイントを置いて、投げ釣りの練習をやってましたよ。遊び人というか、文化人ですよね。おそらく、アメリカ側や吉田茂さんとの連絡をやっとったんじゃないでしょうか」

そんな樺山が、荒くれ男を束ねる会社に出入りする。となれば、電源防衛は、吉田内閣とGHQの両方からお墨付きを得ていた可能性がある。

さらに興味深いのは、白洲次郎との関係だった。

「吉田内閣のラスプーチン」と呼ばれ、戦後の政財界で大きな力を持った白洲と田中は、長く親しい関係を築いていた。それを証言してくれたのは、長男の俊太郎だ。

「父は軽井沢ゴルフ倶楽部の会員で、当時、白洲さんが理事長だったんです。車で父を迎えに行ったりしたので、何度か、挨拶しましたよ。白洲さんは、自分が言いたいことをズバズバ言って、口は悪いけど紳士でしたね。夏に行くと、父が、『おい、白洲の爺さんに中元持って行くから、ついて来い』と。そして、二、三〇分、二人で何事か話してました。だから、関係は良かったと思います」

共に、戦後の裏面史を知る田中清玄と白洲次郎。彼らが夏の昼下がり、軽井沢の一角で、二人きりで何事かを語り合う。その光景を思い浮かべただけで、好奇心を刺激する。

ソ連も米国も田中に接触

ともあれ、田中が猪苗代の電源防衛に励んでいる最中、世界は大きな転機を迎えていた。朝鮮戦争の勃発である。

第二次大戦後、朝鮮半島は、北緯三八度線で南北に分断され、韓国と北朝鮮の二つの国家が誕生した。そして、一九五〇年六月二五日、武力による統一を目指す北朝鮮が、韓国に侵攻、朝鮮戦争が勃発した。

これに対して、米軍を主力とする国連軍が派遣されるが、中国も参戦して、北朝鮮を支援した。隣国の日本も、後方支援基地として否応なく巻き込まれた。

そして、田中によると、開戦前、ソ連の情報機関が、米軍の兵站《へいたん》を担う日本での後方撹乱《かくらん》を依頼してきた。戦後、ソ連に抑留され、帰国した日本人を通じて、ソ連共産党幹部が接触してきたという。

晩年の自伝で、こう述べている。

「ソ連が私を使ってやりたかったのは、電力や輸送機関の破壊工作でした。これをやられたら米軍は身動きが取れませんからね。それで私は、『祖国防衛・平和安定のための電源防衛・食料増産・生産・運輸の安全』をスローガンに掲げ、全国各地の電源・石炭地帯を中心に電源防衛隊を組織して、彼等の破壊工作に対抗したのです。一九四九年には三鷹事件、松川事件が起きていますが、あれはみな国鉄を寸断して、日本の輸送路を断ち送電線を断って、日本を米軍の基地として機能しないようにする、彼等の後方撹乱工作の一環ですよ。私は今でもそう確信しています」(『田中清玄自伝』ちくま文庫)

田中に接触したのは、ソ連だけではない。米国の情報機関も同様だった。

「日本が戦争に敗れ、彼らが進駐して来て間もなく、ずいぶんいろんなアメリカ人が私に接触を求めてきました。CIC(カウンター・インテリジェンス・コー)と呼ばれた陸軍諜報部があった頃ですよ。それから海軍、空軍の連中もね。彼らはそうと名乗りはしませんでしたが、私にはすぐに分かりました」(同)

「水面下ではすでに冷戦が始まっていて、ソ連、中国に対抗するには、それぞれの諜報機関がばらばらでやっていたのでは、とても太刀打ちできないということで、諜報部隊の再編、統合を日本において実現しようとしていたのです。つまり大統領直属のＣＩＡを作ろうということですよ」（同）

「米国は日本に大部隊を展開していましたから、自由になる資金も潤沢にあったでしょうし、何よりも日本はソ連、中国に近く地の利もよかったということですよ。ＫＧＢに対抗できるＣＩＡを作るなどということは、想像を超える莫大な金がかかるわけですから。連中は俺の判断力、行動力、そして人脈を使おうとしたんだろうね」（同）

実際、機密解除されたＧＨＱ文書を読むと、終戦直後から、彼らが田中に注目していたことが分かる。

一つは、一九四六年、Ｇ２に送られたJINCHU GUMI（神中組）という報告だ。Ｇ２とは、参謀第二部の略で、日本国内の諜報や治安維持、検閲を行う。部長はチャールズ・ウィロビー少将。占領期の大物情報将校として知られた男だった。

そのＧ２が、終戦直後、横浜にある田中の会社、神中組に関心を寄せ、調査していた。社員には戦時中の憲兵も多く、極右的な傾向が認められるという。

そして、もう一つは、ＧＨＱの特別調査局による、猪苗代の電源防衛の報告だった。田中や三幸建設、会津再建青年同盟の鎌田、経営者協議会の山王丸の記述があり、先の太田の証言と符合する。

これは、ＧＨＱが、田中を監視下に置いていたことを示している。太田も、当時、田中がＧ２のウィロビー少将と面識があり、関係も良好だったのを認めた。

そのＧ２も、首都の治安維持に、共産党は重大な脅威と見ていた。が、露骨に弾圧などすれば、連合国の一員のソ連が黙っていない。その点、民間の電源防衛隊が暴れ回る分には、言い逃れができた。電力会社と同様、GHQにとっても、田中は汚れ仕事を任せられる男だった。

こうして朝鮮半島で戦火が広がる中、猪苗代では電産と民同派が睨《にら》み合い、殺気立った空気が漂っていく。そして、共産党討伐の秘密工作のクライマックス、それが、若松市で開かれた電源防衛総決起大会だった。

「今すぐここで、俺と勝負しろ」

一九五〇年八月一三日、若松市の中心部にある公会堂は、朝から六百名もの群衆が詰めかけ、異様な熱気に満ちていた。猪苗代を始め、東北各地から集まった民同派の組合員、その総決起大会である。演壇に立った各代表から、次々に電源地帯の状況が報告される。工事用のダイナマイトが紛失した。用心のため、鉄条網のバリケードを設置している。口々に各地の状況を訴えた後、真打ちのように登場したのが、東京から駆けつけた田中だ。

GHQのファイルに、この日の彼の演説内容が記録されている。共産党は食料の自給や重工業の発展などと言ってるが、じつは全く逆の方向を向いている――今こそ、われわれは、自らの力で国を守らねばならない――。

太田によると、田中は時折、自ら反共集会に顔を出し、演説をぶっていたという。

「朝鮮戦争が始まる前、ロシアから復員軍人が帰って来てたでしょ。幻兵団って言って、あれが、日本の革命をやるんだと。共産党はのし上がっていたし、発電所を止めて東京を暗黒化するとか。今の人は想像もできんでしょうが、当時、それだけの情勢があったんだから。そんな時、講演に来てましたよ」

だが、本人の激しい気性と殺気立った会場では、平穏に済むはずもなかった。

「一度、田中がどっかで講演しておったら、会場の隅の方から、野次が飛んだ時があった。『田中清玄！そんなこと言っても、革命が起きたら、お前は真っ先に銃殺だ！』。そしたら、うちの田中が激怒してね。『じゃ、今すぐここで、俺と勝負しろ』って、演壇から降りて、殴りかかろうとするんだ。慌てて止めたけど、相手もビビッて逃げてっちゃった。あの頃は、演説する時も用心棒をつけたね。もう、要するに戦争だから」

こうなると、もはや映画か小説の一場面である。

そして、この若松の総決起大会の様子は、ＧＨＱの特別調査局に詳細な報告が送られた。今から考えると、当然である。この日の大会は、日発からの共産党員の強制排除、「レッドパージ」の前哨戦だったのだ。

八月二六日、電気事業経営者会議は電産に対して、全国で二一三七名を指名解雇すると通告した。電気事業の公共性から不適格と見た者で、円滑な事業運営に非協力的との理由だ。これだけの人員を一気に首切りするのは異例で、共産党排除が狙いなのは明白だった。

日発の会津支社でも一二五名の解雇が発表され、一部は団体交渉を要求した。だが、太田によると、猪苗代の空気は概ね平穏だったらしい。

「うちの発電所でも、二八名ばかり指名解雇したんです。全員を集めてから。普通なら連中も大暴れするが、こっちも周りを固めたからね。支店長にも、空手のボディーガードをつけてた」

三幸建設の事務主任としてやって来て、すでに一年以上が過ぎた。

その間、太田たちの切り崩しで、猪苗代の電産から民同派への大量離脱が起きた。その上、周りを見回すと、目つきの鋭い、お世辞にも柄がいいと言えない男らが睨んでいる。かつて甲高い声で役員を叱責した党員も、うなだれるしかなかったのだろう。

だが、彼らも、ただでは引き下がらなかった。

解雇通告から三日後、二九日の夕方、首を切られた約五〇名が、若松市内の料亭「水林」に集まった。今後の策を話し合うためだ。そこで酒が入ったかどうかは分からないが、その後、二〇名ばかりで会津支社へ押しかけようという話になった。

ちょうど守衛の警備が手薄な時間でもある。口々に絶叫しながら、建物に乱入していった。

「今すぐ、支社長を呼べ！」

「解雇の理由を説明しろ！」

居合わせた社員は顔面蒼白となり、呆然《ぼうぜん》と見守るだけである。その瞬間、ドアを蹴破るように現れたのが、またもや電源防衛隊だった。

猛獣が咆哮《ほうこう》するような声を上げ、たちまち乱闘が始まった。組合員たちは殴り倒され、叩き伏せられ、敷地の外へ追い出された。

そこへ、タイミングを見計らったように到着したのが、警官隊である。引き渡された者はトラックに乗せられ、署へと連行されていった。

「結局、自分は、会津若松に一年ちょっといたね。それで、全部終わってから東京に引き揚げましたよ」

「右翼の黒幕」の誕生

こうして、会津若松を舞台にした電源防衛は幕を閉じた。

猪苗代第一発電所では赤旗もインターナショナルの合唱も消え、かつての静寂が戻ってきた。日橋川の最上流にあり、赤煉瓦《れんが》の外壁が美しい建物は、今では日本遺産に認定された。約七〇年前、ここで血みどろの戦いがあったなどとは信じられない静けさである。

そして、電源防衛は、「右翼の黒幕」という田中のイメージを確立させた。

戦後の混沌《こんとん》とした時代、経営者の誰もが共産党の脅威に凍りついた時、単身で立ち向かったのが、田中だった。その後も、いくつもの大企業の争議で、組合潰しやスト破りの黒幕として名前が隠見していく。財界にとって、彼は救世主であり、恩人でもあった。

当然ながら、対立する共産党からは、激しく憎悪された。

「資本家の走狗《そうく》」「体制側の黒幕」、ありとあらゆる雑言が浴びせられる。新憲法が認めた労働運動を、力で圧《お》し潰したのだから無理もない。が、その彼らも認めざるを得ない、一つの明確な事実があった。

それは、電源防衛で田中が見せつけた、共産党潰しの技量である。

組合の人脈や指揮系統を調べ上げ、誰が、どのぐらいの影響を持っているかを摑む。また、彼らの過激さを執拗に宣伝し、一般の労働者から孤立させる。さらに、内部の対抗勢力を支援し、組合の主導権を奪ってしまう。

共産党の強みと弱点、駆け引きを熟知した見事な戦術だった。

必要とあれば荒くれ男を動員し、自らも殴りかかるなど、その行動力は、大企業の青白い役員たちには望むべくもない。

今も太田は、会津での、あるエピソードを忘れられないという。猪苗代の電源防衛の際、最大の障害が皮肉にも、雇い主の日発にいたのだ。

「猪苗代の支社長の中山さんは、技術屋だけど、マルクスを読んでて、共産党の話が分かる。だから、連中と互角に話しちゃうんです。平和な時なら、それでいいよ。だけど、あの時は戦争なんだ。それじゃ、首切りとか、徹底的なことができない」

ここで言う中山とは、日本発送電の猪苗代支社長だった中山俊夫を指す。早稲田大学の電気工学科を出て、日発に入り、後に東京電力の沼津支店長や電源開発の資材部長も務めた。根っからのエンジニアで、電産の組合員とも正面から向かい合う、温厚な性格だったらしい。

だが、この非常時に、彼が現場の責任者だと共産党に勝てないと、太田らは判断した。

とは言え、一下請けの三幸建設に、雇い主を追い出す権限などない。そこへ田中が、ある「友人」を送り込んできたという。

「あの時やって来たのが、元共産党員、筋金入りの活動家だ。それが、一人で会津の山に籠ってね、ずっとビラを書いてるんだ。架空の団体のね。中山さんが、どこそこの芸者と遊んでた、共産党員と会ったとか。それをばら撒いてから、本店に乗り込む。『支社長を替えろ』って。それで、中山さんは首になった。そりゃあ、凄かったよ、共産党の昔の奴は」

現代風に言えば、フェイク・ニュースだろうか。

自分たちに目障りな人物や組織のスキャンダルを流し、社会的に葬ってしまう。今ならビラでなく、ソーシャルメディアだが、すでに半世紀以上も前、それを自在に駆使していた。戦後、流行りで共産党に入った連中とは違う、戦前の弾圧を生き抜いた者の凄みである。

それは同時に、田中の生涯を通じた大いなる矛盾、ドラマ性を、見事に照らし出してもいた。そして、彼のいかがわしいイメージを増幅もした。その理由を最もよく理解していたのは、当の本人だったはずだ。

かつて過激なストライキを扇動し、警官を殺傷し、暴力革命を画策したのは、他ならぬ彼なのだ。それは左翼運動にのめり込んだ青春時代の、決して消えない傷でもあった。田中清玄は共産党員、それも最高責任者の委員長だった。

第二章

武装共産党

〜戦前〜

手にはドス、鉄棒、ピストル。
メーデーを流血で彩った武装共産党
中央委員長。それが田中清玄だ。
逮捕され、拷問を受けても意気軒昂
だった田中が、ついに転向した裏には、
慈しんでくれた母の諫死《かんし》があった。

BAN ON RED PLOT LIFTED; COMMUNISTS SLAY POLICE; SCHOLARS ARE ARRESTED

Epoch-Making Meeting in History of Reds Here Held at Wakayama

MOVE IN SECRECY

Four-Day Conference Presided Over by Seigen Tanaka And Hiroshi Sano

An important meeting, which the radicals considered an epoch-making event in the history of the communist organization in this country, took place in Wakayama Prefecture. The leaders of the movement, including Seigen Tanaka, Zenshiro Senno and Hide Komiyama, had previously decided when they met at the Matsuya Hotel, Ueda Hot Springs, in Nagano Prefecture in November, 1929, to hold the "Plenum," or the Central Executive Committee meeting to discuss plans for the expansion of the reorganized Communist Party at Yamanaka Hot Springs in Ishikawa Prefecture in December of the same year, but this plan was abandoned since communications were temporarily cut off then between themselves and their comrades in the Kansai district.

After making this change the central executive body of the party was removed in complete secrecy to the Kansai, and the leaders settled at a villa in Nishiwakino Mura, Kaiso Gun, Wakayama Prefecture which they leased through the efforts of Hide Komiyama. This was on January 12, 1930. Here they drafted the plan for the reorganization of the Communist Party, which was disorganized by authorities at the time of 3-15 and 4-16 affairs, and made full preparations for the opening of the "Plenum," which met from 3.00 p.m. January 14.

This meeting was held extending over four days in a most cautious manner during which time they called each other by numbers, fearing

LEADER OF LATEST RED PLOT

Seigen Tanaka

COMMUNIST LEADER CAUGHT UNGUARDED

Seigen Tanaka Scarcely Had

SCHOLARS INVOLVED IN COMMUNIST PLOT

Two Professors of the Imperial

Sensational Disclosures of Attempts to Spread Radicalism Are Made

173 ROUNDED-UP

Fewer Taken in Present Crusade But Movement Was Widespread

With the lifting of the press ban at 5 o'clock this afternoon on the most sensational police crusade against the communist movement in Tokyo in years, which was carried on most vigorously in this country between February and May last year here and in other parts of Japan, sensational disclosures regarding the killing and wounding of policemen and police officers, the wide dissemination of communism in the various institutions of higher learning, attempts to set fire to the Diet building and other Government offices and to rob several powder magazines and firearm shops in the capital and suburbs were made public.

Those indicted in Tokyo in connection with the communist affair, which was the third anti-communist police crusade in this country known as the 2-20 affair, included 173 communists and 36 "sympathizer," among the latter being many university professors and well-known writers.

Seven are Women

Of the 173 communists, 92 had college education and 7 were girls, Tokyo Imperial University students led in numbers with 31.

Compared with the two previous anti-communist crusades known as the 3-15 and the 4-16 affairs which took place in March, 1928, and in April, 1929, respectively, those arrested and indicted in the recent case were fewer in number but their activities were more widespread and dangerous as the communists were armed with pistols, daggers and other weapons and were more desperate in their subversive attempts and also in resisting the police.

Another salient feature of the recent

田中逮捕を報じた英字紙

一九三〇年七月一四日　東京

警視庁特高課の上田誠一課長らが、世田谷八幡宮の境内に集まったのは、午前四時を回っていた。東の空がわずかに白み始めたが、この時刻、古木に覆われた神社は、まだ闇に包まれている。八幡宮は、豪徳寺の近く、小高い丘の上に建っている。高く聳《そび》える古木に囲まれ、鬱蒼《うっそう》とした森は、まるで自然の砦のようにも見えた。

言い伝えでは、創建されたのは一〇九一年、平安時代後期の勇猛な武将、源義家が奥州からの帰途に立ち寄ったのがきっかけという。

あいにくの豪雨で足止めを食い、天候回復を祈って、崇拝する宇佐の八幡大神をここへ祀《まつ》った。そして、地元の住民に、郷土の守り神として信仰するよう伝えたという。その時、部下に相撲を取らせたのが由来で、毎年秋に奉納相撲が行われる。今も、世田谷の鎮守として厚い信仰を集めている。

それから八〇〇年余り経った一九三〇年七月一四日の早朝、上田特高課長を始め、部下の毛利基係《もといかかり》長の他、六〇名余りの警官が本殿前に整列した。玉砂利を踏む音にも注意を払いながら、武運長久を祈って、頭を垂れる。まさに暁の急襲だ。

今日こそ、あの男を逮捕せねばならない。奴のために、これまで、何人の仲間が命を落としてきたか。刺殺された巡査の葬儀で、坊主のお経が、上田の耳に「無能特高課長」と響いてならなかった。

午前五時二〇分、神社を出発した一同は、約二〇〇メートル離れた場所の、ある一軒家を包囲した。最初に突入するのは佐々木富治巡査、かつての力士「藤見嶽《ふじみだけ》」だ。堂々たる体格の彼に、米国製防弾チョッキを着せ、鉄兜《かぶと》を被らせた。これでは、いかに奴が空手の達人でも敵《かな》うまい。

警視庁特高課が総力を挙げて逮捕を狙う大物、それは、非合法活動を続ける日本共産党の首領、田中清玄であった。

世田谷の豪徳寺裏の民家が共産党のアジトらしい、との情報がもたらされたのは、七月上旬だった。若い女性が一軒家を借りたが、時折、数人の男が出入りしているという。玄関の横に応接間があって、奥に八畳、四畳半と、一人で住むには不自然過ぎる。何かの連絡場所かもしれない。そこで特高課は、近所の空き家を監視拠点に借り、若い巡査と警部補夫婦を住ませてみた。

そして、四日前の夕方、田中によく似た風貌の男を見たとの情報を得て、この朝の急襲を決断したのだった。

午前五時半、民家を三方から包囲した警官隊が、一斉に突入した。玄関や縁側から乗り込むと、寝ていた男女三人が飛び上がった。室内にあった短刀やアイロンを振り回して抵抗するが、難なく取り押さえられる。

その面々を眺めて、上田課長は愕然《がくぜん》とした。田中がいない。またしても、逃げられた。これでは、何のための急襲か。

我に返った上田らは、目の前の男女の尋問を開始した。その気迫に観念したのか、しばらくして彼らは、世田谷にある、もう一つのアジトを白状した。

午後三時、千歳村祖師谷《そしがや》の一軒家を取り巻いた警官隊が突入する。縁側から踏み込むと、室内の三人の若い女性が悲鳴を上げた。奥の三畳間に、胡坐をかいて昼食を取っている男がいた。

田中だ。次の瞬間、まるで鳥が飛び立つように庭へ駆け出す。裸足で生け垣を乗り越えようとした瞬間、その襟首を、元力士の佐々木巡査が摑んだ。

「おい、人違いだ、人違い！」

そう叫びながらよろめくと、振り向きざまに、強烈な正拳を相手の胸元に放った。が、防弾チョッキを着た佐々木には通じない。そのまま首を絞められ、田中の顔が真っ赤に上気していく。右腕をねじ上げられ、そこへ特高課員が集まってきた。もはや、これまでである。ついに、観念したように目を閉じた。

「ようし、俺も男だ！　とっとと縛りやがれ！」

以上は、逮捕を伝えた当時の新聞記事や手記を基にしたが、特高課の八幡宮参拝が幸いしたかどうかは分からない。

この日、上祖師谷のアジトで逮捕されたのは田中の他、共産党シンパで作家の中本たか子、市営バスの車掌の女性二人だった。だが、この事実は当局によって封印される。公表されたのは、一〇ヵ月後の翌年五月で、新聞一面に、田中の顔写真とセンセーショナルな見出しが並んだ。

「日本共産党再建　組織的陰謀の発覚　身命を賭した警官隊」「警官の殺傷十四件　極度の暴力抗争を演ず」「決死隊に田中捕わる　党遂に壊滅」（「朝日新聞」一九三一年五月二〇日付）

「『武装蜂起』の指令動いて帝都の警官二五名死傷」「匕首《あいくち》、血をむさぼり　鉄棒、石塊骨を砕く」「メーデー暴動化の戦慄すべき計画　竹槍やガソリンを準備」（「毎日新聞」一九三一年五月二一日付）

「毎日」に、捜査の指揮を執った上田課長の談話が載っている。

「再建共産党が行動隊を編成してああした狂暴ぶりを発揮したのは首領田中清玄の個性から生れたもので、彼は生来非常に粗暴な男で、寧《むし》ろ硬派不良青年の団長とでもいうタイプの男、和歌山県下での拡大中央委員会で党中央委員長となってからは全く自分の意のままに党員を牛耳り、『日本の現状は将《まさ》に革命の前夜にある、共産党壊滅すると見られているこの際にわれわれは行動によって党の所在を一般に知らしめ、しかる後に党の拡大強化を計るべきである』と主張し反対意見を一蹴して端的な直接行動を指令し昭和五年（一九三〇年）上半期におけるアノような大事件をまき起こしたものである、僕は『田中清玄を先《ま》ず捕える必要がある、彼を捕えれば暴行は止む』と考え彼の逮捕に全力を挙げることにした」

あの共産党討伐の電源防衛から遡ること二〇年、若き日の田中は、何と、武装共産党の首領として逮捕されていたのだ。

右翼団体を迎え撃つ

明治末期の一九〇六年三月五日、田中は、北海道の函館市近郊の七飯《ななえ》村で生まれた。父の幸助は幼い頃に亡くなり、母のアイ、その養父母の清造、タヨ夫妻によって育てられる。アイは地元の有名な産婆で、何人も住み込みの弟子を持ち、一人息子の清玄は何不自由のない少年時代を過ごした。

幕末に開港した函館は、外国の軍艦や商船が寄港し、独特の異国情緒に満ちていた。漁業基地であり、居住する外国人も多く、各宗派の教会や洋食のレストランが軒を連ねた。教会でバターやチーズ、ハムの製法を教え、街角にはクッキーを焼く、甘い匂いが漂っていた。

こうした国際都市の空気を吸いながら成長し、後に故郷について、こんな言葉を残している。

「横浜・神戸・長崎なども港町に育った人ならわかるだろうと思うが、私は外国を訪れ、外国人とあっても、すこしも違和感を感じないのである。特別の感情もわかない。幼い時から外国人が往き来する

道を歩いていたためであろう」（「現代」一九七六年一月号）
やがて函館中学に入学した田中は、次第にロシア文学に親しんでいく。トルストイやツルゲーネフ、ドストエフスキーの作品を読み、多感な彼は「人生とは何か」を問い始める。それは、やがてロシア革命やマルクスへの興味につながった。
そして、青森の弘前高校に進んだ頃から社会主義に惹かれ、実践活動に参加するようになったという。後年の座談会で、こう語っていた。
「所謂マルクス・ボーイになったのは、弘前高校の一年の時からです。高校に入学した時、大いに矛盾を感じましてね、同じ中学の秀才が貧乏なるが故に上の学校へいけないのを見ながら、自分だけ進学しても、少しも面白くないんです。そこで心から満足するものをつかみたいと、いろいろ煩悶《はんもん》した結果、河上肇《はじめ》博士の『第二貧乏物語』を読み、『社会問題研究』を読んで、自分一人でだんだんマルクス主義に入ったわけです」（「文藝春秋」一九五九年六月号）
「それから二年になると、理屈ばかり齧《かじ》っても仕方ない、実践運動に入らなければ、という情熱に駆られて、青森県に農民組合を作ったり、北海道で労働組合運動をはじめたりしたわけです。だから東大に入っても勉強しようなんて気は毛頭なかった。ただ母の心配を慰めるためだけです。内心は共産革命運動を大いにやろうと思って東大にとび込んだんですよ」（同）
当時の日本は、今からでは想像するのも難しい超格差社会だった。ごく一部の地主や財閥が富を支配し、農民や工場労働者に君臨した。首切りなど容易で、生活が困窮する失業者も多く、幼馴染みが、ただ家が貧しいというだけの理由で進学できない。
自分だけが違う道を歩んで、果たして許されるのか。

「『こんなことでよいのかな』という、小さな、一点の、胸を噛むような思いが次第にひろがりはじめ、社会がインチキだと思うようになった」（「現代」一九七六年一月号）

だが、それだけではなさそうだ。後に田中が治安維持法違反で逮捕された際、警視庁が作成した聴取書に、「思想の推移」という項目がある。

工業都市の函館は、資本家と労働者の対立があり、それが居住する地域に表れたという。彼の一家が住んだ新川町は、洋館が目立つ元町、商家の並ぶ松風町と違い、経済的に困窮する住民も多い。それを「侮蔑視」する者への疑問、反発を強めていったのだという。

そんな世の中に、若者が矛盾や怒りを感じるのは、ごく自然である。そして、彼らにとり、社会主義の理想は限りなく眩《まぶ》しく映ったのだった。

一九二七年の春、田中は東京帝国大学の文学部美学美術史学科に入学した。本当は京都に行きたかったが、母から「東京帝大でなければ、学資は出さぬ」と言われて諦めた。

そして入会したのが、東大の学生を中心とする思想運動団体、新人会である。大正デモクラシーの下、吉野作造らの指導で結成され、普通選挙や労働問題の講演、勉強会を行った。当時の学生運動で指導的役割を果たし、後に多くの社会運動家を輩出する。

だが、田中は、マルクスやレーニンの読書会では満足できなかったようだ。実際に町へ出て、労働者と交わらないと、革命なんて所詮、絵空事だ。

そう考えた彼は、入学した翌年、二八年の春、非合法だった共産党に入党する。

すでに日本共産党は六年前、コミンテルンの日本支部として創立されていた。共産主義インターナショナル、いわゆるコミンテルンはレーニンの指導で作られ、各国の共産党を指導する国際機関だ。

当時はロシア革命から一〇年ほど、わが国でも興奮の余韻が残っていた。共産党は、大企業の労働者への宣伝、勧誘活動、いわゆる「オルグ」で党勢の拡大を狙った。

若い田中も、京浜工業地帯のオルグを任され、日雇いの港湾労働者として潜り込む。だが、それは他の党員に真似できない、いかにも彼らしいやり方だった。

「横浜ドッグ、東洋バルブ、東芝と私はオルグに出かけた。労働者は口先では動かなかった。横浜ドッグでは臨時雇いになりドウエ（カンカン虫）から始めた。三日もやると腹や腿が痛くなり、しゃがむこともできない。『おめえセイガク（学生）か、スケ（女）でしくじったな』などとからかわれた。彼らと青空トバクもやったし、出入り（喧嘩）の手伝いもした。なにしろ空手ができるから、たちまち『セイガク』から『兄貴』に祀り上げられる始末だった。こうして彼らの信頼を得たところで、パッと無産者新聞を撒《ま》く。すると、『なんだ、おめえ、やっぱり共産屋か』とくる。しかし、警戒心は示さない。『無自惚れでいうのではないが、やはり〝人間〟を売り込んでからでないと、大衆は動くものではない。『無産者新聞』を手にした彼らは、ほとんど天皇制の問題にひっかかる。『共産もいいけどよ、天皇さんをクビにするのはどうかなあ』これが素朴な声だった。私の頭の中に『天皇制』という三字がいつも清算されずに残った」（「現代」一九七六年二月号）

カンカン虫とは、船腹や煙突にへばりつき、ハンマーで叩いて、錆や汚れを落とす作業を指す。船底に溜まった油も汲み出し、汗と油まみれの重労働である。最初は警戒した荒くれ男も、喧嘩を助太刀した田中を見直し、彼らの仲間に迎えてくれた。

そして、頃合いを見計らって、共産党の機関紙を渡す。それは、東大の新人会でのマルクスやレーニンの読書会とは、まるで別世界だった。

「私自身は京浜地区に入って、土工や工場労働者とのつきあいが多かった。彼らの価値基準は『一に度胸、二に腕っ節、三、四がなくて五にイデオロギー』なのである。まず『人柄』なのだ』（同）

田中が出会った労働者は、おそらく、マルクスの「資本論」など読んでないし、興味もなかったはずだ。青白いインテリがオルグに来ても、鼻先で笑って追い返したろう。

だが、田中は一緒に汗を流し、博打をやり、出入りがあれば体を張ってくれた。

〈こいつが言うんなら、共産主義ってのも悪くはねぇかも……〉

まさに一に度胸、二に腕っ節、三、四がなくて、五にイデオロギーだ。そうやって、一人、また一人と共産党のシンパを増やしていったのだった。

しかも、単なるオルグで終わらなかったのが、田中らしい。

当時、東京帝大の新人会は、七生社《しちせいしゃ》という右翼団体からの妨害、脅迫に悩まされていた。これは、大学内で結成された組織で、国家主義を打ち出し、結社名は楠木正成の「七生《しちしょう》報国」に由来する。

当然、左翼学生を目の敵にし、集会に押しかけ、乱闘を起こし、構内で襲って重傷を負わせる事件もあった。

いかに優等生の新人会でも、喧嘩になると、からっきし駄目だ。

相談を受けた田中は、自衛団を組織し、七生社を迎え撃つことにした。

まず、自分が所属する空手部で「学問の自由を守れ！」と大演説をぶち、部員たちを引き入れた。大学の授業なぞ全く出てないのに学問もへったくれもないが、何とか説得できた。が、これだけでは人手不足である。

そこで、田中は、オルグした京浜の港湾労働者に学生服を着せ、ニセ学生として送り込んだ。喧嘩慣れした彼らを動員し、手拭いに石を包んだ武器まで持たせた。それを分銅鎖《ふんどうぐさり》のように振り回すのだ。日焼けした顔の、目の据わった東大生を見て、右翼もさぞ驚いたろう。

そのクライマックスとなる事件が、一九二八年二月三日にあった。

本郷の仏教青年会館で開いた七生社への抗議集会に、後に右翼として知られる赤尾敏《びん》と配下がやって来た。やがて、演説にヤジを飛ばし始め、そこへ駆けつけたのが、田中率いる自衛団である。たちまち乱闘が起こり、赤尾を羽交い絞めにして追い出すと、何と、近くの本富士署に逃げ込んでしまった。

また、田中も、自ら鉄棒を握って七生社の集会を襲い、片っ端から血まみれにしたこともあった。いわば新人会の親衛隊長で、以来、右翼からの妨害はピタリと止んだという。

渡辺政之輔との出会い

そして、この頃、田中は、生涯を通じて尊敬するようになる指導者と巡り会った。日本共産党創立時のメンバーで、非合法時代の委員長、渡辺政之輔《まさのすけ》である。

千葉県出身の渡辺は、小学校を出て奉公に出され、下町のセルロイド工場で働き、やがて労働問題に目覚めた。戦前の野田醬油や日本楽器などの争議を指導し、コミンテルンに派遣され、日本に関する綱領作成にも参加する。

党創立期の幹部で、この渡辺と田中は一時、共に横浜港の海員ストライキを指導していた。そこで、ある日、突然、争議方針の変更が起きたという。

「ストの中止命令を私が伝達することになった。港に浮んでいる船にランチでゆけば、見張りに出ている水上署員につかまってしまう。『夜、泳いでゆけ』と渡辺は言った。私は、北海道出身でスキーやスケートはうまいが、泳ぎには自信がない。『まあ途中で死ぬだろうな。こんなストライキの仲裁くらいに、ひとつしかない生命を賭けるわけにはゆかねえな』そういうと、渡辺は『田中君、それは違うよ』と、間髪を入れずにいった。『小さな事に生命を賭けられない奴は、大きな事にはなお賭けられないよ』私は脳天を割られたような気がした。『よし、わかりました』と、私は夜の海に身体を浸した。気力だけで争議本部の置いてある船までたどりついた」（「現代」一九七六年二月号）

目の前の瑣末《さまつ》に見えるものにも命懸けで取り組む。それができない奴が、大きなことを言って誰が耳を貸すか。

小学校卒で職工出身の男、そのさりげない言葉が、若い田中を奮い立たせた。

それから間もない一九二八年一〇月、渡辺は、上海からの帰途、台湾で身元がばれてしまった。警官隊に包囲された挙げ句、持っていた拳銃で自殺するのだが、田中の敬慕の念は終生消えなかった。

「結論をいえば、革命運動で兵隊の役割をした人間でなければわからないことだが、なぜ兵隊が、死をも恐れず、新聞を撒き、オルグに精を出すかといえば、それは高邁《こうまい》なイデオロギーが動力となっているのではなく、指導者の人間的魅力そのもののためだと思う」（同）

「私にとって、渡辺政之輔は人生の教師であったような気がする。母親の仕送りで何不自由なく暮し、本を読みたければ読みたいだけ読み、労働運動には取るものも取りあえず馳せ参じて、しかも空手は三段、おそらく厭味《いやみ》な、小生意気な、鋭くとがった党員であったろう。それを渡辺が要所要所でぴしっと叩いてくれたのだ」（同）

だが、この頃、すでに国内の共産党への弾圧は、高まりを見せていた。前述のコミンテルンは、全世界の共産主義革命を目指し、治安当局が目をつけるのは、時間の問題だった。

二八年三月一五日、警察は全国の共産党員とシンパら一五六八人を一斉に検挙、四八八人を治安維持法違反で起訴した。いわゆる「三・一五事件」で、その後、全国の警察に特高課が設置される。

翌年の四月一六日も、全国で党員ら約七百人を検挙、続いて佐野学、鍋山貞親《さだちか》、市川正一ら中央委員も相次いで検挙、起訴した。「四・一六事件」で、これにより党は壊滅的打撃を受けてしまう。

この頃、田中は、東京地方第三地区委員となり、各企業での地下活動を指揮した。

だが、血の滲むような努力で獲得した党員とシンパが、根こそぎ捕まっていく。彼は、内部にスパイがいると直感したという。

「私は二年半検挙されなかった。党へ正式な報告を出さなかったんです。出すとかならずやられる。非常にルーズなおしゃべり人間が多くて、とても信頼できなかった。口頭でレポをするだけで、書いたものはその場で読ませたら取り返してきた。『党を信頼しないのか』って言われた。こっちは、『信頼するもしないも、命をかけて作った組織が、いとも簡単にやられてしまう。党の幹部といえども信用はできない。昨日や今日会って、お前さんの生活をぜんぶ知っているわけじゃないから、この目で見てこの体で感じない限り信用できるかい』と言ってやったこともある。そうしたら『お前は極左だ』と言いやがった。『極左もへったくれもねえ、検挙されずに闘うのが一番だ』と反駁《はんばく》してやった。三・一五でやられましたからね。あの弾圧の中で活動して二年半つかまらなかったんで、あいつは警視庁の中にスパイを持っているんじゃないかっていわれたぐらいです。こっちは空気で分かるんだ。ああ来るなって、全身で感じるんだ。それで踏み込まれる三十分前にサッと逃げたりしてね」（前出『田中清玄自伝』）

　これは戦後になるが、田中は映画館で、黒澤明監督の「わが青春に悔なし」、小林正樹監督の「人間の條件」を観た際、スクリーンに向かって「違うよ、違うんだよ」と叫んだという。

　いずれも、戦時中の思想弾圧や戦争体験を扱った名作だが、どうしても承服できない箇所があった。

　黒澤や小林の描く共産党員は、皆、真面目で、拷問にも屈せず、人間を愛し、国の前途を憂える人ばかりなのだ。ハウスキーパーとして、共に闘っている女子大生を妊娠させて逃げたり、酒を食らい、酔っぱらって正体をばらすような党員など登場しない。

「映画監督にせよ作家にせよ、いわゆる〝進歩的文化人〟は、頭が悪いのか人間が単純なのかは知らないが、どうして『共産党員イコール善玉』『検事・刑事イコール悪玉』というところから作品を描きはじめるのだろう。戦前の左翼運動において、黒沢明や小林正樹が描くような共産主義者ばかりだったら、なんの苦労もなかったのである。事実はその逆で、どんどん裏切るものだからこちらは苦労したのだ」（「現代」一九七六年三月号）

　これには、むろん、賛否両論あるだろう。身も蓋もないと言う人もいるかもしれない。だが、そこには非合法時代、最前線で戦った者しか分からない体験があった。

　たった一人の裏切りで、仲間が一斉に捕まり、苛烈な拷問を受ける。自分もいつ、そうなるかもしれない。そんな中、高邁なイデオロギーだけでは人は動かない。まず、指導者の魅力、だからこそ、皆、命を投げ出してくれる。それに左翼が善人で、右翼が悪人なんて嘘だし、その逆も、また然りだ。イデオロギーで人を見ると、間違う。

　非業の死を遂げた委員長の渡辺政之輔、裏切り、裏切られた多くの党員、彼らから若い田中は「人間とは何か」を学んでいたのだった。

共産党中央委員長

こうして、三・一五事件、四・一六事件を経て、創立以来の古参メンバーは、根こそぎ検挙された。地下に潜った仲間と連絡を取り合い、田中は、党の組織再建に着手する。そして、二三歳で中央委員長に就くことになった。

当初は、さすがの彼も、経験不足を理由に固辞したという。

入党して日が浅く、共産主義の理論でも自信がない。だが、政治方針は党員の佐野博が支える条件で、ついに就任を承諾した。相次ぐ検挙に、皆が意気消沈するのを「敗北主義」と一喝した田中、その腕力、いや突破力に賭けようという空気だったのだろう。

そして、治安維持法が強化され、全国に特高課が置かれる中、歴史に残る血みどろの武装闘争を繰り広げていった。

折しも、一九二九年一〇月、ニューヨーク株式市場の暴落で始まった世界恐慌は、わが国でも昭和恐慌と呼ばれる大不況を巻き起こしていた。失業や倒産、賃下げが相次ぎ、労働争議も急増、生糸や米の価格も急落し、それは農村を直撃した。小作争議の数が増え、生活に困窮する農家では娘の身売りも行われる。

ついに、マルクスが予言した、資本主義の内部崩壊が始まったのではないか。風雲急を告げる中、田中率いる共産党は、委員会を作り、ローヤルなど外国製の拳銃を購入し、武装化を図っていた。

当時、非合法で発行されていた機関紙「第二無産者新聞」を読むと、彼らの活動方針が窺える。その標的の一つは、東京市電のストライキだった。

当時、東京市は、業績不振から大幅な賃下げを提案したが、これに反対したのが東京交通労働組合である。一万人以上の組合員を擁する労組で、それは日本労働組合全国協議会、いわゆる全協の影響を受けていた。この全協が、共産党の指導下にあったのだ。

例えば、一九三〇年四月の市電ストライキで、無産者新聞は、こんな戦術をアドバイスした。

「武装自衛団を組織してスキャップ（筆者注・ストに参加しない者）共に徹底的な赤色テロを加えると同時に電力の輸送路を破壊し、電車自動車の運転機械をブチコワスこと」（四月二四日付）

「市電気局、市役所、議会への抗議デモの決行。警視庁各警察署へ指導者奪還のデモを断行すること」（同）

「各車庫、出張所に押しかけて、之を占領すること」（同）

実際、市電の車庫焼き討ちや電線を破壊する行動隊が作られ、その戦果を誇らしげに書いている。

「勇敢な党の行動隊員は追跡のスパイをドス、鉄棒でやっつけ二名は瀕死の重傷でウンウン呻《うな》っているぞ。震え上った警視庁は、今後密行スパイにピストルを持たすことになった。奴等の武装には労働者の武装で答えろ」（五月七日付）

何とも物騒な紙面だが、これは、まだほんの序の口に過ぎない。

昭和恐慌で、代表的な争議の舞台になったのが紡績会社、鐘紡《かねぼう》である。一九三〇年四月に会社が賃下げを発表し、各工場で大規模な争議に発展した。ここで働く女工は、地方の貧農出身が多く、このままでは仕送りもできなくなる。

無産者新聞は一面トップに、「三万五千人の従業員へ賃銀三割値下を宣告」と、見出しを掲げた。

「この値下によって会社は五百万円儲かるとの話だ。武藤前社長唯一人の退職手当は三百万円も出しながら、三万五千人並にその家族を飢餓に追い込むとは何事だ。全日本の戦闘的労働者よ立て、鐘紡の挑戦に奮起せよ！」（四月九日付）

「これで泣き寝入りしたら次々にこの資本家の攻撃が全労働者に降りかかるぞ」（同）

「今年になってからは合理化が益々ひどくなり新しい機械でウンと働かせ、賃銀値下首切り、工場閉鎖操短と次々とやってくる。鐘紡の女工さんが従業員大会で『三割下げられたら国元へは一文も送れない』と泣きふしたが本当だ。国元どころではない段々悪くなる会社の食物で女工さん皆骨ばかりになるのは知れきって居る」（四月一六日付）

当時の全協幹部だった神山茂夫が、戦後、手記を発表した。それによると、田中が指導者になって以来、武装した党員の警官殺傷が相次いでいた。鐘紡争議でも行動隊が作られ、連絡役の若い男がビラとキリ、トンガラシを持ってきた。

そして、行動隊の面々に、こう指示を出したという。

「ビラを撒け、奴らが来たら身をもってトンガラシで目ツブシをくわせ、キリでドテッ腹に穴を開けろ」

次第に、党内が殺気立ってきているのが分かる。

そして、クライマックスは、同年五月一日、流血の事態となった「武装メーデー」だった。

神奈川県の川崎で、ピストルや竹槍を持つ組合員が警官隊と衝突、多数の負傷者を出した事件だ。

神奈川県警察史によると、経緯は次の通りである。

この日、神奈川県警は、組合の過激分子が日本石油などを襲い、メーデーの暴動化を狙っているとの情報を入手した。そのため川崎署の出志久保署長の下、一八〇名の警官を配置、不測の事態に備えた。

午前九時半、すでに会場の稲毛神社境内には、二千人の群衆が集まっていた。十時前、メーデー実行副委員長の近藤武男が壇上に上がろうとする。その瞬間、黒詰襟服を着た十八、九名が、「日本共産青年同盟」と書いた数本の旗を掲げ、乱入してきた。その手には竹槍、大型ヤスリ、短刀、ピストルが握られている。

それを警官隊が見つけ、押収しようとした直後、乱闘が始まった。その最中、銃声が鳴り響いて、指揮官の内宮藤吉警部が倒れた。撃ったのは日本石油工員の阿部作蔵で、路地に逃げ込もうとしたところを、特高課員が逮捕した。

乱闘は激しさを増し、青年同盟を止めようとしたメーデーの近藤副委員長が、大型ヤスリで刺された。その弟の貞男も竹槍で突かれ、予備小隊の警部補は、短刀を振り回す行動隊員を逮捕直後、背中を竹槍で刺されてしまう。

結局、応援の警官約八〇名が駆けつけて収まったが、これを報じた無産者新聞の見出しは、「武装して官許メーデーに突撃　署長を半殺にす」だ。

「第一警戒線を突破し演壇近くまで進んだが発見され、官犬ダラ幹と大格闘をやり、こちらはドス、ハンマー、ヤスリ等々で応戦し重傷者が数名出た。署長の奴は顔から血を流し帽子はとばし、子分に守られ自動車で病院に急いだ。この勇敢な行動により全労働者から日本共産党、全国協議会万歳の叫びが高くあげられた」（五月七日付）

読んでいるだけで血生臭く、騒然とした様子が伝わってくる。この一連の騒ぎの首謀者が田中率いる共産党だが、話はこれで終わらない。彼らはもう一つ、とんでもない計画を進めていた。

同日、東京でのメーデーのデモに武装した行動隊を送り込み、参加者を扇動、国会議事堂を焼き払おうとしたのだ。

市内に竹槍やガソリンを用意し、具体的な指示も出していた。幸い、警察の警備が厳重で未遂に終わったが、下手をすると、首都で市街戦が起きる恐れもあった。その直後の無産者新聞の論調が、こうだ。

「当局では共産党員逮捕のために、莫大な手当を出して、酒飲み、力自慢のポリ共を集めて決死隊を組織しているのだ。こんな決死隊は俺達の武装自衛団で叩き潰して、党員を一人だって渡しちゃならねぇ。全労働者は一人残らず武装しろ」（五月一三日付）

こうなると、もはや政党ではなく、暴力団の機関紙である。

まさに、警視庁の上田特高課長の言葉通り、「非常に粗暴」で「硬派不良青年の団長」のような田中が、党員を操っている。奴を捕らえれば暴行は止む。そう思って、特高が血眼になって行方を追うのも、無理はなかった。


ここまで読んで、ちょっと待て、どこかで似たような話を聞いたぞ、と思う人がいるかもしれない。

政治活動の一環として、有志の「行動隊」を組織し、時に武器も持たせて送り込む。そして、敵対する勢力には、実力行使も躊躇わない。そう、終戦直後の猪苗代での電源防衛、そこで田中が取った手法と、そっくり同じなのだ。

共産党に支配された電産に対抗するため、田中は、復員兵や元特攻隊員、ヤクザからなる行動隊を現地に送った。若松市内で共産党のビラを剝がし、抗議する党員がいれば、その場で容赦なく殴り倒させた。

また、若い太田義人を事務主任として派遣し、電産の内部分裂を図った。組合に不満を持つ社員に近づき、信頼を勝ち取り、一人、また一人とシンパを増やしていく。それは非合法時代、田中が散々やったオルグの手法と同じだった。

こうして見ると、武装共産党から電源防衛隊まで、やり方は何ら変わっていない。いや、もっと遡れば、東京大学の新人会の防衛も、そうだ。あの七生社に対抗するため、オルグした港湾労働者に学生服を着せ、ニセ東大生として送り込んだ。さすがの右翼も、喧嘩慣れした彼らに敵わない。

戦後、ＧＨＱにより合法化された共産党は、自分たちの強みと弱点、駆け引きを熟知した先輩と戦っていたのだった。さぞかし、やりにくかったに違いない。

当然と言うべきだろう、今なお日本共産党で、田中の評判はすこぶる悪い。

いや、悪いを通り越して、思い出すのもおぞましいという空気も感じる。例えば田中の死後、二〇〇三年に発行された党史に、次のような記述がある。

「各分野での運動のひろがりにもかかわらず、党は、『三・一五事件』以後いちだんと凶暴になった天皇制政府の弾圧によって、創立いらいの幹部のほとんどをうばわれ、大きな困難にみまわれました。こうしたもとで、革命運動の経験が少なく、思想的にも弱点をもっていた田中清玄らが党指導部にはいり、二九年半ばから三〇年にかけての党の活動に、冒険主義的な誤りが生まれました。各分野での闘争のたかまりを革命の切迫と判断した田中らは、三〇年、川崎市で全協のメーデー参加を禁止したことに憤激した労働者に竹槍をもたせ、『武装メーデー』と称して行進させました。一時的にであれ、冒険主義的な指導がなされたことは、党を国民から孤立させ、革命運動に損害をもたらしました」(『日本共産党の八十年』日本共産党中央委員会出版局)

一連の暴力は、未熟な田中の責任であって、本来の党の姿ではない。うちも被害者なんだ、と言わんばかりだ。仮にも委員長までやった先輩に散々な書きぶりで、「武装共産党」への評価は戦後、一貫している。

では、当の本人は、どう釈明したのか。晩年の自伝では、こう語っていた。

「私が再建後の日本共産党の書記長だった時に、スターリンは『日本共産党は武装すべし』という指令を出してきた。私自身がこの指令をモスクワから受け取ったんです。この指令にしたがって、後世の史家から我々は『武装共産党時代』と名付けられるほどの武装集団となり、官憲殺傷五十数件という過失も犯したんです。今思えば死刑にならないのが不思議なくらい、それは反人道的、反社会的、反国民的犯罪でした。ところがスターリンは今度は『日本共産党は極左冒険主義だ。けしからん』と叱責してきたんです。私はこのモスクワからの、責任回避に終始した指令を受け取って『いまさら何を言うか』と心底から怒りが込み上げてきました。『こんな、スターリン程度の男に振り回されてたまるか』と、本当に腹が立った」(前出『田中清玄自伝』)

市街戦も辞さない武装蜂起を進めたのは、ソ連のヨシフ・スターリン首相の指示があったという。確かに、当時、共産党はコミンテルンの指導下にあり、その綱領も協議して作成された。その影響を受けていたとしてもおかしくない。

が、それだけでは不公平だろう。

なぜなら田中自身、終戦直後の座談会で、自らの役割と責任を認めていたのだ。そこでの、非合法時代に先に検挙された幹部、鍋山貞親とのやり取りを見てみる。

田中「いま鍋山氏のいわれたような苦労は、丁度三・一五の直後から満二年半で、その間、風呂屋には全然行けなかった。写真が風呂、床屋に全部回っている。宿屋に行けない、勿論料理屋にも行けない。それでその頃の一番楽しみというのは、友人やシンパの家で風呂に入れてもらうことでした」「いまお話の通りわれわれの時代は武装共産党だといわれていますが、私の時代は私の性格通りの党です。鍋山、佐野氏の時代は鍋山、佐野氏自身の性格、風間氏の時代は風間氏自身の性格、徳球時代は徳球の性格でしょう。私は佐野、鍋山、渡邊政之助さんの與《あた》えた指令通りにやったわけです。『党は自己防衛しろ』『党は自己自身を武装防衛しろ』その通りにやりました」（笑声）

鍋山「責任転嫁だ」（笑声）

田中「私は三・一五の時は中級幹部です。それ以降、中央委員長になった。（中略）もう一つは治安維持法が改正され、中央委員長になったから死刑と腹を決めた。捕まればよくいっても五年、十年。向うも自己防衛、こっちも自己防衛、党自体が自己防衛をしなければならない。それで川崎のメーデー暴動とか、議会焼討とか、和歌の浦事件があった」

（「座談」一九五〇年新年号、傍点筆者）

先に述べたように、田中が委員長に就任した頃、ニューヨーク株式市場の暴落に端を発する恐慌で、世情は騒然としていた。

倒産や大量失業、賃下げが相次ぎ、ストライキも、かつてない盛り上がりを見せた。女工や職工まで一斉に声を上げ始め、若い田中が、革命の絶好の好機と見たのは十分考えられる。

また、従来から党も、武装蜂起や自衛自体は認めていた。しかも、主な幹部は根こそぎ逮捕され、官憲の追跡が、すぐそこまで迫っている。治安維持法も改正され、もし捕まれば良くて無期懲役、下手をすれば死刑だ。

「我々には、『党の自己防衛の強化』がつねに意識の片隅にあった。この意識が『治安維持法』が成立して『つかまったら無期か死刑』という心理に研ぎすまされ、最大限の抵抗としての『自己武装』という階梯《かいてい》を産んだのである。『革命経験』のヘチマのと言っていられる時代ではなかったのだ。昭和元禄の中で、活字化された（つまり加工済みの）資料を読み漁って、ある『立場』のために歴史を書いているインテリ党員には、とても想像できぬ状況がそこにあったのである」（「現代」一九七六年三月号）

死刑になるかもしれない逃亡生活、コミンテルンの資金援助は途絶え、困窮生活を余儀なくされた。寺院や掘っ立て小屋に身を隠し、猫を捕まえ、食ったこともある。おまけに党はスパイだらけで、いつ裏切られるか分からない。そのため、常に護身用と自決用の拳銃二丁を携帯した。

善悪は別にして、それは今からは想像すら難しい、非合法時代の壮絶な体験であった。まさしく共産主義に青春の全てを捧げた日々だった。

ところが、それを、田中は捨てた。

そして、生涯に亘って、かつての同志から、「裏切り者」「変節漢」と情け容赦のない非難に晒《さら》されていく。武装共産党を率い、特高警察すら恐れた彼を転向させたのは、一体、何か。

その答えの一つは、田中逮捕を報じた新聞の片隅にあった。それが、彼を懊悩《おうのう》煩悶させ、心の底に、生涯消えないトラウマとなって刻まれていく。その小さな記事の見出しには、こうあった。

「一人子の左傾を悲しむ　母を自殺させた田中清玄」

母の自殺

その小さな墓石は、古寺の片隅に、ひっそり佇《たたず》んでいた。

幾年もの風雪に晒され、表面は黒ずんで、今では刻まれた文字も判別しにくい。周囲の杉の木々が、そこに眠る者を護《まも》るかのように聳え立っていた。

宝琳《ほうりん》寺は、北海道の南西部、函館に隣接する七飯町にある曹洞宗の寺だ。決して派手さはないが、四百年以上の歴史を持ち、毎年春に境内の桜が鮮やかに咲き誇る。慎ましく、しかし、地元の人々に愛されてきたのが伝わる古寺だった。

駒ヶ岳など、豊かな自然に恵まれる七飯は、明治以降、リンゴや葡萄《ぶどう》の栽培といった西洋式農法が導入された。地形や気候が適したためで、官営農場や農業試験場が作られ、北海道の農業史に大きな足跡を残した。

隣の函館は幕末の開港後、各宗派の教会も建てられ、いわば東洋と西洋、過去と現在が混じり合ってきた。それが不思議な調和を醸し、やがて一本の糸でつながる土地とも言えた。

その宝琳寺の墓には、消えかかった文字で「田中家之墓」「田中アイ建立」と彫られている。

今から九〇年余り前、地元の新聞に載った記事がある。

「花伝別冊」1997年5月1日発行

左が祖母のタヨ、右が母のアイ。清玄は小学校1年生。

「長男の赤化運動を悲しんで自殺遂ぐ」「新川町の産婆田中アイ（五〇）遺書数通を認《したた》めて」（「函館新聞」一九三〇年二月六日付）

函館市内で産婆を営む田中アイが、自宅で昇《しょう》汞《こう》錠を飲み、遺書を残して服毒自殺したという。昇汞は塩素と水銀の化合物で、水に溶かし、消毒液として使用される。極めて毒性が強く、体内に入れば、喉を焼き、胃を溶かし、想像を絶するような苦痛をもたらす。

それを自ら、口にしたのだ。

「原因は長男某が東京帝大文科に入学中だが共産党事件に連座し赤化宣伝しているというのを苦に病みわが子の改悛《かいしゅん》を計る為に死を以て諫《いさ》めたのであると遺書数通を認め遺産等に就ても細々と記してあったが弁護士及び公証人が立会して遺言に基き夫々《それぞれ》手続を執ることにした」（同）

「自殺した田中アイさんは産婆を開業以来産する人の苦しみを見て独身を思い立ち今日までその主義を押通して来た人で貧困の産婦に対しては無料で世話をしその上着物や其他の必要品を恵み与える等情深い模範的産婆として同業者に尊敬されていた人である」（同）

短く、淡々とした記事だが、亡くなった彼女の誠実な人柄、周囲の尊敬を集めた生き様がよく伝わる。そして、己の死を以って改悛させようとした息子、それが、武装共産党の首領として特高警察に追われる田中清玄だった。

その五ヵ月後の七月下旬、田中は、東京の日本橋の堀留署で、薄暗い部屋の椅子に縛り付けられていた。

何度も失神を繰り返した身体に力が入らず、その目はうつろで、まるで抜け殻のような表情だった。もう十日以上も拷問が続き、皮膚は紫色に腫れ上がっている。

特高課の刑事の一人が、耳元に口を寄せると、怒鳴り声を上げた。

「貴様のような悪逆無道な奴は、全人類と日本民族の敵だ！」

次の瞬間、田中が目を大きく見開き、猛獣が咆哮するように喚き立てた。

「さぁ、殺せ！」

「よし、じゃあ、殺してやる。こいつに殺された味方の敵討ちだ」

復讐心で煮えたぎった目で、刑事たちが再び、椅子を取り囲む。

二年半も検挙から逃れ続け、その間、殺傷された警官は数十人に及ぶ。七月一四日、あの世田谷のアジトで、やっと逮捕し、残る党員の行方を吐かせようとした。が、執拗な取調べにも、頑として口を割らず、それが更に憎しみをたぎらせていた。

それは、田中にとっても生涯忘れられない体験だったようだ。

「当時の警視庁および内務省特高課の人たちは私を蛇蝎《だかつ》の如く嫌い、燃えるような憎悪を叩きつけてきた。それだけに拷問も酸鼻をきわめ、太腿《だいたい》部を分厚いソロバンで絞りあげ、これを捻じ上げるのである。その痛さといったらなかった。体力・気力の弱い党員は、大体、三十分くらいで悲鳴をあげ、自白してしまう。『死ぬのじゃないか』という恐怖心が全身を噛んでくるのである。が、私は身体が頑丈であったため、一回の拷問に四時間はもった。それが、かえって刑事や特高の怒りを煽《あお》った」(「現代」一九七六年一月号)

「拷問を堪《こら》えていると遂に失神する。目を覚ますと夜になっている。手も足も動かなくなった身体は留置所に担ぎこまれ、翌朝また取調室の椅子にくくりつけられて、同じことが繰りかえされる。私の場合、拷問と失神の日が十数日間続いた。太腿骨は折れてしまい、手の指は紫色に腫れあがっている。それでも私は自白しなかった」(同)

そしてまたもや、気を失う。

そこへ冷たい水をかけられ、意識が朦朧《もうろう》とする中、思わず田中は反射的に叫んでいた。

「貴様らのような虫けら、岡っ引きに自白してたまるか！　俺も会津藩士の孫だ。お前らに自白したら会津武士の名が廃るわい」

一〇代から共産主義に惹かれ、革命に青春の全てを捧げてきた。それが、峻烈な拷問で体力と気力の限界に達し、口走ったのは、マルクスでなければレーニンでもなく、何と、会津武士だった。

それから四年後、田中は、獄中で共産主義を捨てる「転向」を宣言するのだが、その原風景は自分を産み、育ててくれた母アイ、そして旧会津藩に連なる血筋だった。

シングルマザー

田中清玄は、明治の末の一九〇六年三月五日、亀田郡七飯村、現在の七飯町で、伊藤幸助、田中アイの息子として生まれた。姓が母方なのは、若い二人の結婚を伊藤家が認めず、入籍されずに終わったからだ。

七飯出身のアイは、すでに一〇代で縁談があったが、それを断り、札幌の病院で住み込み看護師として働き始めた。夫に頼って生活するのを嫌い、自立したかったためで、二年目には看護師の免状も取れた。

充実する日々を送っていた中で出会ったのが、肺結核で入院した伊藤だった。

後年、アイの産婆時代の弟子たちに聞き取ってまとめた記録に、その頃の様子が描かれている。

「この病院に胸を病んで入院していた郵政局に勤務をしていた青年がいました。この青年は母一人、子一人の家庭で立派な青年でした。アイさんの若い情熱はフツ、フツとたぎり、ぐんぐん魅かれてゆきました。青年は心からアイさんを愛してくれ二人は結婚の約束をしました。幸せは何時までも続きませんでした。『養女なら養父母の生活をみてやらなければならない。私の家では、とても米櫃《こめびつ》を二つ持つことは出来ない。家の嫁として家に入れることはならない。』と、青年の母にいわれ二人は泣きながら別れました。こうして若い二人の青春は終ったのです。青年の愛を胸に秘め、七飯村に帰ってきたアイさんは、妊娠をしていたのです。明治三十九年三月一日（筆者注・正しくは五日）に生まれた男の子に『清玄』と名をつけました。愛した青年は、清玄さんが五才の時に死亡しています」（「道南女性史研究　明治生まれの女たち」創刊号「産婆田中アイさんを偲ぶ」）

つまり、アイは、今で言うシングルマザーで、清玄は、父の面影をほとんど知らない、母一人子一人の境遇に生まれた。晩年まで彼は、父について、「郵便局にいた」としか話さなかったが、それには、こういう事情があった。

アイの生い立ちも、決して平穏なものでなかった。

アイは、明治維新から一四年後の一八八一年六月、外山友之助と田中八重の三女に生まれた。

新潟出身の外山は七飯村の官営農場で働き、八重は、幕末に会津藩が蝦夷地警備を命じられた際、陣将代を務めた田中玄純《はるずみ》の娘である。その家系を辿ると、直系ではないが戊辰戦争で自刃した家老、田中玄清《はるきよ》にもつながる。清玄が自分を会津武士の末裔と名乗ったのは、こうした背景があった。

アイは一歳の時、同じ農場で働き、子供のいない田中清造・タヨ夫妻の養女となるが、小学校を卒業する頃、北海道開拓使が廃止され、養父は失職してしまう。

やむなく炭焼きで生計を立てるが、その暮らしは赤貧洗うがごとしだった。アイも、出来上がった木炭を俵詰めにし、一七キロ先の函館まで担いで売りに行った。まだ一〇代の少女には過酷で、両側に赤松を植えた道を、ただ黙々と歩き続けたという。

「当時、住む人も少なかったので、誰れもこの道を通りませんでした。馬が通るだけの細い道が二本のわだちとなって残り、草がボウボウと伸び、その丈は二米にもなり、その草息きれに子供のアイさんは息がつまりそうでした。わずかに残っている馬車道も、夏の太陽に照らされ、歩くたびに大地から真黒な土煙が舞い上り重い荷を担ぐアイさんは、全身埃りだらけになってしまいます。春の雪解けの頃は、体ごと腰まで埋まり背中の荷物はその度に左右にぐらぐら揺れ、夢中で歩き続けたものです。市内万年橋のあたりを過ぎる頃には、木炭俵は両肩に喰い込んでいました。負けん気のアイさんは決っして弱音を吐くことも泣くこともいたしませんでした。木炭を売って帰る頃には、さすがに歩くというよりは這っているというものだったそうです」（同）

これが、田中の母の一四、五歳の頃の姿である。

両肩に喰い込む痛みに耐え、歯を食いしばって歩き続ける少女。それは不思議に、後の特高の拷問に耐えている息子とも重なる。

そして、それは、七飯で清玄を産んでからも変わらなかった。産後わずか一ヵ月で、幼子を養母タヨに預け、函館の避病院で働き始めたのだ。

避病院とは、明治に作られた伝染病専門の病院である。幕末に開港した港は、外国船が持ち込むコレラなど、伝染病の脅威に晒された。だが、当時の医学は、患者の隔離と収容が唯一の対策で、そのための避病院が設置された。

函館も例外でなく、そこで働く看護師は、自らの感染リスクがある代わりに、給料も高い。養父母と一人息子を養うため勤めたが、それは質素倹約を通り越し、同情を誘うほどであった。

化粧や衣装に無頓着で、仕事で着る白衣以外は春夏を通じ、一枚きりだ。冬になっても夏の単衣に胴裏をつける始末で、そのため、同僚の看護師から「木の皮さん」「松の皮さん」という綽名《あだな》までもらっている。

「田中さん、今からでも遅くないから勉強をして、産婆になったらどうだ。それで三人を養うんだよ」

そう助言してくれたのは、ドイツから戻った新田淑郎という医師だった。盆や正月も家に帰ろうとせず、髪を振り乱して働くアイを、見るに見かねたのだろう。

そして、客観的にも、新田医師の言葉は理に適っていた。

明治から大正に移る頃には、女性の社会進出が進み、様々な職業に就く者が増えてきた。函館でも、美容師や教師、看護師などが人気職業になり、特に産婆は収入面でトップだった。資格さえ取れば気軽に開業でき、年を取っても続けられ、収入も安定している。

電話を架設し、助手の二人も置けば、一ヵ月の収入は四、五百円を超えるとされた。今の貨幣価値に換算すれば、約一五〇〇万円である。

〈それだけあれば、親子で安心して暮らしていける〉

一念発起したアイは、昼は避病院で勤務しながら、夜は函館病院の講習所で、近代産婆学を学んだ。血の滲《にじ》むような猛勉強で、見事試験に合格し、産婆の免状を手にした。

すでに二年前に、養父の清造は亡くなっていた。アイは、タヨと小学校に上がったばかりの清玄を連れ、函館の新川町の借家に田中産婆の看板を掲げる。一九一三年、大正二年の春、彼女は三一歳になっていた。

心から愛し合った人の子を身籠ったのに、周囲から祝福されず、別れざるを得なかったアイ。だが、決して、悲運を嘆き悲しむだけでは終わらなかった。

一心不乱に働き、幼子と養父母の生活を守り、果敢に運命を切り開いていった。彼女の足跡を追うと、強い自立心と気骨、優しさを備えた、逞《たくま》しい明治の女性が浮かんでくる。

そして、産婆としても、アイは、彼女らしさを遺憾なく発揮した。

従来のお産は座産、すなわち、床に腰を降ろし、天井から吊るした紐に摑まるのが主流だった。だが、これは分娩《ぶんべん》時、新生児の体が会陰を通過する際、裂傷を起こす危険もあった。また、産婦と新生児の死亡率も高く、死因の一つは、大腸菌など感染症による産褥《さんじょく》熱だった。

アイは、昔からの経験に頼るのでなく、仰臥《ぎょうが》位法を採用した。これなら、お産の経過がよく分かるし、会陰裂傷も少ない。

また、クレゾールで産婦を消毒し、使用した器具は蒸し釜に入れた。産婦が熱を出せば、感染対策で接触者を一人に絞り、自分も、自宅の外の小屋で白衣と着物を脱ぎ、消毒してからでないと家に入らなかった。

もし産褥熱と分かれば、産婦の体から出た悪露《おろ》、分泌物を持って避病院へ駆けつける。そこで悪露を培養して、血清を作ってもらい、本人に注射するのだ。看護師として身に付けた近代医学の知識を、最大限生かしたのだった。

それだけではない。

近郊の牧場から一本一〇銭の牛乳を買ってきて沸かし、滋養糖を加え、新生児の生後日数に合わせ、与えさせた。その頃は、銭湯代が三銭、決して安い出費ではない。

だが、牛乳を毎日届けながら、代金を請求しようとはしなかった。それどころか、貧しい産婦に、幼い清玄が使っていた肌着をやり、遊郭のお産も引き受けた。

そうした行為を、「あれは田中式分娩法だ」と、馬鹿にしたように笑う産婆もいたという。

それまでは、お産が済めば仕事は終わりというのが支配的で、貧富を問わず面倒を見るのは、奇妙ですらあった。だが、田中産婆は人気を呼んで繁盛し、やがて、住み込みや通いの弟子まで取るようになった。

その弟子の一人の証言が残っている。

「あの産婆さんは神様ですよ、どこの産婆さんでもお産がすめば、はい、さようなら、でしょう。それなのに田中産婆は違うんですよ。褥婦の物は洗うわ、赤ん坊の物はくれるわ、しまいにはそこの家の子供達の御飯支度迄《まで》してやるんだからね。驚いたもんですよ。何んていったってこの辺の人は、みんな貧乏でしょ。お金なんか一銭もないんですよ。それなのにあの産婆さんは水汲みからおしめ洗い迄して、嫌な顔なんか一度も見た事なかったネ。私達だって貧乏だし、人の事にかまっていられないものネ」（同）

当時の新川町は、地元でも経済的に困窮する家庭が多い地区だった。たった一人で清玄を産み、懸命に育ててきたアイ、貧乏の辛さを知っているだけに、かつての自分のような境遇を見過ごせなかったのだろう。

そして、彼女は、弟子たちに口癖のように、こう言い聞かせていた。

「産婆という者は、富める者貧しい者に差をつけてはいけない。生きる者の命が何よりも大事なのです。そして何時何処のどなた様から呼ばれるかも知れない。また産婆だからといって自分を卑下してはいけない。仕事に誇りを持ちなさい」（同）

こうして、田中産婆は繁盛し、清玄が函館中学に入学した一九一九年、大正八年には念願の自宅を新築、小さいながら、郊外に牧場を所有するまでになった。

折しも大正デモクラシーが花開き、働く女性が、世の脚光を浴びていた。裸一貫から無我夢中で働いてきたアイにとって、この時が人生の夏だったのは間違いない。

〈この幸せが、いつまでも続きますように〉

そうした彼女の願いは、裏切られた。青く澄み切った空に、嵐の予兆のような薄暗い不吉な雲が漂い始めていたのだ。その予兆とは、一人息子、清玄の我が儘《まま》のことだ。

七飯村から函館に引っ越す前からずっと働き詰めで、自然に清玄の世話は、養母のタヨに任せきりとなった。そのタヨも孫を溺愛した。そうした環境は、多感な彼に少なからず影響を与えたようだ。

ある弟子は、こう証言している。

「タヨ婆さんは清ちゃんを赤ん坊の時から面倒みて、オシメを取りかえたりお乳をつくって育ててくれてサ。大きくなってからは清ちゃん、清ちゃんと大事にして、清ちゃんのする事ならなんでもウン・ウンと聞いてくれ、清ちゃんの言う事はみんな正しいとその我儘を聞いていましたしネ、先生も自分が留守ばかりするものだから家に居る時は、目の中に入れても痛くないという程可愛がっていたからネ。だから清ちゃんはキカン坊の甘えっ子でネ。ある時先生がめずらしく家にいて、遊びに来ていた外弟子の子をおんぶして子守りをしている所へ清ちゃんが帰えって来て、いきなり先生にしがみつき気が狂ったように『なんだって俺でも背おってもらえないのに、よその子を背おうんだ。おろせ！おろせ！』と泣いたんですヨ。清ちゃんは口にこそ出しませんでしたが寂しく先生が恋しくてあんな事になったんだと思いますョ」（同）

「あんな事」というのは、むろん、後に共産党に入って、官憲に追われるようになったのを指す。母一人子一人だから左翼運動に走ったのかどうか、その証明は難しい。が、少年時代の清玄が母の愛情に飢え、我が儘で、甘えん坊に育ったのは無理もない。

それでも、親馬鹿と言われようと、アイにとっては自慢の息子だったようだ。

一九二七年、青森の弘前高校を卒業すると、清玄は、東京帝国大学の文学部に入学するため上京した。

汗だくで木炭の俵を担いでいた自分の子が大学生、それも東京帝大に進んだのだ。なりふり構わず、がむしゃらに働いてきた甲斐があった。弟子に向かってはおろか、産婦の家でも自慢話をする有様だった。

その田中産婆の前に、函館の警察署の刑事が張り込み始めたのは、それからしばらく経ってからのことである。ハンチング帽を被った、鋭い眼光の男がアイを尾行し、お産をする家までついてくるようになった。

自宅を空けると家宅捜索が入り、それこそ、屋根裏や便所まで調べられる。やがて、弟子はおろか、産婦の家族、田中家の墓がある七飯の宝琳寺まで取調べを受ける始末だった。

その質問は、常に同じだった。

〈田中清玄の行方を追ってる。函館で奴を見かけなかったか。いや、心当たりを教えてくれるだけでいい。下手に隠すと、あんたも共産党のシンパになるぞ〉

口調もおよそ紳士的でなく、聞かれた方が震え上がる、高圧的なものだったという。

まして母親のアイへの取調べの厳しさ、受けたショックは察するに余りある。共産党、マルクス、革命、治安維持法……今まで耳にしたこともない言葉に、頭が混乱したに違いない。

〈あの子は一体、東京で何をやってるんだろう〉

アイは知らなかったかもしれないが、すでにこの頃、田中は、大学の授業など全く出席してはいなかった。

一九二八年三月の「三・一五事件」で、党幹部が根こそぎ捕まり、同年、治安維持法も改正された。国体変革を目的に結社を作れば、最高刑が死刑の重罪で、支援する者も処罰対象になった。それは、後に芸術や宗教活動まで範囲が拡大され、全国の主な警察署に特高課が置かれた。

そうした中、田中は、オルグやストライキ指導に駆け回っていたのだ。

秘密結社と呼ばれる共産党には、当然、世間の関心も高まった。例えば一九二九年一一月六日の朝日新聞は、丸々一面を使い、若者への浸透ぶりを大々的に報じた。

モスクワ帰りの幹部の下、「細胞」と呼ばれるシンパを広げ、国体変革を狙っているという。

この記事には「帝大生を筆頭に加盟せる多数学生」「本分を忘れ外国思想に盲従」の見出しがあり、京浜地区のオルグ担当者に、田中の名前も載っていた。

居ても立ってもいられず、アイは東京行きを決意した。

本人に直接会い、何をやっているか問い質し、真面目に大学へ通うよう説得するためである。

上京した彼女は、すぐに本郷の東京帝大の近く、森川町にある下宿へと向かった。そこは、前出の新人会の合宿所になっていて、清玄の連絡先になっていた。

その場面に遭遇したのが、新人会の仲間で、後に仙台市長を務めた島野武だった。

同じ東大生で、党員ではないが、後に自身も治安維持法で逮捕された。戦後は弁護士として活動した後、七期に亘って仙台市長を務めている。田中とは馬が合い、その交遊は二人の晩年まで続いた。

これは一九七〇年代になるが、かつての新人会の記録をまとめる文集を作った際、島野は、この時の思い出を寄稿していた。

「三・一五の直後、田中清玄のお母さん、これは旦那さんが亡くなって清玄を女手一つで育てあげた女丈夫で、北海道の助産婦の会長なんかをしてたと思いますが、このおっかさんがやって来て、『一体うちの息子はどうしているだろう。ぜひ合《ママ》って安否を確かめていきたい』と言って、森川町の合宿にたずねてこられた。清玄はうしろに、陰に隠れてしまって、『おふくろの顔は見たくない、たのむからおふくろを帰してくれ』という。私がそれじゃあ、というので清玄のおっかさんに会いました。

お母さんの言うのは、『清玄はここにおりますか』と。『いや、今、外出して、おりません』と。『清玄はまじめに勉強しておりますでしょうか』と聞く。お母さんとしては、何か今度の共産党の事件に関係でもあるんじゃないかということを大変心配しているんだが、それを口に出しかねる模様だ。本当に心配しておったんです。そのおっかさんの顔を見て僕もほろっとしたんだけれども、『いや、田中君は毎日まじめに学校へ行って勉強しておりますから、どうぞ御安心下さい』なんていうことを言う。ずいぶん長くお母さんがもじもじしておられたが、やっとひきとっていただいて、まことにお気の毒なことをしたと思います」(『東京帝大新人会の記録』経済往来社)

遠く函館から、取るものも取りあえず上京したアイ。その足で、紙に書いた住所を頼りに、本郷の下宿へ辿り着いた。だが、そこに清玄の姿はなく、友人らしい男がのらりくらりとはぐらかす。畳に手をつき、息子に会わせてくれと、必死に懇願するのが目に浮かんでならない。

そして、島野の思い出は続く。

「その後で田中君が、武装共産党の頭株になったとき、お母さんが自殺されたことを思い出して、いつか仙台に田中君が来たとき、その話を思い出してしたところが、田中清玄君が、いろんな会社の社長たちなんかのいる前でボロボロ涙をこぼしてとめどもなかった。僕も、悪いことを言ったなあ、というような気持がしました。そんなこともありました」(同)

あの特高の拷問にも屈しなかった豪胆な田中、それが、突然の母の来訪に狼狽《ろうばい》し、逃げ出したという。そして、数十年後、それを思い出して、人前で声を上げて泣きじゃくった。

俄《にわか》に信じ難いが、じつは、その場に同席したのが、田中の側近で前出の太田義人である。彼も、その時の場面は覚えていた。

「やっぱり、田中は、親父の厳しさを知らないでしょ。で、お母さんは産婆さんで偉かった。仙台の島野のところで、一緒に御馳走になったことがあるんですよ。非合法時代にお母さんが会いに来た。その話をしたら、田中が泣き出しちゃったんです。だから、お母さんのことは、すごくあるんでしょうね」

この島野の寄稿は、一九七六年に発表された文集に入れられた。編集したのは、新人会で田中の先輩の石堂清倫《きよとも》である。

やはり東大を経て共産党に入り、三・一五事件で逮捕され、後に社会思想評論家として活動した。社会主義再生の道を求め、新人会の元会員のリーダー的存在だった。

この石堂が田中に、共産党時代について長時間インタビューした音声テープが残っている。

日付は、七五年一〇月二〇日、ちょうど新人会の記録をまとめていた頃だ。それを聴くと、島野の寄稿は、仙台市長として多忙なため、テープに吹き込んで送ってきたという。

そして、石堂が田中に、こう語りかける場面があった。

「あのね、お母さんについて、ちょっと聞きたいんだけど、森川町のあなたのところに、お母さんが来たと。会いにね。君がね、代わりに母親を何とか宥《なだ》めて帰してくれと、逃げたと。お

文藝春秋

元新人会会員のリーダー、石堂清倫

母さんがね、島野に向かって『息子に会わせてくれ』と泣いて頼んだと。島野が、もう閉口してね。何て言っていいか分からないけれども、辛い思いをしてね、とうとう会わせなかった。それが気になって、気になって仕様がない。それでね、これは後のことだけれども、会った方がよかったんじゃないかなぁ、という気が、僕はするわけだ」

テープを聴くと、その瞬間、田中が絶句して、しばらく沈黙が流れるのが分かった。

得意の空手で、右翼や警官を叩きのめした、拷問にも耐えた。それまで延々と武勇伝を披露していた彼が、急に口ごもり、「参ったね、母が訪ねて来るんだ」と言ったきり、黙り込んでしまった。

その沈黙で何かを察したように、石堂が先輩らしく声をかける。

「僕らが死んで何年か経ってから、誰かが、これを出版してくれるかもしれん。それまで、その材料として、島野の証言はそのまま残しとこうと思う」

「それは、入れて下さい」

田中が消え入りそうな、か細い声で呟《つぶや》くのがテープに入っている。結局、アイは息子に会うのも叶わず、うなだれたまま函館へ帰っていった。

そして、武装共産党が官憲の殺傷を繰り広げていた最中、一九三〇年二月五日の朝、遺書を認めて自裁したのである。

東京から戻ったアイは、傍から見てもやつれてしまっていた。あれほど活力に満ちていた目差しも、生気が失せ、虚《うつ》ろな顔でぼんやりするのが多くなった。

清玄とは相変わらず連絡が取れず、その間も、警察から呼び出しは途切れない。母親なら居場所を知っていると見たらしく、情け容赦のない取調べが続いた。

だが、養母タヨもすでに亡くなり、相談できる肉親すらいなくなった。周囲も次第に距離を置き、月に百回はあったお産も、今では三〇回まで減り、精神的に追い詰められていった。

そして、ついに初めての自殺を試みる。

普段から持ち歩く点眼用の硝酸銀を飲み込んだが、幸い弟子の発見が早く、胃洗浄をして助かった。それでも決意は固く、間もなく、今度は睡眠薬を服用して自殺を図った。

この時も、気をつけていた弟子のおかげで一命を取り留めたが、目覚めたアイは、咎めるように「誰が私を助けた！」と声を震わせたという。

そして運命の二月五日、その前夜からアイと弟子は、温泉宿が並ぶ湯の川の美園旅館のお産に出かけた。無事に終わって、産婦のもとに弟子を残し、新川町の自宅に着いたのは、空が白み始めた午前五時だった。

「私は書き物があるから、先に寝てなさい」

寝ずに待っていた弟子にそう声をかけると、自室の机に向かって墨を磨《す》り始めた。

昼間の疲れから眠りに落ちた弟子は、しばらくして、呻《うめ》き声のような物音で目を覚ました。見に行くと、真っ青な顔をしたアイが、呆然と立っているのが目に入った。

「先生、お医者を呼びましょうか」

そう訊くと、「いや、いらない」とだけ答えて、倒れるように布団で横になった。

ハッとして机の方を見ると、空になった昇汞錠の箱が転がっている。いつもお産で使っていた消毒薬、それを丸々一箱、七〇〇ccの水に溶かして飲んだのだ！

悲鳴を上げた弟子が、医者を呼びに飛び出していく。

知らせを受けた通いの弟子が集まり始めた頃、アイは、口からドロリとした液体を吐き出した。毒物が体内に回り始めたらしい。やがて、産婆になるよう勧めてくれた医師、新田淑郎が枕元に着くと、一瞥《いちべつ》して声をかけた。

「胃洗浄をするかね」

「いいえ、いりません」

虚ろな目で、アイが懸命に首を振ってから、横を向いた。

「下半身が気持ち悪いから、取りかえて頂戴」

布団をめくると、すでに腸まで毒物が達しているのが分かった。目や耳までが変色してしまっている。

「先生！　苦しいですか」

周囲で見守る弟子たちが、堪えきれずに叫ぶと、目がカッと見開かれる。

「何の苦しいものか。死ぬ気で飲んだ薬だ。苦しくなんかない」

そして、再び瞼《まぶた》を閉じると、もはや言葉も発しなくなった。

「先生、もうじき楽になりますよ」

駆けつけた吉沢という産婆がそう語りかけると、アイの耳に届いたようだった。

「うん、ありがとう」

そして、もう一度、大きく息を吸い込むと、コトンと音を立てるかのように呼吸が止まった。

時計の針は、午前一一時を指し、約六時間、地獄のような苦痛に苛《さいな》まれたことになる。だが、その死顔は美しく、微笑んでいるようでもあったという。

そして、この日のため、アイは周到に準備を行っていた。

「弟子の身を心配するアイさんは、四十七名それぞれに、五匁《もんめ》以上の金の指輪と、金時計を与え、『田中アイ』の刻印も打つように手配してありました。一人二十円から最高五十円のお金に郵送代もそえて遠く本州へ帰った弟子のことも考えてありました。形見分けはそれぞれの品物に相手の名前を印した『布』が縫いつけてありました」（前出「産婆田中アイさんを偲ぶ」）

気にかけたのは、自分の弟子だけではない。

かつて夜間の産婆学校に通った際、その学費を援助してくれたのが、養父清造の友人だった。その孫娘の学費にと、五百円を別に用意していた。

自分の人生を助けてくれた全ての人へ、心からの感謝を伝えて、アイは去って行ったのだった。

転向

この母の死から五ヵ月後、田中は、東京の世田谷のアジトで逮捕された。

手錠をかけられ、日本橋から品川、麴町と留置場を転々とし、その間、特高の刑事から拷問を受けたのは、すでに触れた。

そして、多くの思想犯が収監された中野の豊多摩刑務所に移されるが、その直前、親戚の者が面会にやって来た。黙ったまま一通の手紙を差し出すと、それは母アイの遺書だった。大要、次のような内容であった。

「私はお前のために死んでゆく。お前は私を裏切った。なぜなら、お前は共産主義者になって、上は神を冒瀆《ぼうとく》し、下は国民の皆様に非常な迷惑をかけている。このような非国民を出したのは私の責任である。私は、先祖及びお前の亡き父に対して申し訳がない。そこで一身に代えてお詫《わ》びを申しあげる。お前は、私の死を空《むな》しくすることなく、犯した罪はいかなる罪であろうと、全部申しあげ、刑はいかなる刑であろうとも、臆することなく立派に服し、もし死刑を宣告されたなら、会津の家老の孫らしく、潔く刑に就け。それが、母の願いである」

それまで、苛烈な拷問にも耐えていたが、母の遺書を読んだ瞬間、膝から崩れ落ちるような衝撃に襲われた。そして、いつしか坊主頭を掻きむしっていたという。

「豊多摩の獄房に移ると、私は吠えるが如く号泣した。坊主頭を両手で抱え、涙を吐き出すように迸らした。冷たい床を拳でガンガン叩きながら泣いた。泣きながら、このまま母のところへ行ってしまうのではないか、そういう思いにとらわれた。しかし、私はやはり共産主義を捨てなかった。当時の私の結論はこうだ。『母は自分の信念に従って死んで行った。自分は自分の信念通りに死んで行こう』と」(「現代」一九七六年六月号)

ところが、その三年後、遺書を読み返した際に考えが変わっていった。

「それが、母の『私は私を裏切ったお前のために死ぬ』という手紙の一行でコッパ微塵《みじん》に粉砕されたのである。私は『私の信念のため』に死ねる、といっている。ところが母は『私を裏切ったお前のために死ぬ』といっているのだ。他人の、しかも自分を裏切った者のために死ぬ。しかも黙って死んでゆく。これはもう絶対愛からの死ではないか。愛とも慈悲とも呼ぶがよい。『他者への思い』が百パーセントの状態なのだ。それにひきかえ、私の死生観はどうだろう。プロレタリア解放革命のためには死ぬ、世界革命のために死ぬ……。いってみれば一種の英雄主義がこびりついた死への対決だった。安価な虚名をしらずしらず心底に蔵しての死の決意だった」（同）

新人会の先輩の石堂のテープにも、感情が高ぶり、上ずったような本人の肉声が残っている。

「俺が今日あるのは、母のおかげですよ。人をいかに愛すべきかということを、教わったんです。自分を捨てるっていうことが、人を愛するということなんです。人の命を奪って、人を愛するってのはねぇ。そんなものは、いかさまですよ。自分を捨てること以外に、愛はないです。それが、母の死を以ってした教えですよ」

一に度胸、二に腕っ節、三、四がなくて、五にイデオロギーと粋がっていた田中。二三歳で共産党委員長に就き、革命のためなら、命も捨てる覚悟だった。

それが、母の遺書を読み、鉄棒で頭を殴られたような衝撃を受けたという。その母は、こうも書き残していた。

「自分は死を以って諫める。お前はよき日本人になってくれ。私の死を空しくするな」

〈自分を裏切った者のために死ぬ、それも黙って死んでいく。あんな死に方ができるだろうか。結局、俺がやってきたのは、ただの英雄主義、虚栄心だったのでは〉

本人の述懐や、石堂、島野ら新人会の仲間、側近の太田の証言から、母アイの死が、田中の心に生涯癒えない傷を刻んだのは間違いない。もし、あの時、上京した母と会っていたら、ひょっとして……晩年まで、自問自答するのが続いたはずだ。

それから四〇年以上が経った、一九七七年三月二二日、函館の湯の川の一乃松旅館で、アイの元弟子たち一七名が、一堂に会した。かつての恩師の供養の席で、そこへ招かれたのは、田中清玄夫妻であった。

座敷で、菊の花に埋もれたアイの写真を前に、老境を迎えた彼女たちは、口々に、その最期の様子を伝えてくれた。

それを、正座して神妙そうに聞いていた田中は、やがて堪えきれないという風に、両手で顔を覆うと、唸《うな》るような嗚咽《おえつ》の声を漏らしたという。


田中が共産主義を捨てる「転向」を宣言したのは、アイの死から四年後、一九三四年三月である。獄中に訪ねてきた栗林敏夫弁護士に、党を脱退する旨を伝え、ノートに書き取ってもらった。栗林は戦前、戦中に治安維持法違反事件で弁護人を務め、政治犯の釈放に携わってきた。

その宣言は、三月三〇日の新聞に、「コミンテルン並びに日本共産党を脱退し新たに前進するに際しての声明」として載り、大きな反響を呼んだ。ずっと後になってから、田中はこう語っている。

「はっきり申し上げておくが、私の転向声明は、拷問による肉体的苦痛のためだとか、権力に迎合して自己を少しでも有利にしようなどということでは、全然ありません。私の転向は母の死によってもたらされた心中の疑念が、次第に膨れ上がり、私の中で基層に潜んでいた伝統的心性が目を覚まし、書物その他によって表層意識に植えつけられたマルクス主義、共産主義という抽象的観念論を追い出したということです」（前出『田中清玄自伝』）

だが、この証言は、少し注意して見る必要がある。

当時、新聞に載った転向声明では、母アイの自殺については、一言も触れていない。あくまで、今の共産党が官僚主義に陥り、労働者の政党たり得ないことが理由とされた。また、ソ連のコミンテルンは日本を理解せず、その無定見な指導も、党の破綻の原因という。

さらに気になるのは、この声明が出されたタイミングだ。

じつは田中は、その翌三一日、東京地方裁判所で、第一回目の公判を控えていた。この転向声明を受け、急遽、公判は翌月に延期された。

そして、同年六月九日、東京地裁は、田中に懲役一五年の判決を下す。検事が求刑した一二年よりも重く、その瞬間、法廷に驚きが走ったという。

これについて、担当の神垣裁判長は、「転向したといっても、過去の行為を許すわけにはいかないし、転向は将来のことであり、裁判は過去の行為についての裁判である」とコメントした。

判決に不満な田中は、即座に控訴し、上申書も提出した。そして、その年の一二月一五日、東京控訴院は、一審より軽い懲役一一年の判決を下したのだった。

これらを時系列で見ると、転向声明は、田中の裁判対策の一環だったとも取れる。初公判の直前に発表したタイミング、一審の判決後に出した上申書も、それを物語っている。

ただ、そうした裁判対策が全てだったとも思えない。では、転向を決意させたという「伝統的心性」とは、何か。

その一端を知る上で、重要なヒントを与えると思われるエピソードがある。

函館の小学校に入学した頃、その余りの腕白ぶりに業を煮やしたアイは、田中を教会に通わせることにした。そこの日曜学校で、少しは素行がよくなると期待したのだが、それは見事に裏切られた。

「この子は本当に言うことをきかん子だと。あんまりきかないからというので、メソジスト教会にもやられた。小学校四年か五年の時だった。しかし、牧師の言うことなんか面白くもなんともないんだよ。日曜日の朝九時からの日曜学校だった。行った印にルカ伝の言葉とかエホバの言葉などの入ったカードを毎回くれるんだが、いわばこれが出席証明書のようなものだ」（大須賀瑞夫『評伝田中清玄』勉誠出版）

「俺は教会から帰る子供を待ち受けていて、カードを取り上げるとそれを家に持って帰って『行った』ということにして、本当はそこいらで遊びほうけていたわけだよ。ある時、牧師と会った母が、『息子がご厄介になっています。きかなくてさぞご迷惑でしょう』と言ったら、『いや、お宅の坊やは二回来ましたね。一度はお母さんと。もう一度は一人で。その後は全然来ませんね』それを聞いて母は激怒したんだな。俺をひい爺さんの田中玄純の墓前に引きずってゆくと、首に短刀を突き付けて、ここでお前の首を刎《は》ね自分は腹を切って先祖にお詫びすると。短刀といっても真剣だからね。本当に怖かった。謝ったよ。それからは行儀をつつしんで教会へ行った」（同）

いかにも田中らしいエピソードなのだが、ここに登場する「メソジスト教会」は、函館教会を指すと思われる。

幕末の開港以来、元町一帯には、聖ヨハネ教会、カトリック元町教会、函館ハリストス正教会など、様々な宗派の施設が建てられた。函館教会は、一八七四年、米国人宣教師M・C・ハリスが始めたプロテスタントの教会だ。坂の途中に、ゴシック様式の建物が聳え、眼下に函館港を望める。

そして、小学生の田中が日曜学校に通った頃、ここで牧師を務めたのが、荻原明だった。

東京の青山学院大学神学部を卒業し、一九一三年、田中産婆が開業した年、牧師に就任した。まだ二〇代だが、深みのある声の名説教で知られ、将来を嘱望された聖職者だ。

その後、米国留学や各地の教会を経て、一九二七年、再び函館に赴任してきた。ちょうど、田中が東京帝大に進学した年だ。そして、後に特高に逮捕され、入獄した田中の後見人が、この荻原だったのだ。

教会の牧師と武装共産党の首領、何とも奇妙な組み合わせだが、その二人を結んだのは、アイだったのでは。そう推測したのは、彼女の死に立ち会った人間を調べた時である。

あの日、一九三〇年二月五日の朝、新川町の自宅には大勢の弟子が駆けつけたが、そこに、三人の男の姿があった。一人は、医師の新田淑郎、他の二人は、函館教会の荻原と信者で函館市議会副議長の田中正だった。

じつは、自殺未遂を繰り返していた頃、アイは、キリスト教に改宗した。愛情を注いだ一人息子が警察に追われ、最後に救いを求めたのが神だったのだろう。

そして、荻原に遺書を渡し、震える手で署名してから、息を引き取ったという。

この遺書で、アイが何を託したのか、今からでは想像する他はない。が、それが、どうか息子を見守ってほしいとの願いだったとすれば、辻褄《つじつま》は合う。

そして、荻原は、田中の後見人となり、獄中で面会し、母の最期と自分の思いを伝えた。それはあたかも、十数年ぶりの日曜学校であった。先の栗林弁護士も、田中の転向を発表する前、荻原と協議していた。

こう考えると、田中が口にした「裏切った者のために死ぬ」「絶対愛」という言葉が、特別な意味を持つ。

これは、明らかにキリスト教の影響であり、裏切ったユダのため、祈りの心で刑死したキリストの姿と重なる。少年の頃、函館の礼拝堂で何度も説かれた絶対の愛、それを、田中は獄中で初めて理解した。やはり裁判対策だけでなく、母の死が、転向のきっかけになったことは、十分想像できる。

アイの葬儀は教会で行われ、その後、親族の手で、七飯の宝琳寺にある田中家の墓に葬られた。住職の家族によると、晩年まで田中は、ここへ足を運び、アイの墓前で、一人、何かを語りかけるように手を合わせていた。


二〇世紀の歴史という観点からすると、アイの死は、一つの時代の終焉《しゅうえん》を鮮やかに象徴したとも言える。

明治の初め、北海道の一村に生まれたアイは、愛し合った男性と別れ、たった一人で子を産み、育てる道を選んだ。そして艱難《かんなん》辛苦を乗り越え、看護師、産婆として果敢に人生を切り開いていく。その強烈な自立心に加え、時代の空気も、彼女を温かく包み込んでくれた。折しも、大正デモクラシーで女性が社会進出し、自立した生き方が脚光を浴び始めていた。また、開明的な函館という風土も、その背中を後押ししてくれた。

母の愛情を一身に受けた田中は、函館中学や弘前高校時代、左翼運動に興味を持ち始める。貧富の格差など社会の不条理に敏感な若者には、ごく自然な選択であった。

そして大正から昭和に移り、東京帝大に進むと、まるで当然のように共産党に入党した。

その東京帝大では、大正デモクラシーの下、古い社会に決別し、新しい人間を宣言する新人会が生まれていた。彼らにとって、マルクスの思想は、この上もなく輝いて見え、共産党に入る者が相次いだ。

そして田中の入党の年、一九二八年六月には中国東北部の実力者、張作霖《ちょうさくりん》が、関東軍の謀略で暗殺された。それは、三一年九月の満州事変につながり、やがて傀儡《かいらい》国家の満州国建国、中国との全面戦争へと発展する。

治安維持法も強化され、次第にきな臭さを増す流れから、新人会も逃げられなかった。歴代の会員三五〇名中、田中を含み、じつに百名以上が逮捕、会も解散させられた。

たった数年で、世の中の空気が一変してしまったのだ。

まさに、その時にアイは亡くなり、それは、大正デモクラシーの終焉と戦乱の昭和の幕開けを意味していた。

そして、遠く欧州では不景気に喘《あえ》ぐドイツで、アドルフ・ヒトラー率いるナチスが熱狂的に支持され、やがて第二次大戦で世界に地獄を出現させる。

そのプロローグと言える一九三〇年代を、田中は獄中で過ごすのだが、それは、悔恨と苦悶の日々だった。

今まで自分は、共産主義だけが絶対の正義と信じていた。資本主義は倒すべき悪で、だからこそ左翼運動に加わり、官憲とも体を張って戦った。その共産主義を、自分の手で捨てたのだ。今さら、かつての敵に宗旨替えしろと言うのか。

一体、これから自分は、何を軸に、どうやって生きていけばいいのか。

激変する世界から隔絶され、まるで時間が止まったような塀の中で、田中は悶《もだ》え苦しんだ。そして、それは彼にとって、どうしても通らなければならない門だった。

小菅刑務所と河上肇

その建物を初めて見上げた者は、皆、圧倒され、感嘆の声を漏らしたはずだ。まるで、鳥が天に向かって翼を広げ、今にも飛び立とうとしているかのようであった。

ここへ向かう護送車は、通常、上野の広小路から東北に進み、隅田川に架かる千住大橋を渡る。そのまま進んで、荒川の千住新橋を越えると、ハンドルを右に切り、川沿いの堤の下を走り続ける。やがて、左前方に、巨大なコンクリート塀が視界に入り、緩やかなカーブを曲がると、正面玄関に到着した。

鳥の頭に見えたのは、高さ約二〇メートルの監視塔で、その眼の位置に、二つの時計がある。その両翼に、左右同型の灰色のコンクリートの獄舎が聳えている。

新しい受刑者は、陣笠を被り、手錠をつけたまま、まず、一階の戒護事務室の廊下に立たされた。順番に迎え入れられ、その場で赤い獄衣を渡され、着替えるよう命じられる。そこで身分が確認され、住所や家族関係、職業を記した書類に目を通し、それが済むと、入浴が許された。

そして、看守に引率されて、エレベーターに乗り、三階で降りると、左右に独房がずらりと並んだ区画に着く。いずれも、三畳ほどの広さで床は板張り、入口の扉の目の高さに、廊下から覗き穴がある。窓のガラスは一応、開け閉めできるが、顔を出せぬよう、黒い二本の鉄棒が並んでいた。

そのため、部屋から見える空はごく限られ、季節や天候が変わっても、外の様子は窺い知れない。

小菅刑務所の南部第二舎、三階の独居房、ここが治安維持法違反で逮捕された田中清玄が、刑期のほとんどを過ごした場所であった。

今から振り返ると、この刑務所自体、彼の入獄に備えて作られたような印象すら受ける。

元々、この荒川沿いの土地は、明治の初め、政府による煉瓦工場が建設された。当時は西洋式の煉瓦造りの建物が普及し、それに伴って煉瓦の需要が急増した。小菅に、英国人技師ウォートルスの指導でかまどが作られ、良質の煉瓦を大量生産できるようになる。

その後、西南戦争で敗れた者らを収容し、作業として煉瓦を焼かせた。それが小菅監獄の前身だが、一九二三年の関東大震災で倒壊してしまった。

その翌春から新たな獄舎が建設され、五年の期間と約一四〇万円（現在の貨幣価値で約二四億円）の工費をかけて完成した。だが、実際は、二倍以上の三〇〇万円の価値はあると噂された。給排水や暖房の工事などごく一部を除き、千人余りの受刑者を作業員として使ったため、人件費がかかっていないからだ。

こうして二九年一〇月に落成したのが小菅刑務所だ。田中は翌三〇年七月に逮捕され、この真新しい刑務所に収監される。

ここは、獄房さえなければ、東洋有数のホテルと言っても、立派に通用した。

本館に当たる中央部は二階建てで、階上に所長室や事務室、階下には医務室、受刑者用の面会室がある。舎房は南北に二つあって、それが、さらに第一舎から第三舎に分かれている。第一舎は、東西に細長い長方形の建物で、その中央から第二舎が西南に、第三舎が東南に向かって斜めに張り出す。そのため、上空から見るとK字形になっており、いずれも三階建てだ。

収容人員は千二百名に達し、その半分以上が独居房で、受刑者もコソ泥などはいない。いずれも強盗や殺人、放火など一〇年以上の長期か無期懲役で、中でも、南部第二舎の三階は、いわゆる思想犯を集めた区域だった。それも、ただの思想犯ではない。

田中が率いた非合法の共産党、井上準之助前蔵相や三井財閥の団琢磨を暗殺した血盟団、犬養毅総理を殺してクーデターを狙った五・一五事件、世を震撼《しんかん》させた事件や組織の首謀者である。善悪の判断はともあれ、いわば、当時の日本の右翼と左翼、そのトップクラスを集めたのが小菅刑務所だった。

この小菅の思い出を、後年、田中はこう語っている。

「刑務所に入ると、人間は変ってしまうのだ。ヒューマニズムも人民民主主義もあったものではない。その人間の〝本質〟がむき出しになるのである。それを卑怯とか怯懦《きょうだ》と呼んではならない。同志を裏切ったのならともかく、獄舎生活を不安と絶望のうちに送る人間の姿はごく自然のものなのだ」(「現代」一九七六年六月号)

そして、その典型的な例として、田中は、河上肇を挙げている。

経済学者で京都帝国大学教授の河上は、大阪朝日新聞で『貧乏物語』を連載、資本主義下の貧困を指摘して、大きな反響を呼んだ。また、個人雑誌「社会問題研究」を刊行し、それを読んで社会主義に目覚めた読者も多い。

やがて、実践運動に移って新労農党を結成するが、京都帝大を追われ、一九三二年、五三歳で共産党に入党した。だが、翌年に逮捕され、治安維持法違反で懲役五年の実刑判決を受ける。大正から昭和初期の左翼運動に大きな影響を与えた、誠実な学者として知られた。

その河上の著作を読んで共産主義に目覚め、同時期、小菅に入獄していたのが田中だったのだ。

「私は『河上肇』の名前を見ると、四・一六直後、日本共産党を攻撃し、新労農党結成を抛《ほう》り出して戦線から逃避したあの河上肇、そして、何の間違いか、風間丈吉時代の共産党に入党して逮捕されるやすぐ転向した河上肇、さらに獄舎での彼の生活ぶりを思いおこすのだ。

河上肇は、入獄後、獄則に忠実このうえなく、他の囚人に先んじて働いた模範囚であり、『善行章』を三つも貰っているのである。

私は、小菅刑務所で赤痢が大流行し、病舎の看病夫が罹病《りびょう》して人手不足となった時、臨時の看病夫を志願して、すでに病舎で働いていた河上と同じ病舎で幾回となく顔を合わせていた。私は『あなたのような学者が、どうして、共産党に入られたのですか。しかも四・一六直後の私の時代は真正面から共産党を非難攻撃していた貴方が？』と、その胸を叩いてみたかった。その願いを何度も看守を通して河上に伝えてもらった。が、答はいつも『おことわりします』だった。河上は私と逢うのを避けていた。最後に彼がこんな言葉を吐いているのを看守が伝えてきた。『田中清玄君のような規則違反ばかりやっている極悪囚人と親しくなったりすると、自分の仮釈放が延びる』。

私はこの返事をいまだに胸にたたみこんでいる」（「現代」一九七六年六月号）

函館中学から弘前高校時代、田中は、河上の著作を通じ、貧富の格差など資本主義の矛盾を学んだ。それが、やがて社会主義の実践運動、共産党入党につながり、いわば人生を変えた存在であった。本人とじっくり語り合いたいのは、ごく自然な感情だろう。

その河上が、仮釈放欲しさに優等生を演じ、獄中で交流を拒否したという。裏切られた田中の怒りと落胆ぶりが伝わってくる。

しかし、河上の名誉のため記すが、彼が仮釈放欲しさに優等生を演じたという見方は、フェアではない。

　確かに河上が仮釈放を切望し、残る刑期を指折り数えていたのは、事実だ。

　また所内の作業も、他の受刑者のように印刷場や車の修理ではなく、洋書の翻訳、図書室の業務だった。刑務所の方でも、年配の元大学教授に配慮したのかもしれない。

　だが、これをもって、河上が上に媚《こ》び、自由を得ようとしていたとするのは誤りだ。彼もまた、獄中で自らの誇りと尊厳を懸けて戦っていた。

　一九三四年に皇太子誕生による恩赦で、河上は刑の四分の一を免ぜられ、さらに三五年二月から出所する三七年六月まで、特別に日記をつけるのを許された。それは後に『獄中日記』（世界評論社）として発表された。この日記から、具体例を挙げる。

　三六年八月八日の土曜日、この日は、夕方から荒川で花火大会が予定されていた。会場に近い刑務所の屋上から楽しめ、素行の良い受刑者だけ、しかもビスケット支給で見物が許された。

　それを、河上は拒否したのだ。

「まぁ、そう言わずに、行って見なさいよ」

　職員が諭すように声をかけてきたが、河上は、静かに首を横に振った。

「ゆっくり見物ができるのならいいですが、並ばされて番号を取ったり、早く行け、話を止めろと言われるのが愉快でないのです。それより監房で、ごくわずかな自由でも、その自由の方がありがたい。ビスケットと花火で釣られても、監房での極微の自由の方がまだよい。それほど人間にとって自由というのはありがたいんです」

　そして、皆が従順に列を作って、花火に向かう間、一人、独房へと戻って行ったのだった。

もう一つの出来事は、同年の一〇月二五日、在所死亡者の追悼会で起きた。老衰や病気で亡くなった受刑者を悼む会で、この日は、朝から職員が、総出で仏壇の飾りつけをする。手伝いに出ていた河上は、課長から炊事場へ使いを命じられた。仏壇のお供え用の餅を、五〇個もらってこいという。

ところが、炊事場に行くと、供えるのは毎年三〇個に決まっているという。何とか粘って四〇個を手にしたが、肝心の仏壇に、それを置くスペースが足りない。やむなく餅を載せる器の底を抜いて収めたが、会の終了後、課長の真意を理解した。

お供え用の餅は、刑務所の職員が山分けして、持ち帰っていたのだ。その分け前を増やそうと、わざと余分に注文させた。

その時の思いを河上は、こう書いている。

「あゝした餅は一日金三銭いくらと決まってゐる受刑者の菜料から絞り出されたものである。それを役人が貰ふのは可くないことだが、……炊場ではいつも役人用の分を少からず用意するのだと云ふことである。私はかうしたことが大嫌ひだ。使にやられたので感じが強く、真相を後から知って、私は吐き出すやうに悪口を云った」（前出『獄中日記』）

温厚な学者肌の河上が、珍しく声を荒らげ、感情を露《あら》わにしていた。受刑者は皆、作業のたび、わずかばかりの賞与金をもらい、そこから死んだ仲間の追悼会の餅代を出す。それを、くすねていたのだ。

たかが花火見物、たかがお供えの餅で、と笑う人もいるかもしれない。

だが彼にとり、それは人間の自由、尊厳、誇りを懸けた重大事だった。安易に妥協し、見て見ぬふりをすれば、自分自身も汚れてしまう。口より腕力で方を付ける田中と違うが、河上もまた、己の尊厳を懸け、必死に戦っていたのだった。

そうした寡黙だが芯の通った姿勢を、他の受刑者も分かってきたのだろう。進んで、所内で声をかける者も増えてきた。その一人が、二・二六事件で無期懲役の判決を受けた、陸軍の青年将校だった。

この年、一九三六年の二月二六日、国家改造を目指す陸軍の将校が反乱を起こし、総理官邸や警視庁を襲撃した。高橋是清蔵相や斎藤実《まこと》内大臣ら要人を殺害したが、結局、クーデターは鎮圧され、首謀者一九名は銃殺、他も無期懲役の判決を受けた。以来、軍の政治的発言力が増し、時代の一大転機となっていく。

そして、七月に判決が出た直後、河上は、カーキ色の作業服のようなものを着た集団が整列しているのを見た。護衛の憲兵が送ってきた、二・二六事件の将校である。

その一人で陸軍大尉の山口一太郎が、ある日、床屋の待合席で話しかけてきた。

「先生はどうですか、刑務所に来て損をしたと思っておられますか」

ちょっと考えてから、河上が答える。

「そうですな、私は結局において得をしたと思っています。諸般の事情を総合して考えて」

それを聞いて、山口が続けた。

「そうですか、私なぞは無期の禁固ですが、それでもやはり、ここへ来て得であったと思うのです。外にいる時は随分不養生をしたものでしてね。酒は二升くらい飲んでました。それに、ちっとばかり頭がいいので、上官と議論しても負けたことがなくて、いい気になって、自分を反省するなんてなかったです。おまけに親父に地位があったものですから、親の威光でわがままをしたものです。ここでは親の威光も何もありはしないので……」

そして河上の満期出所が近づいた三七年三月、エレベーターで偶然乗り合わせた二人連れが話しかけてきた。

「河上さんはいつ出るのですか」

「六月の一六日です」

「もうじきですね。生命があって無事に出られたら、教わりに行かんならん」

声をかけたのは鈴木金次郎と常盤稔、いずれも二・二六事件の陸軍少尉で、山口と共に終身刑に服していた。

片や右翼思想に影響を受け、「昭和維新」を唱えてクーデターを図った青年将校、片や共産党の理論的指導者だった大学教授だ。

外の世界では、決して交わらないであろう彼ら、それが、まるで旧知の友人のように心を開いていた。そして、もし生きて出られれば、教えを請いに行きたいと言う。

つくづく、刑務所とは不思議な出会いを演出する空間だと実感させられる。そして、それは田中も同じだった。

小菅に来て、彼は初めて、右翼と呼ばれる者と同じ釜の飯を食べた。何しろ、それまでは、問答無用でぶちのめしてきた。それが、所内で赤痢が流行すれば、共に病舎で働き、理不尽な看守に対して手を取り合って戦う。そこではもはや、それまで信じていたイデオロギーなぞ関係なかった。

晩年の彼は、こうも語っている。

「右翼の元祖のようにいわれる頭山満と、左翼の家元のようにいわれる中江兆民が、個人的には実に深い親交を結んだことをご存知ですか。一つの思想、根源を極めると、立場を超えて、響き合うものが生まれるんです。中途半端で、ああだ、こうだと言っている人間に限って、人を排除したり、自分たちだけで、ちんまりと固まったりする」（前出『田中清玄自伝』）

「だいたい、同じような農村に育ち、塩辛や納豆や目刺しを食い、味噌汁を飲み、ちょっと読んだ本と物の考え方が違うからといって、殺し合いをしたり憎しみ合ったりするのは、どう考えてもナンセンスだよ」（同）

その田中は戦後、こんな事件も起こしている。

右翼の黒幕として世に知られた頃、一〇人ほどが参加する会議に出た時があった。その冒頭、円卓の向かいに座った一人が、こう言ってきたのだ。

「この席には右翼がいるので、発言できない」

咄嗟《とっさ》に、自分のことを言ってるなと思ったのだろう。いきなり田中は、靴のままでテーブルに上がると、ずかずかと当人の前まで進み、こう怒鳴りつけた。

「貴様！　今、右翼と言ったな。誰を右翼と言ったか、もう一度、言ってみろ！」

睨みつけられた相手は震え上がり、返す言葉もなかったという。

想像だが、おそらく田中のことだ、左翼と呼ばれても、同じように怒鳴りつけたのではないだろうか。実際、ある友人に、こう喝破している。

「俺は愛国者だ。国のためにならん奴らとは、右でも左でも徹底的に戦うぞ！」

〈右も左もあるものか！〉というわけだ。

後のそうした行動原理は、長い刑務所生活で芽生え始めたようだ。

共産主義運動に熱中した頃、田中は、たった数日しか東京帝大に通わなかった。それが獄中では、歴史や宗教などの本を片っ端から読み漁り、沈思黙考する日が続いた。荒川沿いに聳える小菅刑務所は、彼にとって、まさに〝小菅大学〟であった。

では、獄中で、河上が田中を避けていたというのは本当だろうか。もし、そうだとすれば、なぜか。当人が亡くなっている以上、直接確かめようもないが、その心境を窺い知れる記述が、日記の中にある。

逮捕された河上が、中野の警察署にいた頃、同じく共産党、またはシンパだろう、若い女性たちが拘留されていた。そこに、よく泣いている年端もいかぬ少女がいた。ある日、何かの用事で署の二階の部屋に呼ばれると、その少女の母親という女性に出くわした。

彼女は冗談交じりに、こう言ってきたという。

「先生たちが若い者を煽《おだ》てるから悪いのです」

そして小菅に収監後、ある彼岸の前日、河上は、教誨堂《きょうかい》で掃除の作業をしていた。そこへ、読経を希望する何人かの受刑者が入ってきた。

それを傍らで見ていた河上は、ハッとして動きを止めた。椅子に並んで座る一団に、赤い獄衣を着て、物思いに沈む田中の姿があったからだ。

その瞬間、所内の庭での運動の際、一緒になった田中から言われた言葉が、脳裏に蘇った。

「私は母の手一つで育ったものですが、やはり、あなたの本を見てから左翼の運動に関係するようになったのです。そのために母は失望して自殺しましたので、いつまでもそれが気になります」

〈あの少女も、田中君も、私が書いた本を読んで、左翼運動に飛び込んできた。自分は、決して煽ったつもりはない。純粋に貧富の格差、資本主義の矛盾を書いたつもりだった。が、結果的に、それを読んだ若者の、そして家族の運命を狂わせてしまった。田中君のお母さんも、その一人だ。その責任の一端は、間違いなく自分にある……〉

河上がこう思ったかどうかは想像するしかないが、罪の意識を感じたのは、間違いない。ある面会で、「そう急いで出獄するよりも、十分に刑罰を受けた方が気が安まる」とすら語っている。それが、田中を意識的に避けさせた可能性はあった。

赤い獄衣を着て、うなだれたまま物思いに沈む田中清玄、それを、息を呑んで見つめる河上肇、それは昭和初期の若者と左翼知識人の一面を見事に象徴していた。

そのどちらもが、大きな傷を負っていたのだった。


こう書いてくると、刑務所で田中が意気消沈していたかのように思えるが、そんなことはない。

河上の『獄中日記』によると、田中は時折、「厳正独居」に入れられたようだ。

厳正独居とは、南部の舎房にあった約一五〇の昼夜独居房を意味する。小菅は、敷地内に印刷場や自動車の修理工場があり、通常、受刑者は昼間にここで作業を行う。だが、その間も一人、独居房で拘禁される者もあり、刑務所用語で「厳正独居」と呼んだ。

ここに入れられるのは、長期の懲役で精神を病み、自殺の恐れがある者、そして所内の規則に違反し、懲罰を受けた者である。読書や運動、入浴も許されず、髪も髭《ひげ》も伸ばしたまま、狭い部屋で正座する。中には、革製の腕輪をはめ、後手錠をかけられるのもいた。両腕を背中に回して動かせないようにし、食事の際も入り口の皿を、そっと後手で持ち上げる。それを、まるで犬か猫のように口を寄せて食べるのだが、寝ている時も同じ格好だ。

いわば、刑務所の中の刑務所である。

どんな経緯で田中がぶち込まれたか不明だが、何かを強制されれば口より手が出る性格で、ある程度は想像できる。後に本人も、こう語っていた。

「拷問にも落ちない、暗室に抛りこまれてもヘコたれない、獄中闘争はやる、脱獄を試みる……そういう態度をとり続けていると、看守をはじめ周囲の人間は、私を共産主義者としてではなく、信念居士といった眼で見るようになる。すると不思議なもので、私の方も、看守や教誨師の中の人間性がわかってくるのだった。鉄格子をこえて両側に信頼関係が発生する。私はこの関係にたよった。お蔭で獄中獄外の様子が手に取るようにわかってきた」（「現代」一九七六年六月号）

こうして、独房に入れられても看守を自分のシンパにし、入獄中の仲間や獄外の同志と手紙をやり取りするのは田中らしかった。

手首をわざと脱臼させ、錠から手を外して眠り、見回りの職員を驚かせたこともある。そんな彼に、看守はむろん、全国から集まった凶悪犯も一目置くようになっていった。

その象徴的なエピソードがある。

長期刑に服していた老受刑者が、危篤に陥った。もはや生きて出るのは無理で、その臨終の間際、田中が「何か思い残すことはないか」と訊いた。すると、「酒が飲みてぇ」と喘いだという。

「いくらこの俺でも、一升瓶は持ち込めねぇ。ウィスキーで我慢してくれ」

田中が辛そうに答えると、老人はこう呟いて、息を引き取った。

「そりゃ、酒と同じものか。そんなの飲んだことはねぇ」

後年、哀れな老人の最期として、田中は話すたびに目頭を押さえたが、そもそも、刑務所にウィスキーを持ち込むのが異常である。

むろん、看守の協力があってこそだが、さすがに担当の思想検事も頭に来たようだ。面会の席で、呆れたような顔でこう訊いた。

「お前、獄則は、何のためにあると思ってる」

田中が、胸を張って答える。

「はい、破るためにあります」

これらから浮かぶのは、反体制とかいう言葉では表せない、田中の体に染み込んだ体質である。それは権力への抜き難い憎悪、徹底した反抗とでも言おうか。自分の意思を抑えつけ、何かを強制されれば、相手が誰でも敵意を露わにする。それは看守だろうが、特高だろうが、あるいはソ連のコミンテルンでも同じだった。

そして、いったん理不尽と見れば、相手にどんな権威があっても、果敢にぶち破ろうとする。また本人も、それを楽しんでいる節すらあった。何しろ晩年の自伝で、小菅は「入らぬのは芸者だけ」「愉快ではないが、面白かった」と言っているぐらいだ。自分に手をかけようとした看守を相手に、大暴れしたこともある。

その姿が、いつしか受刑者や看守も感服させ、一人、また一人とシンパを増やしていった。

それは、かつて共産党時代、京浜の港湾労働者をオルグしたのと同じだ。「一に度胸、二に腕っ節、三、四がなくて、五にイデオロギー」は、刑務所でも存分に発揮された。

もう一人、当時の田中の様子を知る人物がいた。

一九三〇年代の初め、小菅で教誨師を務めた乙山如雲である。教誨師とは、獄中で、受刑者に過ちを悔いて正しい道を歩むよう諭す者で、その多くは僧侶や牧師だった。

新潟出身の乙山は、大正時代に龍谷大学を卒業後、長野を振り出しに、各地の刑務所で勤務した。そして、完成間もない小菅に赴任するのだが、そこで彼を待っていたのが、一筋縄ではいかない思想犯であった。ずっと後になってからだが、乙山は、小菅時代の思い出を著書にまとめている。

「中身の収容者は前述の十年以上無期だから強盗、殺人、放火等々の重罪犯、コソ泥なんては居ない。その上教誨師にとって、手強いのは、治安維持法違反の確信犯、決死隊の右翼の思想犯、その巨頭連中が、五十余名勢揃いしている。気の弱い者は辟易《へきえき》させられるのだが、一旦教誨師として来た以上は客観的に眺めては居れない。

曽《かつ》て経験したことのない、左翼、右翼の思想の勉強からしなければならない。而《しか》も読書で知るだけでなく、彼らに、ふれながら一歩々々進まなければならない。毎日が難行である」（『慈眼悲心』一如庵）

実際、乙山が来た頃の小菅は、佐野学や鍋山貞親など共産党指導者、「一人一殺」を唱えた血盟団の井上日召《にっしょう》、五・一五事件でクーデターを図った三上卓、橘孝三郎らの面々が揃っていた。

生半可な知識で説教でもやれば、鼻で笑われるか、弾き飛ばされるだけだ。

面会の一つ、一つが真剣勝負で、そうして独房で何度となく顔を合わせたのが、田中だった。その印象は、こうである。

「闘志満々の人物、独房を訪問すると口角泡を飛ばす、議論は忘れられない、併《しか》しあとは激しい夕立

の後のような、すがすがしさもあった」（同）

そして、三年の任期を経て、乙山が宮城刑務所へ転勤する際、田中は、色紙にこう揮毫《きごう》していた。

「大地と日光と新鮮な空気の生活に蘇りつゝ又の逢ふ日を期して　拾壱年九月一日　田中清玄」

昭和十一年、一九三六年の九月と言えば、田中は逮捕から六年目、すでに三〇代に入っていた。南部第二舎の独房は、窓際に水洗トイレ、それに向かって右側に折り畳み式のベッドがある。ベッドと言っても、鉄板の上の薄い布団で、昼間はバンドで壁にくくりつける。

この三畳間ほどの薄暗い部屋が、田中の世界の全てだった。

その板張りに正座して、乙山と向き合い、口角泡を飛ばして語り合う。そこで一体、何を議論したのか、今では知る由もない。

が、六年幽閉されても意気軒昂《けんこう》で、闘志を燃やし続けたのには、素直に感嘆するしかない。

赤い獄中結婚

先に述べた通り、田中が率いた共産党は、過激な武装闘争で名を轟《とどろ》かせた。

相次ぐ警官殺傷やメーデーの暴動、国会議事堂焼き討ち計画と、当時の新聞は、おどろおどろしい見出しが並ぶ。共産党の首領は狂暴と同義語と言ってよく、その名前と顔は、読者の記憶に深く刻まれていった。

その田中が、刑務所時代、再び新聞に登場し、世間を騒がせたことがある。

と言っても、別に獄中から武装蜂起や革命を呼びかけたわけではない。かつての同志の女性と、それも新郎と新婦が別々の刑務所にいながら婚姻届けを出す〝獄中結婚〟だった。

一九三三年九月八日、東京朝日新聞は、「法に割かれ東と西　赤い獄中結婚決行　田中清玄と小宮山ひで」という見出しの記事を載せた。東京の豊多摩刑務所にいる田中と、京都の宮津刑務所で服役中の小宮山が、婚姻届けを出す。田中は近く、東京地方裁判所で予審が終わり次第、届けを出す手筈《てはず》だという。

「赤き魂の結婚」と情緒的な記事だが、この小宮山ひでこそ、後に田中を生涯に亘って支える重要な役割を果たしていくひで夫人だ。

ひで夫人は、一九〇八年、長野県南佐久郡の畑八《はたや》村、今の佐久穂町で、小宮山友勝の長女に生まれた。友勝は、村長も務めた地元の名士で、温順なひでは、野沢高等女学校を卒業、何不自由のない生活を送っていた。

降るように縁談もあったという彼女が、なぜ、共産党員として逮捕され、宮津刑務所で服役していたのか。きっかけは、兄の小宮山新一だった。

新一は、松本高等学校から東京帝大の医学部に進み、新人会に入って、左翼運動に関わるようになる。仕送りも、大学の学費ではなく活動資金に回し、授業にもほとんど顔を出さなくなった。心配した父は新一を呼び戻すが、その時の情景を後に、ひで夫人はこう語っている。

「盛んに兄と父とが議論するんです。父は『どんなにいいことでも、今はまだ学生なんだから、とにかく卒業だけはして、ちゃんと資格を取ってから、それからやればいい』と言うんですが、兄はそんな悠長なことはしていられないんだと。今直《す》ぐにやらなければと、それはもう、すぐにも革命ができそうなことを言うんですね。『そうしたら本当にいい社会ができて、今のようなひどい、不平等な世の中はなくなるんだ。みんなが幸せになるんだから』こう兄が申しますものですから、私はまだ女学校を出たばかりで何も知らない頃でしたが、はたで聞いておりまして、なるほどそれはずいぶんいいことだなあって思うんですね」（前出『田中清玄自伝』）

しかし、父の説得にもかかわらず、新一は、家出同然で東京に舞い戻る。

そして、ちょうどその頃、ひで夫人は腕の関節の痛みに悩み、兄の紹介で東大医学部の先輩、曽田長宗の家に預けられていた。

「曽田さんも新人会の先輩ですから、兄と同じような左翼運動家なんです。新婚間もない家庭でして赤ちゃんがおり、あたしはその赤ちゃんのお守りをするかたわら、病院通いをしていたんですが、暇があるものですから、お宅にある本を借りて読むのですが、これがみなその方面の本ばかりです。それから、曽田さんが労農新聞か何かに原稿を書かれるんですが、筆跡を残しちゃいけないというんで、あたくしに清書させるんです。今思うと、兄はそうやってあたくしを洗脳し、仲間に引き入れようと、最初から考えてそうしたのだと思います。自然に私もそうなっていきますしね」（同）

「なんとなくその頃には、もう自分も兄達の仲間のような気になっておりましたものですから。あたくしに出来ることは何んにもないけれど、もしそういういい社会ができるんだったら、自分もどんな小さいことでもいいから、何かしたいという気持ちだけはあったんですね」（同）

今から考えると、小宮山も曽田も、昭和の初め、社会の不平等に怒り、行動を起こした若者だった。

〈自分は、東京帝大の医学部という恵まれた境遇にいる。だが進学もできず、工場に奉公に出される大勢の男女もいるのだ。朝から晩まで働き詰めで、その安い賃金から実家に仕送りする。なのに、ごく一部の富裕層は、莫大な財産を持ち、特権階級のように振る舞ってる。こんな世の中のままで、い

いはずがない！〉

そして、いつしか、ひで夫人も兄たちの同志のような感情を抱くようになり、その前に現れたのが、田中であった。

当時、新一とひで夫人は、上野池之端の七軒町《しちけんちょう》に一軒家を借り、彼女も日暮里の小さな印刷所に勤めていた。そこへ時折、泊めてくれとやって来たのが田中だった。おそらく特高警察に追われ、逃げ回っていたのだろう。

最初の印象は、よく正体の分からない人だったという。

「そのときはだって、まだ名前も、この人が田中だって言うのさえ、分かんないぐらいですから。たしか『矢野平太』って呼ばれていました。あの頃は全然、本名を使わないんです。あたくしが、主人の名前は田中と言うんだということをきちんと知ったのは、結婚する直前で、検事調べを受けたときでした。ずっとその『矢野平太』というのが、本当の名前だって思い込んでいましたもの」（前出『田中清玄自伝』）

今と違って、当時の共産党員の多くは偽名を持ち、中には複数を使い分ける者もいた。むろん、特高の追跡を逃れるためで、田中も「奥山久太」「神田徹夫」などの八つもの偽名やペンネームを持った。

非合法下の活動ならではで、こうして田中の運動に加わり、各地を転々とする日々が始まった。

ひで夫人の主な役割は、アジトでの見張りと炊事で、この頃は、ソ連のコミンテルンからの資金援助も途絶えた。必死にシンパから寄付を集めるが、とうとう底をつき、野良猫を捕まえて食べたこともあった。

もし特高に捕まれば、良くて無期懲役、下手をすれば死刑だ。また取調べでは、仲間の居場所を吐かせるため、壮絶な拷問も待っている。それから逃れるため自殺したり、緊張の余り精神を病んだ者もいる。

そうした押し潰されそうな地下活動の中、ひで夫人は逮捕されたのだった。

一九三〇年の紀元節から間もない二月二三日、和歌山県の渡邊特高課長は、昼前に大阪の特高課から電話を受けた。先月、和歌山の二里ヶ浜で、共産党が密かに執行委員会を開き、闘争方針を話し合った。その後、新和歌浦の貸別荘に潜伏しており、そこに、あの田中清玄と佐野博がいる。奴らを急襲して一斉検挙したい、という。

この知らせに、課員たちは色めき立った。

翌日の午前五時、まだ薄暗い早朝に、数十名の警官が別荘を包囲し、大阪の特高の決死隊が突入した。奥の八畳間から「誰だ!」と男の鋭い声が上がり、次の瞬間、拳銃の発射音が響く。

刑事が一斉に突入すると、隣の六畳間で、長襦袢《じゅばん》の寝巻きを着た若い女が半身を起こした。刑事が布団越しに馬乗りになると、再び発射音が聞こえた。火鉢がひっくり返り、布団が散らばって、逮捕されたのは共産党の加藤定吉と清原富士雄、そして、女は小宮山ひでだった。

後年のインタビューで、この日の様子を彼女は生々しく証言している。

「布団の上からがばっとのしかかられ、身動きも何もまったくできません。そのときとっさに思ったのは、よくわからないままに、このまま無抵抗のまま捕まるのは、何か申し訳ないというような気持があったものですから、枕元にあったピストルを無意識のうちに引き寄せました」(同)

「ピストルを預かっていたのです。よくよくの時はこれで身を守るんだって言われて。その頃は私は和服ばかり着ていましたが、かなり重いんです。それで身につけたときに落としたりしては大変だというので、外出するときなどは、帯締めの赤い紐で結わえていたのです。両手だけはどうにか動かせましたものですから、それを左手でたぐり寄せて、ピストルを右手にもちかえ、とにかく一発は発射しました。でも上から押え付けられていますから、当たりませんでしたけど。そこで手錠をかけられて、逮捕されたわけです。後で『女だてらに、ピストルを手首に結び付けてピストルを乱射した』なんて当時の新聞には書かれましたけど（笑）」（同）

まるで映画や小説の一場面のようだが、落ち着いた、けれんのない語り口だけに迫真性を感じさせる。

だが、田中は、運よく前日にアジトを離れて、逮捕を免れた。捕らえられたひで夫人は、和歌山の警察から大阪の未決監獄に送られ、大阪地方裁判所で懲役六年の判決を受けた。

そして、京都の宮津刑務所に移り、田中と結婚を決意するのだが、その頃は二人揃って獄中にあり、会うこともできなかった。

「ですから結婚といっても、お互いの意思表示だけです。あたくしにとりましては、田中が転向するなんてことは、まったく想像もできないことでした。初めから捕まれば死刑か無期だということは常々言われていて、それを全く信じておりましたですから。この人はいずれは死刑か無期になる人と、本心から思い込んでいました。ですけれども、私が入籍だけして、とにかく私はあなたの妻ですという、意思表示だけしておけばそれですむと、そう思ったのです」（同）

こうして、二人の結婚は世を驚かせるのだが、そもそも、ひで夫人は田中のどこに魅かれたのだろう。野暮な問いかもしれないが、武装共産党の首領と地方の名士の娘とは、どうも結びつかない。

これについても、夫の死後のあるインタビューで、本人が答えていた。

「主人にはじめて逢った頃の私は、信州の片田舎でのんびりと育った全くの世間知らずでしたから、主人にはよく叱られたものでした。叱られる度に私は、この人はどうしてこんなに色々なことを知っているのだらうとおどろいたり感じたりしてゐました」（「花伝別冊」一九九七年五月号）

「そして日常生活の中でも、礼節とか恩義とか誠実さを大切にしてゐました。ひどく固苦しい、緻密な神経を持った気むづかしい人かと思ふと、一面大層ユーモラスな機知に富んだ人で、よく周囲の者を笑はせたり、アット云はせたり、そうかと思ふとびっくりするような豪胆な所もあり、呑気なおおらかな面もあって、よく分らないけれど面白い、そして恐い人でした。主人は学業もすてて左翼運動に入り、一時は全く命がけだったと思ひますけれど、それこそが真の民衆の為の運動と信じていたものだと思ひます」（同）

「よく分らないけれど面白い、そして恐い人」。この言葉が、田中を最も的確に表すのかもしれない。では、当の田中は、ひで夫人をどう思っていたのだろう。

田中の場合、逮捕されてからの接見禁止が、かなり長期間続いた。人とは一切会えず、手紙も書けず、文字通り、狭く薄暗い独房で、孤独の極致を味わった。それは、あたかも一人で、空気の薄い高山に登頂するようであった。

「空気の稀薄な事で思い出したが、やっぱり愛情に飢えたり愛情を感じたりする感覚は普通以上に鋭くなって、非合法生活、獄中生活というものは、普通よりももっと空気が薄い。やっぱり恋愛感情が出てくることは事実だろうな」（「座談」一九五〇年新年号）

豪胆さで知られる田中も、やはり、人間だった。先が見えない不安と孤独で、誰かと心を通い合わせたいのは、人間として、ごく自然な感情だ。

そしてこの場合、もう一つ、重要な理由もあったようだ。彼が、ひで夫人の逮捕された時の模様を知った時である。

「こんなに詳しい話は、私も今初めて聞きました。もともとあまりいい思い出じゃありませんし、俺は彼女を犠牲にしてしまったわけだから、気の毒で聞けやしませんよ。だいたい、僕はあの晩、アジトを出ていったきり、捕まる現場にはいなかったわけだ。あのときは、大阪で先に捕まったのが、和歌浦に、田中と佐野がいるって喋ったんです。彼女は党員ではなかったんですが、ずいぶんひどい拷問を受けましてね。それでも俺の居場所を白状しなかった。後でそれを聞いて、これには感銘した」

(前出『田中清玄自伝』)

直《じか》に体験した世代はもう生きていないだろうが、特高警察が、共産党員の取調べに拷問を用いたのは、事実である。その手法は凄惨を極め、プロレタリア作家の小林多喜二の死は有名で、相手が女性であっても容赦なかった。

密室で、複数の刑事が取り囲んで、髪を摑んで殴りつける。竹刀で叩きつけ、気絶しても、意識が戻れば、また鉄棒で打ち続ける。時代のせいなどと弁護できない、非人道的なことが平然と行われた。

そして肋骨《ろっこつ》を折られながらも、ひで夫人は三日間、耐えてくれたのだった。

この頃の共産党は、男性党員、それも幹部クラスでも捕まった途端、降参するのが多かった。そして、たった数時間の拷問で、仲間の名前や居場所をペラペラと喋ってしまう。この場合、三日間耐え抜くのが、党員の作法とされた。それだけあれば、仲間が異常に気づき、逃走する時間を稼げるからだ。

信州の片田舎で育った温順なひで夫人が、並の男も太刀打ちできない強靭な意思を見せた。〈彼女となら一緒に戦える〉

それが、獄中で生涯の伴侶を選んだ決め手だったのかもしれない。

ひで夫人が左翼運動に入るきっかけを作った小宮山新一と曽田長宗の、その後にも触れておきたい。東大へ復学を許された小宮山は、卒業後、医学部助手となり、青森県の津軽の病院に派遣された。そこで、農村の生活改善と保健衛生の向上のため、保健婦の養成に努めた。戦時中は軍医として応召され、戦後は、川崎市の高津保健所長に就いている。

「病気になってからの医者は何の役にも立たない。予防医学が大事なんだ」が口癖で、農村に入って、農民の生活に結びついた保健婦の必要性を訴え続けた。そうした公衆衛生への功績で、一九六二年、同保健所は保健文化賞を受けている。

曽田も東大医学部を卒業し、戦後は厚生省の統計調査部長、医務局長を経て、国立公衆衛生院（現国立保健医療科学院）院長に就任した。日本公衆衛生学会会長も務め、在任中、総会に会員以外も出られるよう規則改正し、住民参加の道を開いた。

また、乳児百人以上が死亡し、一万人以上が被害を受けた森永ヒ素ミルク事件で、被害者救済の財団法人ひかり協会の初代理事長に就いている。

小宮山や曽田が所属した東大の新人会は、日本の学生運動の源流だったと言っていいだろう。大正デモクラシーの影響を受けた会員からは、後に多くの社会運動家も輩出した。その思想や主張は一枚岩でなく、未熟な面もあったが、「ヴ・ナロード（人民の中へ）」の熱情が本物だったのは間違いない。

「そうしたら本当にいい社会ができて、今のようなひどい、不平等な世の中はなくなるんだ」

この小宮山の言葉は、当時の会員の純粋で、真摯な心情を表している。だからこそ、肉親の反対も押し切って運動にのめり込んだ。

だが、一九三〇年代の日本は右傾化、ファッショ化が進み、彼らは挫折に追い込まれていった。治安維持法違反で逮捕される者が相次ぎ、その後も迫害や差別に苦しみ、ひそやかに生涯を終えた者も多かったという。

こうした中、小宮山も曽田も、自分が選んだ公衆衛生で、「ヴ・ナロード」という初心を忘れず、そして、見事に結実させた。

昭和一六年（一九四一年）の四月二九日、皇紀二六〇〇年の恩赦で、ついに田中は、小菅を仮出所になった。あの世田谷のアジトで逮捕されてから、じつに一一年の歳月が過ぎていた。長い獄中生活で、頰の肉は削《そ》いだように落ちたが、その両眼には依然として闘志が漲《みなぎ》っている。

門を出た田中の背後には、鳥が天に向かって翼を広げ、飛び立とうとするような獄舎があった。そして、それはいみじくも彼の前途を予言していた。

第三章 禅寺修行と昭和天皇

〜戦時中から終戦〜

出所した田中が向かった先は
静岡の禅寺だった。
すべてを捧げた共産主義を捨て、
「裏切り者」になった田中が、
見出した新しい価値とは。

連合国総司令部にマッカーサーを訪ねた昭和天皇

そこは、まるで、日本でありながら、日本ではないような空間だった。訪れた者は、自虐的に「リトル・トーキョー」と呼び、また、ある者は「日本人が卑屈になる町」と形容した。

銀座三丁目と有楽町を隔てる外堀川を渡ると、トタン屋根の飲み屋がひしめいている。約百軒のバラックの店が並び、醬油と焼き鳥の焦げた香りが鼻を突く。風向きによって、公衆便所の臭いも加わり、飲んだくれる男たちが顔をしかめた。

そこを抜けると、国鉄有楽町駅の東口に出る。頭上からレールの甲高い金属音が響き、その下に若い女性から復員兵まで、雑多な靴磨きが座っていた。薄汚れた格好で、中には、小さな子供連れもいる。皆、生活のため、少しでいいから現金収入が欲しいのだ。

ガード下を通り過ぎると、そこで、路上の光景は一変した。

丸の内からの大通りに4th ST（四番街）の標識があり、米軍のジープが走っていく。歩道には、日本人のガールフレンドを連れた若い兵士が目立つ。糊《のり》のきいた制服と磨いたブーツ、たぶん、銀座にでも遊びに行くのだろう。

この辺りは、戦時中も空襲に遭わず、煉瓦造りのビルが無傷で残った。それが今では、いずれも接収され、屋上に星条旗が翻る。帝国生命ビルは憲兵司令部、東京會舘は将校宿舎となり、そこで一際目立つのが、連合国総司令部（GHQ）が置かれた第一生命ビルである。

これが昭和二〇年、一九四五年の八月一五日、国土を焦土と化して無条件降伏した後の、東京の光景であった。

その年のクリスマスを間近に控えた一二月二一日、田中清玄は、指定された午後二時きっかりに、皇居の坂下門に着いた。

ここは、かつて江戸城の西の丸通用門で、幕末の老中安藤信正が水戸浪士に襲われた、「坂下門外の変」で知られる。今では、玉砂利に米軍の装甲車が停まり、着剣した連合国軍兵士が警戒していた。重厚な石垣に守られた扉から現れたのは、二人連れの男だった。一人は、宮内省の大金《おおがね》益次郎次官で、もう一人の若い方は、侍従の入江相政《すけまさ》だ。田中は彼らに誘導され、皇居の奥にある生物学研究所へと向かった。名目は研究所の〝見学〟である。

二重橋濠《ぼり》に架かる鉄橋を渡り、人目を避けるように道灌《どうかん》濠を通り過ぎた。この季節、鳥や虫の気配はなく、鏡のような水面に、冬枯れした木々が映っている。その道すがら、大金次官が、励ますように声をかけた。

「君が思うことを、お上にお話ししてくれて結構だ。君は思うことをズバズバ言う方だから、その通りにやってもらいたい」

やがて、最も神聖な場所とされる宮中三殿、その先の研究所に着いた。木造平屋の一室に入り、そこに並ぶ顔触れを見て、田中は、「これは本物だ……」と直感したに違いない。

出迎えた大金次官と入江侍従の他、藤田尚徳侍従長と木下道雄侍従次長まで顔を揃えている。見学だけなら、これほどの人が集まるはずがない。

午後二時二〇分に差し掛かる頃、入口のドアが開き、中年の男性が、案内されて入ってきた。その肌はいくらか蒼白で、足取りもよろめいていたが、澄み切った瞳は、相手の心を見抜くような輝きがあった。

その瞬間、部屋にピンと張り詰めた緊張が走った。田中は深く一礼し、無意識のうちに口走っていた。

「私は、陛下に弓を引いた共産党の書記長をやり、今日では根底から間違っておることが分かりました。ただ今は、自らの罪業の深さを悔い、龍澤寺《りゅうたくじ》の山本玄峰《げんぽう》老師の下で修行を致しております」

かつて共産主義革命を目指し、治安維持法違反で逮捕、一一年を獄中で過ごした田中、それがこの日、ある人物から、極秘に皇居へ招かれた。

その相手とは、つい四ヵ月前、連合国への無条件降伏という「聖断」を下した天皇裕仁、その人であった。

雲水修行

戦争や革命など、歴史の転換点では、それ以前ではあり得ない邂逅《かいこう》が生まれる。不倶戴天とされた敵同士が出会い、手を握り合い、そして、それが、次のドラマのプロローグになっていく。

それは四年前、静岡にある禅寺から始まった。

龍澤寺は、静岡県の三島市郊外、沢地の山林に佇む、臨済宗妙心寺派の寺である。禅宗の高僧、白《はく》隠《いん》禅師が開山し、雲水たちが修行に励む。周囲の水田や小川には、箱根の山から澄み切った水が流れ、里山の風景が広がる。

参道の登り口には、「円通山　龍澤禅寺」という碑があり、道の両側は、鬱蒼とした檜《ひのき》の林になっていた。しばらくすると、左手に本堂や庫裏《くり》、鐘楼などが現れる。一九四一年の六月のある日、小菅刑務所を出た田中は、この道を登って、寺へ向かったはずだ。

迎えたのは春風駘蕩《たいとう》たる風格の老住職、山本玄峰だった。ここで田中は、かねてよりの願い通り、雲水として修行するのを許された。

左翼の思想犯として服役を終えたばかりの彼が、なぜ、禅寺での修行を決意したのか。きっかけは、玄峰が、小菅に受刑者への講話に来た時だったという。

「直接私を玄峰老師に紹介してくれたのは、同じ刑務所に収容されていた血盟団事件の被告の四元《よつもと》義隆君でした。その時、私は玄峰老師に向かって、自分は日本をこうしたい、ああしたいと、自分の心境を語ったのです。老師はじっと私の言う事を聞いておられたが、最後にこう言われた。

『よっぽどあんたは奇特な方や。おっかさんが腹を切りなさって、あんたは刑務所へ入り、もう十年もつとめている。そうしてなお、自分のいく道を考え、世の中のことを考えている。よっぽど奇特な人や。ならばわしはあんたに聞きたいことがある。世の中をああしよう、こうしようというあんた自身が、何であるか、あんたは分かっていなさるか』

しかし、いきなりそんなことを言われてたじろぐ私に、老師はさらにこう言われたんです。

『あんたはけったいな人やなあ。自分自身が何であるか分からなくて、どうして人のことが分かるんや。どうして世の中がいいか、悪いか、分かるのや。どうして人の道が分かるんや。けったいな人や』

そう言われて、返す言葉もなく黙っている私に、老師は『まあ、あなたは自分が何であるか、外道であるか仏であるか、これでも読んでよく見極めなさい』と言われて、一冊の本を差し入れてくれました。白隠禅師全集でした。それからというものは、この本との格闘の日々でした。最初は何が何やら分からぬ白隠禅師の語録を、十数回も読んだでしょうか。この本を繰り返し読み通すことで、やっと自分の進むべき道はこれだと、玄峰老師から学ぶしかないと確信するに至ったんです。ですから刑務所から出ると、迷うことなく老師を訪ねたんです」（前出『田中清玄自伝』）

戦争直後、幣原《しではら》喜重郎内閣の書記官長だった楢橋《ならはし》渡も、龍澤寺に参禅した一人だ。彼も、田中から玄峰老師との出会いを聞かされている。

「終戦後、私が内閣書記官長をしているときに、田中清玄君がやってきて、こんな話をした。『自分らが共産党から転向したのは、実は玄峰老師の教えによって転向したんだ。はじめ老師が、刑務所へ教誨師としてきて、話をされたけれども、このくそ坊主、何をいうかと。こっちは、こちこちのマルクス・レーニン主義者だから、あたまから馬鹿にしておったが、あの人が帰ると、妙に寂しくなってくる。そのうち、だんだんと老師の来るのを待つようになった。それで、とうとう転向したんだ』ということだった」（玉置辨吉編著『回想　山本玄峰』春秋社）

田中と楢橋でニュアンスは若干違うが、刑務所での出会いがきっかけだったのは共通する。

小菅を出た田中は、いったん、母や先祖の墓参りと財産整理のため、故郷の函館に戻った。そして、一九四一年六月、三島の龍澤寺を訪れ、修行に入るのだが、驚いたことに、獄中結婚したひで夫人も、入山を許された。

夫婦で禅寺に入るのは珍しいことだったが、師、山本玄峰の生涯も、また波乱万丈だった。

山本は幕末の一八六六年、和歌山県本宮町の湯の峰温泉で生まれ、生後すぐに、岡本善蔵・とみえ夫妻の養子となる。その生誕には、伝説じみた逸話もある。山本は生後間もなく桶に入れられ、捨てられたが、温泉の地熱で温まり、助かった。または、拾った善蔵が、赤ん坊の顔に酒を吹きかけると、蘇生して泣き出したというものだ。

ともあれ、その赤ん坊は芳吉と名付けられ、厳格な養父善蔵と、慈愛に満ちた養母とみえに育てられていった。

成長した芳吉は、家業の農林業を手伝い、筏流《いかだ》しをしたが、一七歳頃に結婚してから、眼病を患い、ついに医者からいずれ失明すると宣告される。失意の芳吉は離婚し、弟に家督を譲ると、四国遍路八八ヵ所の霊場巡りに出かけた。

その途中、高知の雪蹊寺《せっけいじ》で行き倒れた時、住職の山本太玄に助けられ、仏門に入るのを決意した。そして出家し、「玄峰」の号を受けるのだが、その修行は難儀を極めたという。

元々、文字を多く知らない上、視力が弱いので、禅の講本や語録を読むのも苦労した。深夜、人が寝静まってから、線香の火を本に近づけ、手探りで一文字、一文字、格闘するように学んでいった。

その後、山本太玄の養子になり、雪蹊寺の住職を継ぐが、大正に入った一九一四年、三島の龍澤寺に行くよう依頼された。

そこは、白隠禅師が開いた由緒ある寺だが、深刻な経営不振で荒れ果てていた。それをぜひ、再興してくれという。

行ってみると、聞きしに勝る荒れ果てぶりである。

本堂の屋根は穴が開き、雨漏りどころか、鼠の糞だらけだ。お供え用のお椀はおろか、布団すらなく、夜は壁にもたれ、座睡する有様だった。すでに玄峰は五〇歳を過ぎたが、自ら托鉢《たくはつ》し、少しずつ地元の信頼を得て、見事に再興させる。

また米国や英国、インドを歴訪し、昭和初期は満州国の新京に、妙心寺別院を開創した。さらに、東京で接心会を開いて、政財界に多くの帰依者を生み、鈴木貫太郎や吉田茂、池田勇人ら歴代総理とも親交を結んだ。

卓出した行動力の禅僧だったのは間違いなく、この玄峰の下で田中は修行を始める。そして最初の仕事は、典座《てんぞ》、いわゆる飯炊きであった。

龍澤寺の朝は早い。

起床は午前三時、すぐに本堂で雲水たちの読経が始まり、四時には粥座《しゅくざ》、朝食となる。昼の斎座《さいざ》、夜の薬石《やくせき》も共に漬物と味噌汁などの粗食で、具は野菜のみだ。それを任されたのが、三〇代半ばで新入りの田中だった。

「飯なんて生まれてこの方、自分で炊いたことなんかありませんでしたから、しょっちゅうお焦げや、生煮えの飯となってしまう。また人数が多いので、五右衛門釜のような大きな釜で沢山炊くものですから、分量がしょっちゅう狂うのです。ある時いっぱいお焦げをつくってしまい、それを釜からこそぎ落として洗い流しておいたら、老師がつかつかと炊事場に降りて来て『ああ、もったいないこっちゃ』と言うなり、その焦げ飯を口にいれて食べてしまわれた。こっちは冷や汗ものですよ」（前出『田中清玄自伝』）

若い頃から武闘派で鳴らした田中も、いきなりの飯炊きに苦闘したようだ。

どだい、特高警察や右翼を叩きのめすのとは、訳が違う。坊主頭で背中を丸め、かまどをのぞき込むのが、目に浮かぶ。

「それから時々回ってくると、私の顔を見て『あんたは殺生しとるな』と言われるが、禅寺のことで鳥や魚を料理しているわけではないから、そう言われてもこっちは何のことかさっぱり分からない。三ヵ月ぐらいたって、どうにかまともな飯が炊けるようになった頃、老師は『あんたもやっと殺生せんようになった』と言われた。それで僕も、なるほど物の味を生かすのが料理で、それを生かさぬのが殺生かと。そうすると今度は、物の価値を生かすのは経済で、人と物の価値を最大限生かすのが政治だなと、ピーンときた。これが龍沢寺へ行って、悟りというものの入り口に立った最初の出来ごとでしたね。毎日、毎日飯炊きをやった末のことでした」（同）

禅宗の教義を伝えるのに、「不立文字《ふりゅうもんじ》」という言葉がある。

文字を立てない、すなわち、禅の悟りは言葉や文字で教えられず、心から心へ伝えるべしという意味だ。一見不可解な玄峰老師と田中の会話も、そうした例だったのだろう。

「しかも老師の言葉は一つのことにとらわれるということがないから、こちらが同じことを言っても、褒められる時もあれば、叱られる時もある。これも一週間ぐらいしてからのことだったが、何のために龍沢寺へ入山したのかと問われたので、私は得々として『はい、世のため、人のためお役に立ちたいと念願して参りました』そう答えると、その時は『ああ、奇特なことじゃ』と褒められたが、それから三ヶ月ほどして、また同じ事を聞かれた。私が同じことを答えると、今度はいきなり頭ごなしに怒鳴りつけられた。

『おまえはまだ分らぬのかーっ。わしは世のため、人のためにと念じて修行したことは一度もない。みんな自分のためにやっているんじゃ』

こう言い捨てて、老師は隠寮《いんりょう》の中へ入ってしまわれた。それから禅堂に帰ってよく考えてみた。世のため人のためと独り合点して、力み返っている自分が毎日、自分のことだけで手一杯で、自分のために修行すると言われた老師の一挙手一投足が、すべて世のため人のためになっている。小さな我見にとらわれている自分の姿に、このとき初めて気づかされたんです」（同）

これまた、意味不明な禅問答に映るかもしれない。

だが、後の田中の人生を見ると、この全てが、左翼運動で傷を負った彼に、最高の癒やしとリハビリ、自己再生の糸口を与えていたのに気づく。

共産党時代、田中は、世界を、資本主義vs共産主義という単純な構図でしか見ていなかった。前者は、ごく一部の富裕層と権力者が大衆を搾取する、絶対的な悪で、何としても倒さねばならない。逆に後者は、大衆を救う絶対的な正義で、革命のためなら命も懸けた。

いわば、白と黒、正義と悪の二元論で、それもマルクスなど書物から得た知識だった。

ところが、玄峰老師の教えは、資本主義と共産主義、そのどちらとも違った。しかも、まずイデオロギーを捨て、目の前の現実から、政治とは、経済とは、を考える。

また老師は、口先で「世のため」「国のため」と公言するような偽善を、決して許さなかった。まず己を整えられない者が、世の役に立つはずがない。目は悪くても、田中の口ぶりに微かな偽善、共産党時代のような英雄願望を感じ取ったのかもしれない。

こうして、体内に溜まったイデオロギーという有毒物質を解毒したのだが、この修行こそ、今の田中に必要と玄峰は思っていたようだ。当時、龍澤寺で老師が居住する隠寮の壁には、一人の女性の写真が飾ってあった。

「これは、老師のお母さんのお写真ですか」

そこを訪れた客人は必ず、怪訝《けげん》そうにこう訊いたという。その写真は、かつて、共産主義運動に走った息子を改心させようと命を絶った田中の母、アイであった。

最大、無上の幸福

後年、田中は玄峰老師との出会いを、「私の人生における最大、無上の幸福であった」と語り、敬愛の念は終生変わらなかった。

終戦直後からの側近の太田義人によると、時に傍若無人に振る舞う田中も、老師の前に出ると、子供同然だったらしい。

「玄峰老師との席に一緒に行った時があるんだが、そしたら田中が相変わらず、何か得意気に話してたんだ。すると、いきなり、『田中は黙っとれ！』って怒鳴られてね。途端に大人しくなるから、こっちは拍手喝采だったよ」

武装共産党で暴れ回り、刑務所でも「極悪囚人」とされた男を、玄峰老師の何が、ここまで心服せしめたか。

長年行動を共にした弟子や友人の証言を追うと、人の機微に通じ、並外れた豪胆さを備え、さらに憎めない稚気に富んだ、特異な人柄が浮かび上がってくる。

前述の通り、玄峰は荒れ果てた龍澤寺を見事に再興したが、それだけではない。同時期の一九一九年、静岡県の沼津にある松蔭寺の住職を依頼された。臨済宗の由緒ある寺だが、屋根の修理もままならぬほどで、ここも、玄峰は見事に再興した。愛知県犬山の瑞泉寺《ずいせんじ》もそうで、鼠と鳩の糞だらけだったのを、自ら雑巾がけしたという。

そして、玄峰の名を世に広めたのが、三三年、内紛で揺れる名古屋の覚王山日暹寺《にっせんじ》（現日泰寺《にったいじ》）だった。

元々、ここは各宗派が輪番で住職を務め、多くの浄財も集まり、栄えていた。ところが、次期住職の座を巡って内紛が勃発、政治家やヤクザが介入し、詐欺事件も起こり、自殺者まで出る騒ぎとなった。それを収めるべく、白羽の矢が立ったのが、玄峰老師だった。

約四〇年間、側近を務めた平井玄恭《げんきょう》は、こんなエピソードを聞かされている。内紛の当事者に頼まれたか、ある日、日本刀を持った暴漢が、老師の部屋に乱入してきた。

「和尚、即刻退山しないと、命がなくなるぞ」

玄峰が、泰然自若として答える。

「わしは坊主だから、命は欲しいとは思わぬ。殺すなら殺すもよかろう。しかし、わしも一つしかない命じゃ。日本刀でバサッと死ぬのは、勿体ない。どうせ死ぬなら、人間の死に味を、ぼつぼつ味わいながら死にたい。鋸《のこぎり》を持ってきて、ゆるゆると挽《ひ》き殺してくれ」

すっかり毒気を抜かれた暴漢は、後日、熱心な信者になったという。

また外出する際、玄峰は首に頭陀《ずだ》袋をかけ、拡大鏡や経本、信者からの布施を入れていた。ある日、東京から戻って来ると、弟子にいくつかの布施袋を渡した。

「預かっておいてくれ」

「いくら、ございますか」

尋ねると、短く答える。

「知らぬ、あるだけあるよ」

そこで弟子は、全額を郵便局に預金し、少しずつ引き出して、寺の運営費にしていた。そして、ついに残金が底をついた時、その旨を伝えると、玄峰が満面の笑みを浮かべた。

「そうか。では、また東京に出かけて、説教強盗をしてくるか」

こういう話もある。

大正末期、玄峰が、欧州を歴訪した時である。客船が神戸に着いた時、船内で帰国を祝う宴会が開かれた。その記念にと、乗客の氏名と住所を記した名簿を作ろうという話になった。ところが、皆が筆を執っても、玄峰だけはどうも渋っている。周りに促され、とうとう手にしたが、苦笑いして、こう言い放ったという。

「お前さんたち、ご存じかどうか知らんが、昔から芸者と坊主には住所を知らせるもんじゃない。知らせると、芸者は必ず訪ねて来るし、坊主は寄付帖を持ってくる……」

玄峰は「荒れ寺を興す名人」とされたが、これが秘訣《ひけつ》だったかどうかは不明だ。また大変な酒好きで、隠寮に一升瓶を置き、それも湯呑み茶碗で楽しんでいた。

「わしの今日あるは、酒のおかげだよ」

こう語ったのは、むろん、赤ん坊の時に捨てられ、酒を吹きつけられ、助かったのを指す。数多の禅僧の中でも、強烈な個性を持っていたのが分かる。

そして、それに魅せられ、歴代の総理や財界人、右翼や左翼の大物、また三〇年以上を獄中で過ごし、行き場のない元泥棒の老人まで集まった。まさに種々雑多で、それが老師の前に出れば、皆、自然に溶け合うように交わっていた。

「わしの部屋は、乗り合い舟じゃ。村の婆さんも来れば、乞食も来る。大臣も来れば、共産党までやって来る。皆、同じ乗り合い舟のお客様じゃ」

「まともな人間は余人に任せる。わしは世間から、暴れ者、やくざ者のように見られている連中を世話する」
こう口癖のように言いながら、寺には客人用の食器を用意し、乞食に食事を与える時も、御膳に載せ、座って出すよう指示した。もし、弟子が、立ったまま出したりすれば、烈火の如く叱りつけたという。

世界が戦争の嵐に巻き込まれている間、田中は、この師のもとで修行に励むという幸運に恵まれた。まだ田中が小菅にいた一九三九年九月、欧州でドイツ軍がポーランドに侵攻、第二次世界大戦が始まった。翌年春、ドイツは、デンマーク、ノルウェー、ベルギーなどに侵攻、六月にはフランスが降伏した。その勢いに引かれるように、日本は日独伊の三国同盟を結び、英米などとの緊張が高まる。
そして、龍澤寺に来て半年後の四一年一二月八日、ハワイの真珠湾への攻撃で、全面戦争に突入した。その直後、老師は、田中にこう言い含めたという。
「軍は気違いじゃ。気違いが走るときは、普通人も走る。日本の軍という気違いが、刃物をもって振り回している。今、歯向かっていったら殺されるぞ。そのうちに気違いは疲れて刀を投げ出す。それを奪い取ればいい。お前は時局に関して、一切何も言っちゃいかん。修行専門だぞ」（前出『田中清玄自伝』）
後から振り返ると、このアドバイスは、彼の命を救ってくれたと言える。ただでさえ血の気の多い、それも元共産党員だ。戦争反対、軍批判の演説でもやって、特高に睨まれ、どうなっていたか分からない。

結局、龍澤寺で修行したのは、小菅刑務所を出てからの三年半に過ぎなかった。が、そこでの体験は、共産主義を捨て、これから進む道を迷っていた彼に、揺るぎない指針を与えてくれた。

ずっと後になるが、田中は七七歳になった一九八三年、初めての著書を出版するが、そこで繰り返し強調したのが、「自由人」になることの大切さだった。

「人間には何人といえども真の自由人になり切るための能力と素質がある。赤ん坊の時がそうだ。まさに天真爛漫《らんまん》で自由人そのものだ。それが、しだいにゆがんだ知識と社会のゴミの中にうずもれていくことによって、本質を見抜けなくなっていってしまうのだ。真の自由人とは、いかなる理論にも、情感にも、権威にも、苦悩にも、死の恐怖にも、生の悦楽にも、恋愛の楽しみにも束縛されない。従って宇宙と人生のすべてが見えてくる。天空海闊《かいかつ》の境遇の人を言うのだ」（田中清玄『世界を行動する』情報センター出版局）

「私は、かつて自分がマルクス主義、共産主義にだまされていた、とは思わない。当時のような社会状況であれば、その社会のあり方に不満を持つ青年が何らかの行動を起こすことはきわめて自然であったのだ。目の前に悪いことが行われていれば、それを止めようとするのは当たり前のことだからだ。ただ当時の私は、マルクス主義そのものに、軍国主義ファシストたちと同質の悪が内在していることに気づかないほど愚かであったということである。

こう言うと、おまえも普通の右翼ではないか、と反問されるかもしれない。そう思う人にはそう思ってもらって結構だ。しかし、繰り返すようだが、右と左のイデオロギーで人を見、社会と世界を見ること自体、間違っているのだ。何が右で何が左だと宇宙の実在の中で決めうるのか。そんな差異は本来存在しない。一部の人間が勝手にひねくり出した妄想だ」（同）

龍澤寺での修行後、田中の話によく「宇宙になり切る」、「自由人」といった言葉が登場するようになるが、これは、明らかに禅の影響だ。

また家族や元秘書によると、「絶対」という言葉を聞くと、露骨な嫌悪感を示したという。資本主義だろうが、共産主義だろうが、または民主主義でも、何かの思想を絶対化するのを拒否した。ましてや、絶対の正義や悪などあるはずがない。

「資本主義体制とて絶対のものではない。いや、生が営まれ生が消えてゆくこの宇宙において、およそ『絶対』ということはありえないだろう。共産主義しかり、資本主義しかりである」（「現代」一九七六年一月号）

「問題は『実行をあやまる人間』にあるのではなく、思想に絶対性を附与してしまうこと、これを固定化することにあるのだ。ひとたび思想が絶対化されてしまうと、人間の誤謬《ごびゅう》は糊塗《こと》されてしまう。ましてや『権力』が媒介されると、誤謬を犯した人間も『権力』側につくと正当化され、はなはだしい場合には神聖化されるに至るのである。こうなると、仏教にいう『三界《さんがい》の火宅』である。誤謬を糊塗せんがためにまた誤謬を犯すということになる。

人間の弱さ、だ。私は完全な思想はありえないと思うのと同様に、完全な人間もありえないと思っている」（同）

これが、血塗られた武装共産党を経て、転向した田中が到達した心境であった。

だが、共産主義を捨てても、それは、決して資本主義を崇拝するのを意味しない。所詮、人間が作った思想だ、完全であるはずがない。全ては現実に適合するか、人と物の価値を生かすかどうか、だ。転向を表明して以来、田中は、初めて自分の羅針盤を手に入れたのだった。

彼の最初の著書は、冒頭に「この書を、この方々に贈ります」とあり、一〇名余りの名前が並んでいる。一番上に山本玄峰老師の、そのすぐ下には、「亡き母」としてアイの名が記されてあった。

「裏切り者」の汚名

こうした田中を軽蔑し、非難する人々がいたのも事実だ。彼らからは、「裏切り者」「変節漢」「資本家の手先」と、容赦ない雑言が浴びせられた。かつて共に「ヴ・ナロード」と叫び、革命の夢を語り合った共産党の同志である。

その一人が、あの世田谷のアジトで共に逮捕された、作家の中本たか子だった。

山口県出身の中本は、地元の女学校を卒業後、小学校の教員をしたが、二四歳で上京、文学の道を歩み始める。新人女流作家の育成を目指す雑誌「女人芸術」に参加、やがてプロレタリア文学に傾倒し、共産党のシンパとなり、下町の紡績工場で働き始めた。

そして、一九三〇年七月一四日、田中を匿《かくま》っていた一軒家で逮捕、上野公園近くの谷中警察署に連行されるが、そこでの拷問は凄惨を極めた。

彼女自身は党員でなく、文筆活動で得た金を寄付し、炊事や見張りを手伝っただけだった。が、それでも、特高警察は手加減しなかった。谷中署の二階の和室で、三人の男に素っ裸にされ、力任せに殴られ、蹴りつけられた。馬乗りになって首を絞められ、失神しても、意識を回復すると、また鉄棒で打たれる。

当時、彼女は、共産党幹部の岩尾家定の子を宿し、妊娠三ヵ月だった。

だが、苛烈な拷問で衰弱し、ついに拘留中、「人工流産」（中本たか子『わが生は苦悩に灼かれて』白石書店）に追い込まれてしまう。この岩尾は、別のアジトで逮捕され、数時間の拷問で、田中の居場所を白状した男だ。

中本は、保釈後に再び検挙、懲役四年の判決を受けるが、その間に留置場から脱走、情緒不安定で精神病院に入院という波乱の青春を送った。その彼女が、後年の回顧録で、田中について触れている。

「田中と日常生活をともにしてみると、かれは、理論の方はよくわからなかったが、実践において――ことに人間的に、まだひじょうに未熟だった。そのくせ、自分を誇示することにつとめ、口では『自己中心的であってはならない』といいながら、わたしに話す内容は、自慢話ばかりであった」（同）

「小林多喜二が虐殺され、岩田義道が虐殺され、その他いく多の有為な青年が拷問で死においやられたのも、共産主義を絶対に正しいと信じたからではないか！　いまさら、助かりたいがために、過去の行為があやまっていたの、信仰を得たのと、そんなことに誰が耳をかそう？

わたしは、田中清玄や岩尾家定たちに、短銃さわぎや竹やりさわぎをさせるために、ありもしない米櫃の底をたたいてまで、飯をくわせたのではない。かれらの、小児病の守に住宅をあたえ、見張りをしたのではない。親をなげかせ弟妹たちをふりすてて、今日わたしがここまできているのは、プロレタリアートの事業の世界大に感激してである。労働者、農民大衆は、いまは黙々としているが、やがて歴史の必然性によって、下からがっちりと組んでたち上ってゆくのだ」（同）

繰り返すが、当時、彼女は、正式な党員ではなく、一シンパに過ぎなかった。

それが、田中に巻き込まれて逮捕され、壮絶な拷問に、歯を食いしばって耐えた。そして「あくまで労働者、農民の側に立つ！」とし、国内の米軍基地問題や平和運動で、亡くなるまで旺盛な執筆を続けた。

並の男では敵《かな》わない、気骨に溢れた女性と言える。それだけに、鍋山や佐野、田中ら、かつての幹部が続々と転向するのを許せなかったのだろう。

そして、かなりタイプが違うが、もう一人、田中の転向を痛烈に揶揄《やゆ》したと思われる作家がいた。終戦直後、「斜陽」「人間失格」などの作品で人気作家となった太宰治である。

本名、津島修治、青森の大地主の家に生まれ、弘前高校に入学してから、左翼運動に関心を持つようになる。田中のちょうど三期後輩で、やはり東京帝大の文学部に進み、共産党に関わり始めた。もっとも彼の場合、田中のように行動隊を率いるのではなく、もっぱら実家の仕送りをカンパし、隠れ家を提供するぐらいだった。この間、カフェの女給と心中未遂も引き起こしている。

だが、官憲の取り締まりがきつくなると、自首するように警察に出頭、非合法活動から足を洗った。そして、終戦直後の四八年六月、愛人と入水自殺するが、生前、自分の思想遍歴をエッセイ風に書き残していた。

そこに、田中の転向を指すような箇所があるのだ。

「所謂『思想家』たちの書く『私はなぜ何々主義者になったか』などという思想発展の回想録或いは宣言書を読んでも、私には空々しくてかなわない。彼等がその何々主義者になったのには、何やら必ず一つの転機というものがある。そうしてその転機は、たいていドラマチックである。感激的である。

私にはそれが嘘のような気がしてならないのである。信じたいとあがいても、私の感覚が承知しないのである。実際、あのドラマチックな転機には閉口するのである。鳥肌立つ思いなのである」（太宰治「苦悩の年鑑」。『グッド・バイ』所収。新潮社）

「プロレタリヤ独裁。それには、たしかに、新しい感覚があった。協調ではないのである。独裁である。相手を例外なくたたきつけるのである。金持は皆わるい。貴族は皆わるい。金の無い一賤民《せんみん》だけが正しい。私は武装蜂起に賛成した。ギロチンの無い革命は意味がない。しかし、私は賤民でなかった。ギロチンにかかる役のほうであった」(同)

「私は金を出す役目になった。東京の大学へ来てからも、私は金を出し、そうして、同志の宿や食事の世話を引受けさせられた。所謂『大物』と言われていた人たちは、たいていまともな人間だった。しかし、小物には閉口であった。ほらばかり吹いて、そうして、やたらに人を攻撃して凄がっていた。人をだまして、そうしてそれを『戦略』と称していた」(同)

これが太宰の共産党体験らしいが、田中の名は、一度も登場しない。だが、その転向を念頭に読むと、次の文章に、独特の味わいが出てくる。

「私は『思想』という言葉にさえ反撥《はんぱつ》を感じる。まして『思想の発展』などという事になると、さらにいらいらする。猿芝居みたいな気がして来るのである。いっそこう言ってやりたい。『私には思想なんてものはありませんよ。すき、きらいだけですよ。』」(同)

勝手に想像してみると、こんな感じだろうか。

〈田中さん、お母さんの自殺とか、玄峰老師とか、ずいぶんドラマチックだね。だけど、どうも、ご立派過ぎるなぁ。下手にこじつけても、こっちは分かってるよ。要は、逃げ出したんでしょ、あなたも。もっと正直になろうよ〉

弘前高校には、田中ら左翼学生が組織した社会科学研究会があり、東京帝大でも、武装共産党は知らぬ者がいなかった。当然、シンパである太宰も、彼の名前ぐらいは知ってたはずだ。その田中の太宰評は、手厳しい。

「弘前高校では太宰なんか問題にもされていない。あれは東京の作家などがもてはやすだけ」(前出『田中清玄自伝』)

「太宰は名門の出かどうか知らんが、思想性もなく、ただセンチメンタリズムだけで、性格破綻者みたいなものじゃないか。地下運動時代に俺を怖がってついに会いにこなかった。『そんな奴、いたかい』ってなもんだ」(同)

太宰治と田中清玄、実際に二人が会っていたら、どんなやり取りになったか。想像するだけでも、面白い。

こうして田中は、かつての共産党の同志から、攻撃、揶揄され、生涯、「革命を裏切った男」の烙《らく》印《いん》を押され続けた。仮にも非合法時代の委員長までやったのだから、無理もない。ところが、本人は怯《ひる》むどころか、逆に実力行使も躊躇わない、最も戦闘的な反共活動家になっていく。

その裏には、田中が長年ひた隠した、ある人物との、たった一度の出会いがあった。あの方のためなら、毀誉《きよ》褒貶《ほうへん》なんぞ、どうでもいい。

それが、敗戦の年の冬、皇居で密かに行われた、昭和天皇との単独拝謁であった。

昭和天皇に拝謁する

天皇と武装共産党、この信じ難い出会いを生んだきっかけ、それは週刊誌に載った、たった一ページの記事だった。

敗戦から初めての師走を迎えた頃、朝日新聞社の「週刊朝日」に、あるインタビューが掲載された。タイトルは「実践で貫く」「今は土建社長　田中清玄氏の弁」、横浜で土建会社「神中組」を経営する田中の近況を伝えたものである。

出獄した田中は、龍澤寺の修行後、獄中で知り合った仲間を束ねて、会社を設立した。占領が始まると、米国式重機を採用し、京浜間の道路修理で活躍。また、静岡で戦災者住宅用の製材や開墾、宮城で漁業を手がけ、中古の外車ビュイックで駆け回っている……。

これだけなら、単なる土建会社の社長なのだが、読者の目を引いたのは、次の箇所だ。そして、世間の猛烈な賛否両論が、田中を襲ったという。

「獄中にある我々に対して天皇陛下は『卿等《けいら》……』のお言葉を使われた。当時私は天皇制の問題について思想的に悩んでいた時だったが、この時初めて結論を得たのです。そして出所後、山本玄峰老師について参禅した結果、左右も中道もない絶対無、こゝに新しい認識論の基礎をみつけ、その昇華されたものが天皇帰一という信念に到達しました。天皇制の問題が最近一部に唱えられているが、彼等がもし非合法手段で天皇制廃止に出るならこちらも非合法で対抗するし、理論で来るなら理論で最後まで戦うつもりだ。その時は喜んで私の生命はもちろん、この神中組をも犠牲にしよう」（「週刊朝日」一九四五年一二月二日発行号）

今からでは想像するのも難しいが、終戦直後、それも公の場で、こうした発言をするのは大変な勇気が必要だった。

政界から官界、言論界まで左翼思想が広がり、政治犯として獄中にいた徳田球一ら共産党幹部も釈放された。一部は、公然と革命を唱え始める。そんな空気の中、天皇制擁護を宣言したのだ。

晩年に田中は、こう回想している。

「最初に陛下に会わないかと言ってきたのは、静岡県知事だった菊池盛登《もりと》さんでした。菊池さんは龍沢寺にもよく来られて、玄峰老師とも親しくしておられた。玄峰老師の言われるままに菊池さんに会ってみると、確かに素晴らしい。菊池さんは決して軍の言いなりにはならなかった人でした。軍の独裁がいかに日本を毒してきたかを、玄峰老師にもせつせつと訴えておられました。菊池さんは僕にも『君はこれからの日本がどうなるか書け』と言うんだ。僕も戦争に負けて皆が天皇制に批判的なことばかり言うものだから、腹が立ってね」（前出『田中清玄自伝』）

菊池は、終戦の年の九月、知事から禁衛府（皇宮警察の前身）に移り、翌年には長官に就任する。職務上、宮内大臣や侍従長と太いパイプを持ち、そのアドバイスで田中は、天皇制への思いを発表した。

それを読んだ菊池が、すっ飛んできたという。

「菊池さんが『田中さん、あなたは陛下を尊敬している。陛下にお会いになりたいと思うか』と言ってこられた。二十年の十二月初めです。びっくりしましたよ。『不可能ではないですか。考えもしなかった』『いや、できるんだ。どうだ』『喜んでお会い致します』。それから四、五日して、菊池さんに呼ばれ『陛下にお会いできることになったから、平服できてくれ。くれぐれもタキシードなんかではなく。生物学御研究所を拝観しているときに、陛下がたまたまお越しになられてお目にかかったということにするから』ということになった」（同）

そして拝謁の前日、一二月二〇日の午前、木下道雄侍従次長が、天皇に「週刊朝日」の記事を見せた。ここで最終的な許可が降り、田中に伝えられ、こうして翌二一日の昼下がり、生物学研究所での拝謁が決定されたのだった。

ここは、即位直後に建てられ、顕微鏡を備えた研究室の他、御用邸などで採取した植物や水中生物の標本用の部屋がある。窓の外には武蔵野のような風景が広がり、天皇にとって誰からも邪魔されない、最もプライベートな空間と言えた。

田中がそこを見学させてもらっているところに、たまたま天皇が通りかかる――そういうシナリオで拝謁は実現したのだ。

そこで天皇と向き合った田中は、何を語ったのか。

「私はなんせ治安維持法違反で一度刑務所に引っ張られていますからね（笑）。私がまず言上したのは、『私は陛下に弓を引いた共産党の書記長をやり、今日では根底から間違っておることが分かりました。ただいまは、自らの罪業の深さを悔い、龍沢寺の山本玄峰老師の下で修行を致しております』ということ。もう一つは、『天皇家が健全なままに二千数百年にもわたって続いてきたこと自体、諸民族の統合体である日本民族を、大和民族として統一し、融和させてきたことを証明するものであり、天皇家なしには、社会的融合、政治的統合体としての今日の日本はございません。したがって皇室ご健在であることに深く感謝致すとともに、陛下に対しても心から敬意を表します』ということでした」（前出『田中清玄自伝』）

そして、天皇に三つのことを申し上げたという。一つは、決して陛下は退位したり、摂政を置いてはならないということ。その頃、戦争責任を取って若い皇太子に皇位を譲り、当面、摂政を置くという噂も流れていた。

「もう一つは、『国民はいま飢えております。どうぞ皇室財産を投げ出されて、戦争の被害者になった国民をお救いください。陛下の払われた犠牲に対しては、国民は奮起して今後、何年にもわたって応えていくことと存じます』ということ。三つ目は、『いま国民は復興に立ち上がっておりますが、陛下を存じ上げません。その姿を御覧になって、励ましてやって下さい』というものだった」(同)

この頃の田中は坊主頭、長い獄中生活で頬がこけ、上顎の歯はほとんど脱落していた。そのため、息が抜け、言葉は聞き取りにくかった。それでも、田中は無我夢中で話し続けたようだ。

それに対する天皇の答えは、どうだったか。

「『うーん、あっ、そうか。分かった』と。そりゃあ、もう、びっくりしたような顔をされて、こっちがびっくりするぐらい大きくうなずかれたなあ。その後、これを陛下はすべて御嘉納《ごかのう》になられて、おやりになった」(同)

「最初は二、三十分ということでしたが、結局、一時間余りですかねえ。それで僕は、お話し申し上げていて、陛下の水晶のように透き通ったお人柄と、ご聡明さに本当にうたれて、思わず『私は命に懸けて陛下並びに日本の天皇制をお守り申し上げます』とお約束しました。そうしたら、終わって出てきてから、入江さんに『あなた、大変なことを陛下にお約束されましたね』って言われたなあ。それと『我々が言えないことを本当によく言ってくれました』とね」(同)

この日のことは、同席した木下侍従次長も、日記に書き残している。

「生研に於て、次官の誘引により来りたる田中清玄氏、聖上に謁す。侍従長及び予、次官、陪席。これは従来にない破格のことである。田中は元来共産党の巨頭の一人にして、十年の刑を終えて出獄、転向したるもの。沼津の山本玄峰老師の許《もと》に参禅。終戦後、米軍相手の土木事業に乗り出したるものなり。共産党相手に戦わんとする気構え、七生報国を聖上に誓い奉る。彼としても今日は一生涯の記

念日ならん」（木下道雄著、高橋紘編『側近日誌』中央公論新社）

このように、天皇と田中の会見は、後に園遊会でよく見られたような、通りすがりにごく短い言葉を交わす類いのものではなかった。共産党の元首領が天皇と会い、「命に懸けて陛下をお守りします」と誓う。木下の言う通り、極めて異例の出来事だった。

そして、その言葉も、決して虚勢やはったりなどではなかった。

「実はあの時に陛下にお目にかかった後、木下さん、入江さん、徳川さんが、大膳職《だいぜんしき》へ案内してくれたのですが、その時に陛下の召し上がっておられたのが、当時よくいわれた国民食でして、麦飯と里芋の煮っころがしだけの質素なものでした。それをこの目で見ましてね。それなのに、共産党の連中は、『朕はたらふく食ってるぞ。汝臣民飢えて死ね』などというスローガンを掲げて騒ぎ回っていた。俺はむかむかしてねえ。共産党がデマを飛ばしたり、宮中へデモをかけているというので、うちの連中を何百人も差し向けた。『殴り倒せ。殺しては駄目だぞ。責任は俺が取る』とね。徳球（徳田球一）が文句言ったら、田中清玄に言われてやっていると言えと、共産党との闘争を公然化させたのです」（前出『田中清玄自伝』）

この頃から田中を知る側近の太田は、ある場面を鮮明に覚えているという。

「戦争直後に天皇陛下に会ったっていう話は、うちの田中は、ずっと私にも言わなかったんです。『入江日記』が世に出て知られるようになるまではね。ただ、自分が知り合った頃、一度、家に食事に呼ばれたことがあるんです。酒のいいのもあるし、豚汁も食わせるってんで、行って、色んな話をしました。国土復興やらマルクスやら資本論とか。それで玄関で別れる時、突然、田中がこう正座して、三つ指をついてね、涙を流すんですよ。『今の陛下は大変立派な方だ。これに何か災いがあれば、俺は体を張って守る』って。こっちはびっくりですよ」

その後、神中組は、三幸建設へと形を変えるが、どちらも極めてユニークな会社だった。理由は、築地の本社近くに置かれた、空手道場である。

そこで社員は、突きや蹴りの稽古に励む。そして共産党のデモがあるというと、社長の号令一下、棍棒を握り、殴りかかっていった。太田が思い出しながら、苦笑いする。

「あの頃の会社には、復員軍人やら元特攻隊員やら、背中一面に入れ墨彫った本物のヤクザとか、まぁ、柄の悪いのが多かったですよ。あと、大学で空手やっとった連中とかね。皆、棍棒持たされて、動員されましたよ。『うちの社長、頭おかしくなったんじゃないか』って言いながらね。でも、田中は本気だったんでしょうな。また、当時は、それだけの情勢がありましたから。共産党は、本気で革命をやるつもりだったでしょうからね」

今では荒唐無稽に聞こえるかもしれない。だが、当時、皇室を異様な空気が包んでいたのは事実で、田中の拝謁に同席した入江の日記からも、その片鱗《へんりん》が窺える。

例えば終戦から四年後、天皇は約一ヵ月に亘って九州を巡幸したが、北九州の日本製鐵・八幡製鉄所を訪れた際、ある事件が起きている。

「いきなり右の方から灼熱《しやくねつ》の鉄のブロツクがクレーンで返つてきた。三鬼社長も驚いて逃げ乍《なが》ら陛下にもお戻り願つた。妙な気がした。いやないたづらだと思ふ。陛下は勿論何とも仰せられず、我々も何とも思ふべきではないかもしれないが、この時のショツクは我々は長く忘れることはないであらう」

（『入江相政日記』朝日新聞社、一九四九年五月一九日条）

溶鉱炉から取り出したばかりだろうか、真っ赤に燃えたぎった金属片が、突然、天皇一行の目前を通り過ぎたらしい。案内の三鬼社長も逃げ出す程で、一歩間違えば、大事故になる恐れもあった。それに、入江は、何者かの悪意を感じ取ったようだ。

それだけではない。

巡幸の行く先々では、どこも熱狂して群衆が迎えたが、その中に時折、薄ら笑いを浮かべ、赤旗を振る男たちの姿があった。また、ある晩は、共産党が天皇の乗るお召し列車を妨害するとの情報が入り、急遽、沿線に、大勢の警官が配置される一幕もあった。

こうした不穏な空気の中、公然と共産党に戦いを挑んだのが田中だ。ただし、太田たち社員にも、天皇と会ったことは決して教えなかったという。本人の弁は、こうだ。

「自分としては皇室をお守りすると陛下にお約束したのですから、当然のことですが、問題は自分がこのような闘争をやっていることで、田中清玄のような反共主義者を陛下がお使いになったというようなことを言われるようでは、皇室にご迷惑がかかると考えたのです。当時はまだ極東軍事裁判も始まってはおらず、陛下のお立場も、最終的に結論が出たわけではありませんでしたから。その辺のことも考えて、陛下にお会いしたことについては、ずっと沈黙を守ってきたのです」（前出『田中清玄自伝』）

ある意味で、田中は、終戦直後の混乱期、皇室を守るための暴力装置、実力部隊を提供したと言えるだろう。

敗戦と占領で、警察は機能が低下し、皇宮警察も体制がなく、皇居に暴徒が押し寄せても為す術はなかった。そうした中、復員軍人だろうが、ヤクザだろうが、荒くれ男を束ねて差し向けた田中は、関係者にとって干天の慈雨に等しかった。

こうして見ると、共産党と血みどろの戦いをした電源防衛の、本当の意味合いが分かってくる。会津に乗り込んだ荒くれ男たち、それは電力会社などではなく、天皇を守るための行動隊だったのだ。

日本国憲法における「象徴」の意味

田中を転向させた師、山本玄峰は、日本国憲法制定を巡っても、この国を大きく動かした。

敗戦の翌年、一九四六年の二月三日、ＧＨＱ民政局長のコートニー・ホイットニー准将は、部下のチャールズ・ケーディス次長、アルフレッド・ハッシーらを呼び出し、極秘の指示を出した。

〈ダグラス・マッカーサー最高司令官は、われわれに憲法草案を書くよう命令された。毎日新聞の記事を見ても、日本政府の案は余りに保守的で、天皇の地位を何ら変更していない〉

毎日の記事とは、その二日前の紙面に載った「憲法問題調査委員会試案」のスクープを指す。当時、幣原内閣は、松本烝治《じょうじ》博士を中心に憲法改正の委員会を置いたが、彼らが作った案は、明治憲法の枠を出ない保守的なものだった。特に、天皇の条項は明治憲法と大差がなく、ＧＨＱを激怒させた。

折しも、前年末、モスクワでの米英ソ外相会議で、極東委員会、対日理事会の設置が決定した。前者は、連合国による日本管理の政策決定機関で、後者は、連合国最高司令官の諮問機関、いわば日本占領の御目付け役だ。極東委員会は、天皇制に反対のソ連も含まれ、彼らが介入する前に、何とか憲法改正の目途を立てる必要があった。

マッカーサーの指示で、直ちに民政局に委員会が設置される。立法、司法、天皇制など八つの小委員会から成り、スタッフには米国人弁護士も入れた。合衆国憲法、独立宣言、エイブラハム・リンカーン演説集などを集め、第一生命ビルに籠もり、たった一週間で草案を完成させたのだった。

これと前後して、幣原内閣の書記官長の楢橋渡に、民政局のケーディスとハッシーが接触してきた。新憲法での天皇の扱いについて、至急、話し合いたいという。東京では人目につくので、神奈川県の大磯にある別荘に招待した。

そこで、彼らが口にした言葉に、思わず楢橋は耳を疑った。

天皇を「のける」憲法でいけないか、という。日本を民主化し、軍国主義を一掃するため、天皇制を外したい。それがあるから、日本は「八紘一宇《はっこういちう》」と叫び、海外を侵略してきた。このままでは、ソ連やフィリピンなど反日の国々を説得できないという。

冗談ではない。

無条件降伏の際、国体は変えないと約束したではないか。そんなことをして、共和制にでもしたら、日本国民は黙っていない。楢橋は必死に反論したと、後年の回顧録で語っている。

「そのとき、私の頭に浮かんだのは、山本玄峰老師に教えを受けようということだった。そこで、私にも案があるから、四、五日回答を待ってくれといって、三島の竜沢寺へ連絡をとったら、長岡の温泉に行っているということだった。それで、すぐ自動車で長岡まで行ったところ、旅館の炬燵《こたつ》の上に一升徳利を置いて、老師はしゃがんでいたが、私が部屋に入る瞬間に、『天皇の問題で来たな』といった。そして、『わしは、天皇が下手に政治や政権に興味を持ったら、内部抗争が絶えないと思う。なぜかというと、天皇の詔勅を受けているんだといって、天皇の権力を担ぎ廻わって派閥抗争をする。だから、天皇が一切の政治から超然として、空に輝く太陽のごとくしておって、今度は、その天皇の大御心を受けて、真・善・美の政治を実現するということで、眷々《けんけん》身を慎んで政治をすることになれば、天皇がおられても、もっと立派な民主主義国ができるのではないか。天皇は空に輝く象徴みたいなものだい』と、いわれた」（前出『回想　山本玄峰』）

東京に戻った楢橋は、すぐに、それをGHQに伝えた。

彼らも大いに歓迎し、こうして生まれたのが日本国憲法の第一条、「天皇は、日本国の象徴であり日本国民統合の象徴」の文言だという。

楢橋は、五四年に国会図書館が行った憲法制定に関する聞き取りや、別の回顧録でも、同様の証言をしている。戦後の皇室像は、炬燵で酒を飲んでいた禅僧の助言で生まれたというのだ。

また、機密解除されたGHQ文書によると、憲法制定時、楢橋が、民政局のケーディスやハッシーと頻繁、非公式に接触していたのは、事実だ。

例えば、四六年二月二四日の日曜日、大磯の別荘で、三人は、「ピクニック」と称して顔を合わせた。トップ・シークレット（最高機密）と書かれた報告は、新憲法の天皇の扱いで、内閣に深刻な対立が生じたとある。松本博士ら保守派に対抗し、楢原らが、象徴天皇の実現に尽力している、という。

念のために言えば、天皇を象徴として残す動きは、他にもあった。すでに前年の一〇月二日、マッカーサーの軍事秘書で知日派のボナー・フェラーズ准将は、先祖の美徳を宿す天皇は民族の象徴、とのメモを作った。その翌月、一一月二九日には、在京の英国政府代表団も、本国に報告を送っている。

「精神的シンボルとしての天皇の力は、（敗戦という）物質的不幸でかえって高まった。天皇は（国民に）残された唯一の財産で、他国にないシンボルである」

むろん、玄峰老師が、GHQのケーディスやハッシー、フェラーズ、英国代表と面識があったとは思えない。まして、憲法を話し合ったはずもなく、偶然、思いが一致したということなのだろう。

拝謁を終え、皇居の門を出た田中の目には、再び、現実が飛び込んできたはずだ。丸の内のビル街には巨大な星条旗が翻り、暖房用の石炭を燃やす臭いが漂う。路上に英語の標識が立ち並び、米軍兵士が我が物顔で闊歩していた。敗戦と占領という冷徹な現実である。

その脳裏に、どんな思いがよぎったのか、想像する他はない。しかし、これ以降、いくつもの労働争議で、組合切り崩しの黒幕として田中の名前が見え隠れしていく。そして、思想的には反共右翼、行動は、水面下で蠢《うごめ》くフィクサーという田中のイメージが定着した。ところが、ある出来事が、裏にいるはずの彼の存在を一気に世間に広めてしまった。戦後最大の政治イベントで、国中を騒乱状態に陥れた六〇年安保闘争である。

第四章

全学連と暴力団

〜六〇年安保と狙撃事件〜

右翼の黒幕が左翼学生を応援する。
その黒幕を財界が応援する。
常識では考えにくい構図は
なぜ生まれたのか。
田中の行動がうとましくなった
もう一人の右翼の黒幕は、
暴力団員に田中を狙撃させる。

文藝春秋

左翼からも財界からも嫌われた岸信介

一九六〇年三月のある夕刻、唐牛《かろうじ》健太郎と篠原浩一郎は、指定された時刻に、都内赤坂の料亭「榮林」の門を潜った。赤坂見附の交差点からほど近いが、裏通りにあり、喧騒《けんそう》もいくらか静まって聞こえる。

仲居に案内され、二階の座敷に上がると、二人は、思わず目を見開き、驚きの声を発してしまった。二〇畳、いや、三〇畳はあるだろうか、自分たちのために、こんな広い部屋を予約したのか。美しい青畳が敷かれた室内は、何とも言えない香りが漂っている。

他に誰もいないのを確かめると、唐牛と篠原は、歓声を上げ、畳の上に身を投げ出し、寝転がっていた。大の字になって寝そべり、天井を眺めながら、思わず、大声で言葉が口を衝《つ》いて出た。

「いやぁ、やっぱり、畳っていいなぁ、おい」

「あぁ、そうだな」

大学生どころか、まるで小学生の子供のようだが、その時の二人の境遇を知れば、ごく自然な感情だったとも言える。

二ヵ月前の一月一六日、新安保条約の調印で、訪米に出発する岸信介総理の全権団、それを阻止するため、学生約七百名が、羽田空港に立て籠もった。これを排除しようと警官隊二千名が動員され、さらに、いくつもの右翼団体も押しかける騒ぎとなった。

結局、警官隊が突入して、学生らは片っ端からごぼう抜きされ、不退去罪で七六名が逮捕された。そのリーダー格で、北海道大学の唐牛は麴町署、九州大学の篠原は赤坂署に拘留され、やっと保釈されたのだ。薄汚れた留置場に比べ、ここ「榮林」の座敷は、まるで天国のように感じられた。

やがて襖《ふすま》が開くと、彼らを招待してくれた田中清玄が、姿を見せた。

慌てて姿勢を正すと、ちょっと緊張気味に初対面同士、テーブル越しに向かい合う。五〇代半ば、痩せ型の引き締まった身体に品のいい背広、恐い人だと聞いていたが、意外に物腰は柔らかい。だが、眼鏡の奥の目には、やはり、何とも言えない凄みとしたたかさを感じさせた。

事情を知らない者が、この座敷の光景を見れば、信じられないという風に首を振っていたかもしれない。

この日、田中が赤坂の料亭に招いた唐牛健太郎は二二歳、全日本学生自治会総連合、「全学連」の委員長で、もう一人、二一歳の篠原浩一郎も、中央執行委員である。共に反安保闘争に加わるため、昨年、北海道と九州から上京してきた。

右翼の黒幕として知られた田中が、左翼の、それも最も過激な行動で知られる全学連幹部を、牢獄から救出した。そればかりか、反安保、反岸を叫ぶ彼らの活動資金を提供、闘争の戦術まで指導していた。

後日、内幕が暴露され、文字通り、世間を唖然《あぜん》とさせるのだが、右翼と左翼、田中と全学連、彼らを結びつけた磁力とは何だったのか。

料亭に招かれた全学連幹部

その理由を問われ、晩年の田中は、こう答えている。

「当時の左翼勢力をぶち割ってやれと思った。あの学生のエネルギーが、共産党の下へまとまったら、えらいことになりますからね。一番手っとり早いのは、内部対立ですよ。マルクス主義の矛盾はみんな感じていましたから。ロシアの威光をかさにきてやる者、それから共産主義の欠陥を汲み取れない連中、進歩的文化人ではやりの馬に乗った人間、彼等にはそういういろんな雑多な要素があるんです。しかも反代々木（反日共）で反モスクワである点が重要だ。彼等を一人前にしてやれと考えた。反モスクワ、反代々木の勢力として結集できるものは結集し、何名か指導者を教育してやろうというので、全学連主流派への接触を始めた。もう一つは、岸内閣をぶっ潰さなければならないと思った」（前出『田中清玄自伝』）

だが、当時、彼らの中には、公然と革命を口にする者すらいた。それを、右翼の田中が助けるのは、おかしいではないか。

「革命運動はいいんだ。帝国主義反対というのが、全学連のスローガンだった。しかし、帝国主義打倒というのを、アメリカにだけぶっつけるのは、片手落ちじゃないかと僕は言った。『ソ連のスターリン大帝国主義、専制政治はどうしたんだ』とね。そうしたら、そうだと。それで、これは脈があるなと思って、資金も提供し、話もした」（同）

この日、赤坂で、初めて田中と対面した九州大学の篠原は、現在、八四歳の老境を迎えている。だが、半世紀以上も前の、「榮林」でのやり取りを、今もはっきり覚えていた。

「そう、警察から出てきてから、すぐですよ。清玄さんに、唐牛と二人で会ったのは。会いたいって言うんで、榮林という中華料理の料亭に行きましたね。綺麗なとこで、畳の香りがしてねぇ、今でも忘れないですよ。こう、唐牛と二人で寝そべってね。畳って、いいねぇって。確か芸者も四、五人、つけてくれましたね」

冷たく、薄暗い留置場から、青畳の敷かれた料亭の座敷へ、しかも、何人もの綺麗どころが酌まで

筆者撮影

取材時の篠原浩一郎氏。壁には田中清玄の写真が。

してくれたという。二十歳かそこらの若者には夢心地の、強烈な体験だったのだろう。

その席で、田中とは、どういう話をしたのか。

「清玄さんが言うには、日本共産党というのはとんでもない組織だと。こいつらは、お前たちを潰すため、全力をかけてやってくると。命も狙ってくるし、お前たちの甘い考えじゃいかん。徹底的に戦わなくちゃならない、という話でしたね。われわれも、当然、学生運動で共産党とやり合ってるから、全学連大会で排除したりしてるけど、そんな甘いもんじゃないと。もっと暴力的に、共産党はやってくる準備をしてるから、お前たちもしっかりしないといかん。そういう話でしたよね」

だが、そもそも、共産党と全学連は同じ左翼陣営のはず、それが、どうして対立するのか。しかも、相手の命まで狙ってくるとは、どういうことか。

元々、終戦直後に結成された全学連は、朝鮮戦争の反対運動などで、共産党の強い影響を受けてきた。

しかし、五〇年代半ばになると、路線の違いから党指導部と対立、五八年には、党から除名されたグループを中心に、共産主義者同盟（ブント）が結成された。このブント系の主流派が、やがて全学連の主導権を握り、これに対し、共産党は批判を強めていく。

特に唐牛委員長の全学連は、共産党から「ニセ『左翼』暴力集団」とも呼ばれ、対立はエスカレート、集会で殴り合いも起きる有様だった。

そんな中で、田中の言う〈しっかりしろ〉とは、どういう意味か。

「だから例えば、空手を習えとか、防衛隊を作れとか、防衛隊は、自分たちも協力してやると。それで、僕と唐牛や仲間たちで、神奈川県の仙石原に保養所みたいのがあって、そこで合宿しましたよ。清玄さんの部下の空手の連中、二、三人と一緒に。突きとか、蹴りとか、空手の初歩をね」

日本共産党と対立した全学連主流派の学生、彼らを支援するため資金を提供した田中、しかも、護身のため空手の個人レッスンを行い、その最終目標は、当時の岸内閣の打倒という。


この六〇年安保で、逮捕歴、じつに一三回という全学連最高記録を樹立したのが、当時、九州大学経済学部に在籍した篠原浩一郎だ。国会議事堂へのデモを指揮し、警官と殴り合い、当時の写真に学生服の彼の姿が写っている。

ところが本人によると、大学に入学した頃はノンポリ、政治には全く興味がなかったのだという。

一九三八年五月、中国東北部の満州で生まれた篠原は、小学生の時、大連で終戦を迎えた。父の四郎は、建設会社の鹿島組（現鹿島建設）の社員で、満州鹿島組の理事と土木部長を務めた。だが、過労で結核を患い、大連で療養中に亡くなってしまう。篠原は、母や弟、妹と共に福岡県久留米市に引き揚げた。その母は、生命保険の外交員をしながら懸命に育ててくれたという。

五七年四月、福岡の九州大学に入学するが、教養部の授業には全く出ず、もっぱらヨットに夢中になっていた。

この前年には、石原慎太郎の原作で、夏の海辺で奔放な日々を送る若者を描いた映画、「太陽の季節」が公開された。「太陽族」という流行語も生まれ、サングラスにアロハシャツのファッションも話題になった。

それを真似したのではないだろうが、若い篠原も、福岡で青春を謳歌《おうか》していたらしい。

「ヨット部は当然、海辺の方にあるから、大学とは全然、場所が違う。私は、ほとんど毎日、そっちへ行ってたんですよ。授業は語学の、ドイツ語の文法だけ出席を取られるから行ったけど、あとはほとんどほったらかしで、ヨットに乗ってたんですよね」

とは言え、冬になれば、さすがにヨットに乗ってばかりとはいかない。久しぶりにキャンパスに顔を出すと、そこで、学生集会が開かれていたという。

「顔を出したら、学生大会で、そこの執行部が共産党系だけど、英米の原爆実験反対というのをやってた。で、それを聞いてて、私が『どうしてソ連の原爆実験は反対しないんだ』と質問すると、『いや、ソ連の原爆はいい原爆だ』って言うんだね。『馬鹿言ってんじゃないよ、原爆は同じだろ。ソ連も含めろ』って言うと、できないと。それで、『そんなおかしい執行部なんか、辞めちまえ』って言ったら、本当に辞めちゃったんだ。それで私も、新しい執行部に入ることになったんですよ。完全なノンポリだったのに、ヨットから、いきなり学生自治会ですよ」

では、最初から反共産主義とか、右翼と左翼、保守、リベラルとか、特に思想は持っていなかったと。こう尋ねると、篠原は、大きく首を横に振ってきた。

「そういうのはないですよ、全くない。とにかく核実験、核兵器に反対だと。だって、うちの爺さん、婆さんも原爆で死んでますから、長崎で。また満州引き揚げだから、ソ連がどんな軍隊かというのも知ってるしね。そんなこんなで、原爆反対というところから学生運動に入って行ったわけだよね。だから、一年間はノンポリ、仲間たちとズレがあるからね。ほとんどの連中は、高校時代からやってたから」

そんなヨットに夢中だったノンポリ学生が、やがて全学連切っての闘士になるのだから、人生というのは面白い。

そして、篠原たちの自治会が取り組んだのが、岸内閣が進める新安保条約への反対で、そうこうするうちに、東京で大事件が起きた。

一九五九年一一月二七日、安保改定に反対する学生や労働者のデモ隊、二万人以上が、警官隊の制止を破り、国会議事堂の構内に乱入した。五千人の警官隊も配置されたが、不意を突いて突入、正面玄関前で赤旗が振り回される、国会史上初めての騒ぎとなった。

構内では、デモ隊と警官隊がもみ合い、双方に約三百名の負傷者も出るが、この直後、東京の全学連から連絡が入った。国会突入で幹部たちが逮捕され、人手が足りない、至急、誰か送ってくれという。

「あの頃の九大教養部は、僕と二宮というのが中心になってやってた。二宮は高校時代から学生運動をやってて、理論的にもしっかりしている。当然、行けよ、という話になったら、『じつは俺、恋人

文藝春秋

全学連委員長、唐牛健太郎

がいて結婚するんだ。今、東京に行って死ぬわけにいかない』って言い出したんだね。それで、『ああ、いいよ。俺、死んだって構わないから』って言って、私が行くことになった」

この頃は、まだ終戦から一五年しか経っておらず、戦争で肉親を亡くした学生も多かった。新たな戦火、それを誘発しかねない安保条約への反発は、今からは想像しにくいほど大きく、それを阻止するのに、命は惜しくなかったのだろう。

こうして上京した篠原は、全学連の仲間の下宿などを泊まり歩くが、そこで、後々まで苦楽を共にする親友と出会う。

函館出身で、長身にスポーツ刈り、人懐っこい笑顔で、会った人、全てを引きつける不思議な魅力を持っていた。おまけに弁舌も鮮やかで、集会やデモで演説すると、聴衆が吸い寄せられていくのが、はっきり分かる。

北海道大学の学生で、二二歳という史上最年少で全学連委員長に就任した、唐牛健太郎だった。

六〇年安保に関心がある人なら、この唐牛の名前は知っているかもしれない。

通称「カロケン」、卓抜した指導力と誰からも好かれる性格で、安保闘争のスター的存在となった男である。

篠原とは同年代で、慣れない東京に、九州と北海道から上京してきた共通点もあった。二人は急速に親しくなり、デモや集会のない日は酒ばかり飲んでいたという。そして間もなく、安保闘争の一つの山場とも言うべき出来事がやってきた。

一九六〇年一月一六日、新安保条約の調印のため、岸総理ら全権団が、羽田空港からワシントンへ向けて出発するのだ。こうなったら、直接乗り込み、力ずくで阻止するしかない。こう考えた全学連は、前日夕方から、空港のターミナル・ビルに集まり、深夜の食堂に籠城することにした。

当然、篠原も、その一人だったという。

「大体、こっちは滑走路に寝そべる気で、皆、来てるんだからね。食堂に籠城して、時間を稼いで、それで（全権団の特別機の）出発時間に飛び出そうと」

まさに命も捨てる覚悟だったが、これに対して警官隊は、一六日未明、食堂に突入し、学生たちを引きずり出した。乱闘騒ぎの末、片っ端から逮捕され、岸総理を乗せた特別機は無事、羽田を離陸していったのだった。

この時の逮捕者には、委員長の唐牛や篠原の他、後に経済学者として世界的に知られる青木昌彦、保守派の論客の西部邁《すすむ》らもいた。全員、都内の留置場にぶち込まれたのだが、その直後、全学連の財務担当者は、現実的な問題に直面し、顔面蒼白になってしまった。

当時、デモで逮捕されると大体、一人一万円から三万円の保釈金がかかった。それが、今回は七六名、弁護士の費用も合わせると、大変な額になる。

それまでは、街頭の募金や知識人からの寄付で賄ってきたが、これだけの数になると、焼け石に水だ。至急、大口の寄付者を見つけ出さねば。だが、そんな物好きな人がいるだろうか。

担当者が途方に暮れていた時、たまたま手にした月刊誌の記事が目に入った。発売されたばかりの

「文藝春秋」最新号で、何気なくめくって文面を追った彼の顔に、生気が蘇ってきた。そうだ、この男なら、ひょっとして助けてくれるかも……。

その記事のタイトルは「武装テロと母　全学連の指導者諸君に訴える」、著者は田中清玄とあった。

「文藝春秋」一九六〇年二月号に載った特集のタイトルは「学生革命軍の旗手たち」。大正から昭和にかけての学生運動の指導者の寄稿をまとめたものだ。折しも、前年の全学連の国会突入が物議を醸しており、往年の活動家に思い出を語ってもらおうという趣旨らしい。

その中で、田中の寄稿文は一風変わっていた。「全学連の指導的立場の諸君！」と、まるで檄文《げきぶん》のような書き出しで始まる文章は、終始、田中から全学連への個人的メッセージだったのだ。

「諸君が今回組織した国会デモを、マスコミは一斉に叩き、世論も亦《また》国を挙げて非難した。曰く『赤いカミナリ族のハネ上りだ』曰く『極左冒険主義の暴走だ』曰く『トロツキズムのブランキスト（筆者注・一揆主義）的逸脱だ』等々と。社会党はおろか共産党すらもが、デモへの種を蒔いた自分達の煽動にはソシラヌ顔で諸君を攻撃する事に依って、自分の責任を回避している」（「文藝春秋」一九六〇年二月号）

「今更申す迄もない事だが、自分には諸君を『極左冒険主義的ハネ上り』であるなぞと、世論の尻馬に乗って極めつける丈の資格は全く無い。嘗《か》つて、自分等の突っ走った、昭和五年の共産党の武装、和歌浦の党中央本部と警官隊との乱射事件、並びに川崎市メーデー武装デモ、仮国会議事堂焼き打ち計画等々数数の武装行動と、官憲殺傷四十八件にも上るテロ行動を顧みれば、とてもおこがましくて諸君等に非難を浴びせる事などは到底出来ない」（同これには、全く以てその通り、と頷く他はない。

昭和の初め、東大生の田中が率いた共産党は、各地で官憲と銃撃戦を起こし、死傷者が相次いだ。挙げ句の果ては、〈仮国会議事堂焼き打ち計画〉で、それに比べ、国会突入など軽犯罪とすら言える。だが、その田中は、安保闘争を巡り、唐牛率いる全学連に、容赦ない辛辣な批判を浴びせていたのだ。

「甚だ諸君には御気の毒な事だが、日本の労働者大衆は誰れ一人として君達共産主義者同盟の考え方や、そのデモ闘争を支持しているものはないのだ。君達が自分自身で労働者大衆に支持されているかの様に思い込んでいるのは、とんでもない君達の自惚れだ。君達のデモ闘争を支持している組合員は、せいぜい曽《か》つての学生運動から現在では組合の書記に転出しているインテリ連中か、或いは此の連中の感化を受けた一握りの半インテリ化した労働組合マンだけだ。

君達は、口を開けば労働者階級と云うが、諸君は本当に労働者大衆と云うものを、具体的に生活の裡《うち》で知って居るのか？」（同）

そして田中は、昭和の初めの共産党時代、京浜地区に造船工として潜入し、労働者をオルグした思い出に触れる。共に炎天下で汗を流し、博打をやり、喧嘩があれば助太刀し、そうやって信頼を得て、一人、また一人とシンパを増やしていった。

そこでは、マルクスの著作で学んだ理論など、何の役にも立たない。まさに、〈一に度胸、二に腕っ節、三、四がなくて、五にイデオロギー〉の世界であった。

「君達の中の何人の人々が、革命家としての立場から、労働者として工場に入り込んで、労働者の生きてる実態を知り、且《かつ》労働者階級のために働いているであろうか！　労働の経験もない。而も親のすねを齧《かじ》っている君達に一体労働者大衆の心理と生活とが判る筈がない。君達は自分の頭の中で革命的な労働者階級という幻影を、マルクスの誤謬に従って、つくり上げて、これと現実に生活している労働者階級とを思い違いして、一生懸命に幻想にしがみついている丈だ」（同）

きつい言い方である。

少々時代がかった文面だが、要は、全学連は親の脛《すね》かじりで、そのくせ「革命」だの、「労働者のため」だの、偉そうに叫んでいる。だが、じつは現場の労働者など何も知らない頭でっかち、と言っているのだ。

が、冷たく突き放しているようでいて、文章全体には、かつての自分のような若者への共感、温かい眼差しも感じられた。それは、かつて獄中で田中と面談した教誨師、乙山如雲の感想、「激しい夕立の後のような、すがすがしさ」と重なる。

全学連の方でも、そう感じたようだ。

さっそく、担当者が田中側に連絡を入れて、面談が実現した。日時は、羽田事件から二日後の一月一八日、場所は、上野の料亭「水月」、全学連からは、財政部長の東原《とうはら》吉伸と共闘部長の小島弘、小泉修吉の三人、田中側は、本人と秘書二人が出席した。

その一人、早稲田大学の学生だった東原吉伸も、唐牛や篠原と同じく、その後も田中と濃密な付き合いをしていくことになる。

一九三八年、東原は兵庫県の姫路市で、五人兄弟の次男に生まれた。父親は、蒔絵師《まきえし》で、漆器を金粉や銀粉で装飾する職人だったが、戦争で仕事が絶えてしまった。やむなく、絹地に戦死者の肖像などを描いていたが、生活は厳しく、戦後も一家は困窮の日々を強いられた。

そんな中で東原は、中学の英語教師から、カントやショーペンハウアーなど哲学書を知る。高校に進むと、文芸部の部長となって、小説を読み漁り、この頃から共産主義に興味を持ち始めたという。五〇年代の初め、地元の龍野市の〈細胞〉に入り、やがて、高校生のまま共産党の地下軍事組織、いわゆるYの一員となった。これは「中核自衛隊」と呼ばれ、武力による革命を目指し、時限爆弾や火炎瓶、拳銃を調達、山中で訓練を行った。

その実態は、あたかも昭和の初め、田中が率いた武装共産党を彷彿《ほうふつ》とさせる。

その少年兵だった東原も、今や、八四歳の老境を迎えている。大阪市内の喫茶店で会った彼は、顔見知りのウェイトレスに気軽に声をかける、ごく普通の大阪のおっちゃんだった。

「そう、これもやりましたね、山の中へ行って。だって、あの頃は、当たり前じゃないですか。帰国軍人が一杯いたんだから。殺し合いばっかりや」

そう言って、コーヒーカップを置いて、右手の人差し指を引く仕草をして見せた。その姿は、共産党の地下軍事組織という薄暗さは全くなく、天真爛漫な印象さえ伝わってくる。

「当時の共産党は、二重組織だったんですよ。Yは別組織でね、表があって、裏でやる。帰国軍人なんかを中心にして、本当に凄い連中がいましたよ。こう、泳いでる鮒《ふな》でもパッと取って、食っちまうんだから、生で。今の自衛隊の特殊部隊みたいなもんですよ。蛇でも食べる。そんなの常識ですよ。何でもやる、いい組織だったんですがね」

淡々とした口調で、懐かしそうに語る姿は、とてもクーデターを狙っていた集団の一員とは思えない。

「だからね、共産党が、権力を奪取するのを唯一逃したチャンスというのは、戦後だったんです。その時に幹部が頭良かったら、やったんですけど、何せ、ろくな幹部いませんでしたからね」

先に篠原が、大学に入ってもしばらくノンポリで、ヨットに夢中だったと述べた。それと全く対照的に、東原が、ばりばりの左翼活動家だったのがよく分かる。

そして、高校を卒業すると、アルバイトなどで学費を作り、一九五七年、早稲田大学の第二文学部に入学した。そこで彼を待っていたのが全学連で、すぐに即戦力として書記局入りし、米軍基地や水爆実験の反対運動に参加していく。

そして、遭遇したのが安保闘争だが、唐牛や篠原が捕まった羽田事件の際は、ちょうど運転免許取得で帰省していた。連絡を受けた東原は、急遽上京したという。

「文藝春秋の記事は、僕じゃなく、小泉が見つけましてね。一杯飲んでる時に言うんですよ。『面白いこと言ってる、おっさんがいるぞ』って。読んでみると、確かに面白い。一つ、当たってみるかと。だけど、これは右翼だからと、こっちに振ってきた。で、僕が編集部に電話したら、本人から会おうと連絡してきた。文春が仲立ちしたんだね」

こうして、待ち合わせ場所は、丸の内の東京會舘に決まり、東原と小島、小泉の三人は、約束の時刻に足を運んだ。

「まず東京會舘に行くと、清玄さんの用心棒が二人、迎えに来てて。話もくそもない。お待ちしておりました、一緒に行きましょうって。そのまま車で移動ですよ、シボレーで。こりゃ、拉致されるんだなと思ったもん。それで行ったのが、水月っていう上野の料理屋だ」

その座敷で、皆ですき焼きの鍋を囲んで、話はまず、マルクス論から始まったという。マルクスに戻るのが正しい、そこから革命を見出すべきと主張する彼らに、田中は、そうではないと反論した。

そもそも、マルクス主義には根本的誤謬が入っている。彼は哲学者であって、現実の社会の事実から資本主義を分析してはいない。また、現代の技術革新の時代に、マルクスの考えは通用しない。そうではなく、自分で新しい学問の理論体系を作れ、云々。

もちろん、三人も負けてはいない。それまで読んだ、あらゆる文献を駆使しながら、必死に反論してきた。その時の場面も、東原は、鮮明に覚えていた。

「そう。だから、その辺が論点だったんですよ、喧嘩する時の。あのおっさんと、最初にね。どっちも、いきなり、ドーンといった。僕らとしては、あんたに言われたくないわ、という感じですよ。この人と渡り合うだけの経験はないけど、一応、普通の人以上に勉強してるから。もちろん、金の問題もあるし、あんまり変なこと言うと具合悪いから、そりゃ、穏当にやりましたが。話は通じたわけですよ、ぱっ、ぱっ、ぱっと」

傍目《はため》には、生意気で青臭い学生だったかもしれない。マルクスの「資本論」とかを読んで、それで世界を理解した気になっている。

だが、それに腹を立てるどころか、田中は、何だか楽しくなってきたという。

まだ二〇代前半の若者が、五〇代の自分に、臆せず必死に立ち向かってくる。理論には理論で、意見こそ違うが、そこには間違いなく、互いへの好奇心と敬意、信頼があった。それは、久しぶりに感じる高揚感だったようだ。

気がつくと、一五人分も頼んだすき焼きの鍋が、空っぽになった。

「もう、何も言うことはないのか」

こう訊くと、彼らは、急にもじもじし始め、ややあって、東原が話を切り出した。じつは、あの羽田事件で大勢の仲間が引っ張られ、保釈金も出せず、困っている。差し入れするのもきつい状態で……。

こう言いかけた途端、田中が、手元の財布を取り出すと、丸ごと渡してきた。ちょうど女房が入院していて、その病院代の支払いがあるという。二〇万円は入ってるだろうか。

「あの、これ全部、もらっちゃっていいんですか。この店の支払いはどうするんです」

そうか、すっかり忘れてた。一同で大笑いして、支払いを済ませてから、改めて手渡す。

「受け取りを書きましょうか」

こう東原が言うと、田中は、ちょっと悪戯してみたくなったようだ。

「そんなことをして、もし俺が、それを振り回したら、君たちの政治生命はなくなるんだぜ」

いくら切羽詰まったと言え、左翼の全学連が、右翼の黒幕から援助を受ける。その領収書が表に出れば、袋叩きに遭うはずだ。そうでなくても、後々、脅迫の道具に使われるかも。それでも、いいのかい。

東原が、じっと田中の目を見据えながら答えた。

「いや、あんたは、そんなことをする人ではない」

それまで田中が会った共産党員は、ちょっと意見が違うと、すぐ、「反共的言辞は困る」と言い、そこから話が発展しなかった。話をするには「親共」でなくてはならず、ついには「反共主義者からの攻撃」と来る。

それは右翼とて同じで、何かあるとすぐ、「反日主義者」のレッテル貼りだ。結局、どっちも、自分の仲間内で小さく固まっている。

それに比べ、この若者たちは、意見も立場も違う自分に、正面から向かい合ってきた。その上、社会運動家が陥りがちな、斜に構えたような態度もない。彼らの中に、「明日の日本を約束する何か」があるのでは。

この瞬間、田中は、全学連への全面支援を決心したという。

そして、その日の「水月」の会合で、彼は、もう一つ、ある仕掛けを目論んでいた。それを明かしたのは、文藝春秋の編集者、桐島洋子である。

後にエッセイストとして知られる桐島は、当時、二二歳、じつは文藝春秋に載った田中の寄稿を担当したのが彼女で、その直後、ある誘いを持ちかけられたという。

「『不忍池の料亭に全学連の連中を招いたので、桐島さんもご一緒に如何かな』と田中清玄に誘われたが『文春が顔出すのはマズイでしょう』『じゃあ、襖の陰で話を聞いていたらいい』『イヤですよ、そんなスパイみたいなこと』と、私は好奇心を圧し殺して傍聴を固く辞退した。ここで始まった全学連との関わり合いを、清玄が喜色満面で一々報告してくるのはいいのだが、『全学連の連中が、こんなうまいもの食ったのは初めてだと感激した』とか、『持ち合わせの札束をそのままポンと渡してやった』とか、えげつない自慢話ばかりで、いい加減ゲンナリしたし、どこまで本当かわからないと半信半疑でもあった」（桐島洋子『ペガサスの記憶』小学館）

その強烈な個性に辟易しながら、彼女も、興味津々だったのが分かる。

文藝春秋

文藝春秋時代の桐島洋子。後に大宅賞作家となる。

「しかし、やがて、『代々木の共産党が正体不明の右翼風ヤクザに殴り込みをかけられた』というようなニュースが聞こえてくるではないか。『仲良しの田岡系の暴力団に頼んで代々木の奴らを蹴散らしてやった』という清玄の話とぴったり一致するので、私も『あれはホラではなかったみたい。清玄って今でも結構アブナイ奴なんだ』と一目置くようになった」(同)

この「仲良しの田岡系の暴力団」については、後述する。ともあれ、田中が、桐島を「水月」に誘った理由、それは、ひょっとしたら日本の政治を変えてしまう会合、その歴史の目撃者にしてやろうという配慮だったのかもしれない。

キーワードは「革命」

終戦直後、「週刊朝日」の記事が、昭和天皇との拝謁を生んだように、「文藝春秋」は、田中に全学連との邂逅をもたらした。その友情は、安保闘争が終わってからも続くのだが、そもそも、世代やイデオロギーを超え、何が、彼らを結びつけたか。

当時、それを間近で見た側近の太田に言わせると、キーワードは「革命」らしい。

「田中は、土建屋でも政治家でもないし、何て言うか、革命家なんですよね、元々は。全学連でも金出して応援して、訳分からん話でしょ。でも、田中にすれば、そうじゃないんですよ。唐牛たちと話してみて、この連中は同志だっていう感覚になったんじゃないですか。仲間だと。連中も、田中とは議論もするし、夜、塀を乗り越えて遊びに来たりね。そんな仲で、何か利用してやるとか、そういう関係じゃないんです。連中がデモやってると、田中も一緒に行ったりしてね。向こうも、面白い親父だって感じがあったね」

だが、右翼の黒幕と左翼学生の友情は、どうも奇異な印象を与えるのだが。

「だから田中が言うには、連中は、共産党に反対だ、手先ではない、ましてスターリンを批判してると、この点ですよね。今まで共産党と言うと、スターリンに皆、頭を下げてね、それを、彼らは自分の意見を持って、物凄く立派なものだと。そこを買ってるんですよ。だから面倒も見たし、話をしても合うわけですよ」

ヨットに夢中のノンポリ学生だった篠原が、「ソ連の原爆実験も批判しろ」と自治会執行部に迫ったのは、先に触れた。イデオロギーなど関係なく、そうした権威や権力に迎合しない気骨が気に入ったのだろう。

共産党の地下軍事組織に入り、筋金入りの左翼だった東原の印象は、こうだ。

「清玄さんは右翼だけど、自分の新人会からの歴史もしゃべるしね。武装共産党の委員長だったたし、刑務所に一〇年も入ってた。そして山本玄峰老師に会って、転向したんでしょ。筋が通ってるんですよ、全て、人間として。だから、この人、ひょっとしたら面白い人だなって思いましたよ」

そして、田中と全学連が接触してから約一ヵ月後、羽田事件で逮捕された唐牛や篠原たちが保釈された。その直前、全学連のメンバーが、都内青山にある田中の会社に飛び込んできたという。至急、保釈金を積まなきゃならんが、父兄の寄付では、半分しか集まらない。残りを、何とかしてくれ。

無理難題を言うが、ここで見捨てるわけにもいかない。

田中は、世田谷区松原の自宅に車を回し、会社の株券を持ち出すと、証券会社に駆け込み、それを担保に借金した。金はそっくり渡し、こうして彼らは、小菅の拘置所を出て、「出獄歓迎」の旗を持つ仲間に迎えられたのだった。

奇しくもここは、かつて共産党員だった田中が、長い懲役生活を送った思い出の地である。出獄して二〇年、そこから、同じ左翼を救出するというのも不思議な巡り合わせではある。

そして、それは、文藝春秋編集部の桐島洋子に、新たな出会いをもたらしていた。全学連委員長の唐牛健太郎である。

ある新聞社が、唐牛と桐島を対談させるという企画を持ち込んできた。国を二分する日米安保条約、それを全学連と文春、左派と右派で激突させる狙いだったのかもしれない。だが、いざ会ってみると、二人は、似た者同士というのに気づいたという。

「出会った途端に、『あ、私のタイプ』と思った唐牛は、話をしてみるとさらに魅力的で、私の狩猟本能がにわかに騒ぎ始めた。そこで『よかったらウチで二次会しない？　お酒なら十分あるわよ』と声をかけたら、唐牛をはじめ、その場にいあわせた連中のほとんどがついてきて、にぎやかな長夜の宴が始まったのだった」（前出『ペガサスの記憶』）
そして、間もなく、唐牛と桐島の間で、こんなやり取りがあったという。
「『なんで清玄を知ってるんだよ』
『貴方と同様に私も清玄の御贔屓だからよ。でも文春の記者たるもの、貴方みたいにお金をもらうわけにはいかないので、私は情報を頂くの。だから不忍池の密会以来のことは全部聞いているわ。清玄は全学連とのラブ・アフェアーに有頂天で、もう自慢したくて仕様がないのよ。私は口が堅いから大丈夫だけど、あれが漏れたらかなりヤバイんじゃないかなあ。全学連が潰れるかもよ』
『それも面白いかもな』
『貴方が失業するだけなら面白いで済むけど、代々木の連中が狂喜乱舞するのは見たくないでしょ』
『そりゃ、そうだ』
『それなら取り敢《あ》えず、安保の間くらいは、清玄の接待漬けになってないで、委員長らしく過激に大暴れしなさいよ。どう転んでも簡単には潰されないくらい評判を上げておくことね』」（同）
現代風に言えば、肉食系女子だろうか。また傍目には、文春が、全学連を煽っているように聞こえなくもない。ともかく、こうして二人は付き合い始め、六本木にある桐島のワンルーム・マンションに、唐牛が出入りするようになる。反安保のデモの合間を縫って、神宮のプールに泳ぎに出かけたこともあった。
「お互いに潜水が得意だとわかってからは、酸欠寸前まで水中で人魚のように絡み合って遊んだが、水底で突然彼に押さえこまれ怒ったような目つきで荒々しく唇を吸われたときは、それがキスなのだと、すぐには気付かなかった」（同）

結局、深入りするのを恐れた桐島の方から、静かに別れを切り出したという。日本を内乱状態にした六〇年安保、その最中に、水中キスで戯れる全学連委員長と文春の編集者、それも、田中が生んだドラマなのだろう。

その後、唐牛や篠原は、田中と一緒に食事したり、飲みに行く間柄になった。自宅に呼ばれたり、田中行きつけのバーのボトルを勝手に飲んでしまったりもした。

そして間もなく、全学連にとって、今後の安保闘争方針を決める重大な行事が迫ってきた。三月一六日から二日間の予定で開かれる臨時大会で、下手をすると、これが流血の事態になるかもしれなかった。

先に述べたように、当時の全学連は、唐牛たちブント系の主流派が主導権を握り、共産党系を排除した。執行部から追放し、大会への入場も拒否し、非主流派の学生は不満をたぎらせている。大会当日、彼らが、大挙して会場に押しかける恐れもあった。

案の定、初日の会場、目黒公会堂に、反主流派が押しかけ、もみ合い、殴り合いの騒ぎとなる。同様の事態は二日目の会場、新宿会館でも予想された。

その場にいた篠原は、こう証言する。

「ところが、やって来たのは共産党じゃなくて、右翼学生だったの。こっちは何百人もいるけど、そこへ格好つけて乗り込んでね。お前ら、どうのこうのと大声で文句をつけてきた」

戦前の東大の新人会もそうだったが、とかく、左翼学生の集会は、右翼たちに狙われやすい。大人しい優等生のイメージが強いせいか、大声で威嚇すれば、震え上がると思われていた。

が、この場合、右翼にとって不運なのは、会場に、田中が送り込んだ助っ人が待機していたことだった。全学連のボディーガードとして、面倒を見ている日本大学の空手部員を送り込んだのだ。

「で、私が応援に出ていると、空手部の連中は、共産党が来ないんで鬱憤が溜まってるんですよ。いいのが来たってんで、叩き出したら、階段を駆け降りて逃げてっちゃった。それを道路まで追いかけて、ポカポカやってたら、テレビ局が映してたんだな。ニュースに流れて、随分、空手部に右翼から抗議が来たらしいね。仲間内でやっちゃいかんじゃないかって」

考えてみれば、当然である。

それまで右翼学生にとって、大学の空手部は、共に左翼に立ち向かってくれる仲間であった。それが、いきなり敵方につき、自分たちに殴りかかってきた。一体、何がどうなっているのか、と混乱したらしい。

それは、全学連の一般学生もそうで、空手部は敵だったのにと、皆、首を傾《かし》げた。こうした悲喜劇はあちこちで見られたが、その原因を作った田中の弁は、こうである。

「全学連といったって、最初はただわーっと集まってくるだけで、戦い方を知らん。それでこっちは空手の連中を集めて、突き、蹴るの基本から訓練だ。僕の秘書だった藤本勇君が日大の空手部のキャプテンで、何度も全国制覇を成し遂げた実績を持っていた。彼をボスにして軽井沢あたりで訓練をさせたんだ。藤本君がデモに行くと、一人で十人ぐらい軽く投げ飛ばしてしまう。『お前は右翼のくせに左翼に加担してなんだ』なんて、だいぶ言われていたけど、『なにを言ってやがる。貴様らは岸や児玉の手先じゃねえか』って言ってね。デモをやると右翼が暴れ込んでくるんだ。それを死なない程度に痛めつけろ、殺すまではするなと。それでしまいには右翼の連中も、あいつらにはかなわんということになった」（前出『田中清玄自伝』）

そして、日大以外に、各地の大学からも、腕に覚えのある空手部員をかき集めたらしい。

「水道橋の宿屋で待機していて、田舎から送られてくる部隊を集めては、左翼と一緒に戦えと話をしてやった。彼等は『なんだ、今まで仲間だったのと戦うのか』っていうから、『そうだ、極右である岸・児玉一派と戦うんだ。大義、親を滅した』なんて言ってね」（同）

また右翼撃退に動員されたのは、大学の空手部員だけではない。

ある日、田中のもとに、全学連の大会で、共産党系の労働組合員が押しかけるとの情報がもたらされた。右翼学生はともかく、喧嘩慣れした労組員が来たら、彼らだけで防ぎきれるか、心許ない。心配した田中は、万が一に備え、世話をしている横浜の港湾労働者を送り込むことにした。東大の新人会以来の伝統芸、荒くれ男の動員である。

そして、ここで東原が、意外な人物の名前を出してきた。

当時、横浜の実力者として知られた藤木幸太郎である。昭和の初め、港湾労働者を束ねて「藤木組」を設立、港湾関係団体のトップも務めた人物だ。この藤木のところに、安保闘争の最中、田中に連れられていったという。

「藤木さんも、清玄さんの兄弟分みたいなもんでしたよ。三回ぐらい、横浜の本社に連れていかれましたよ。紹介してやるって。最初会った時に、小遣い、三万円もらいましたね。清玄さんが、『ぐずぐず言うな。いいから、取っとけ』って。で、全学連の大会で、受付の連中が僕に言ってくる。『変な人が来てます。東原さんの名前、語ってます』って。もう、段取りしてるわけですよ。八人ぐらい、来てた。それを会場内に入れて、俺の言う通りやってくれって言って」

そして、もし共産党系の労組員が来れば、叩き出すという段取りだったと。

「いや、殺しちまうでしょ。その覚悟で、家、出てますから。家族と水盃《みずさかずき》飲んでくるような人だから。そりゃ、徹底してますよ」

この日、やって来たのが藤木組の人間だったかどうかは、分からないという。ともあれ、「右翼の黒幕」田中清玄は、今や、左翼の全学連の親衛隊長となっていた。

児玉誉士夫との因縁

そして、この頃、安保闘争に新たに、強烈な存在感を放つ役者が加わってきた。

それは全学連にとって、共産党より厄介で、かつ深刻な脅威となり得る集団だった。右翼の黒幕の児玉誉士夫《よしお》、そして、安保改定を支持する右翼団体である。

一九五九年三月、岸内閣に反発して、共産党や社会党、全学連などが安保条約改定阻止国民会議を結成した。すると、これに呼応するように右翼団体も、安保改定を促進する共闘組織を相次いで発足させた。

すなわち、同年七月の護国団、大日本愛国党、日本国粋会などによる安保改定促進協議会、八月の大日本至誠会などの安保改定賛成会、九月の安保改定国民連合である。それぞれ構成する団体は違うが、国際共産勢力に対抗し、日米安保条約とその改定は必要という立場は共通していた。

そして、国会突入や羽田籠城など反対運動が激化する中、彼らも、行動をエスカレートさせる。

五九年一一月、全学連が国会構内に乱入した際、大日本愛国党らが、デモ隊と小競り合いを起こし、翌月の反対集会でも妨害を行った。また翌年一月、岸総理の全権団がアメリカに出発した時は、羽田周辺に、義人党、日本国粋会、松葉会など約千四百名が集結している。

この時も小競り合いで終わったが、警察が押収した小型トラックには、日本刀や唐辛子を混入した目潰し、発煙筒も積まれていた。こうした右翼の活動は、「政、財界の黒幕といわれるK氏から、大口の金が流れている」（「朝日新聞」一九六〇年一月一五日付）とも報じられた。K氏とは児玉のことであろう。

二月下旬には、デモ隊に右翼の宣伝カーが突っ込み、警官隊と三つ巴《どもえ》の乱闘も起きる。こうして全学連は、岸内閣や警察のみならず、共産党と右翼団体、あらゆる方面を敵に回してしまったのだった。

そんな春のある日、篠原は、青山にある田中の会社に呼び出された。

共同通信

山口組三代目、田岡一雄組長

そこで、神戸から上京してきたらしい、古い友人という人物を紹介された。年の頃は四〇代後半で、柔らかい物腰だが、その眼には相手を射るような鋭さがあった。山口組三代目の田岡一雄組長と、田中が紹介してくれた。

「会ったのは、清玄さんの事務所です。共産党に対抗するため、田岡さんにも頼んでいると。だから君たちも、田岡さんに失礼があっちゃいかんよ、という言い方をしてましたね」

〈田岡組長に頼んでいる〉とは、一体、どういう意味か。

「後から考えると、共産党だけでなく、児玉も出てくると、右翼が。これを田岡さんが対抗してやっつけると、こういうイメージですね。当時、児玉は出てないけど、右翼は出て来てましたからね。われわれ学生は勢いがあるから、手を出さないけど、文化人とかに、殴りかかっていたから。田岡さんは磁力があると言うのか、何か、非常に人を惹《ひ》きつけましたよね。いざという時は、その田岡さんが応援してくれると。これから、どんな局面になるか分からないから、大事な人だなと思いましたよ。ただ当時は、ものすごく自分たちも舞い上がってるから、別に山口組の助けがなくても大丈夫ぐらいに思ってましたが、内心ではね」

日米安保条約の改定を目論む岸内閣、その裏には、右翼の黒幕の児玉誉士夫、そして、いくつもの右翼団体が控えていた。

一方の全学連は、共産党と右翼の両方を敵に回し、その助太刀に、田中清玄と大学の空手部、港湾労働者が駆けつける。また、いざという時に備え、神戸で、田岡一雄組長率いる山口組が待機していた。

一九六〇年の春、国会議事堂周辺は、日本の表と裏、すべての役者が揃う、一大オペラ劇の様相を呈していたのだった。

だが、いくら物理的脅威があっても、安保闘争は、あくまで民主主義下の市民運動である。そこへ、空手使いや荒くれ男、果ては山口組まで連れてくるのは、さすがに常軌を逸しているのでは。

こうした疑問にも、当時の田中は、堂々と反論していた。

「ここで私が云いたいのは、暴力はにくむべきものだ、だが暴力を黙視するのは決して正しい姿勢ではないということである。暴力をふるうものに対して、暴力とは元のとれないものだ、能率のよいものではないということを知らしめることが、われわれのつとめではないか。

本当の自由主義者というものは、暴力に対して決して尻ごみしない。ヨーロッパの自由主義者たちは、ファシズムの暴力に対しても、コミュニズムの暴力に対しても正面から堂々と闘ってきた。自由主義者とは戦う人なのだ。その意味では、日本の自由主義者たちは本ものではないのではないだろうか」（「文藝春秋」一九六三年五月号）

〈本当の自由主義者は、暴力に対して決して尻込みしない〉

田中の生涯を振り返ると、この言葉にこそ、彼の行動原理が凝縮されているように思えてならない。

戦前、東大の新人会で、右翼学生の七生社に対して組織した自衛団、終戦直後の共産党に対抗した電源防衛隊、そして、全学連を守るために送り込んだ荒くれ男……。時代と相手は違っても、そこには、〈戦う自由主義者〉とも呼べる姿が浮かぶ。暴力は割に合わない、と教えてやれ。その是非は別にして、戦後の日本の進歩的文化人とは、明らかに一線を画していた。

そして、この言葉に触発されるように、安保闘争はエスカレートし、ついに制御不能の臨界点に達してしまうのである。

一九六〇年二月五日、新安保条約は、国会に提出された。相変わらず野党は反対したが、岸総理は、六月一九日のアイゼンハワー米大統領の訪日までに、国会の承認を得る構えを見せた。

それには、何が何でも、五月一九日までに衆議院を通過させねばならない。衆議院で承認されれば、最悪、参議院の議決がなくても、一ヵ月後の六月一九日に条約は自然成立する。それを見抜いたかのように、野党は審議の引き延ばしを図る。

そして、五月一九日の深夜、午後一一時過ぎ、岸は、五百人の警官隊を国会に導入、衆議院議長室の前に座り込む社会党議員らを排除した。悲鳴と怒号が飛び交い、野党が欠席する中、五〇日間の会期延長を自民党単独で決議、そのまま翌二〇日未明に新安保条約を可決する。

だが、こうした強引な国会運営は、世論を激昂《げっこう》させ、安保闘争を国民的運動へと盛り上げてしまった。数万人のデモ隊が、国会議事堂を取り囲み、そこには全学連以外の労働組合や一般市民もいて、周辺の道路は地響きすら感じられた。

その中で、六月一〇日、アイゼンハワー大統領の訪日打ち合わせのため、報道担当のジェームズ・ハガティ補佐官が来日した。

ところが、羽田空港から都心に向かうハガティの車が、デモ隊に阻まれ、立ち往生してしまう。群衆は、車の屋根やボンネットに乗って、バンパーを持ち上げ、激しく揺さぶる。身の危険すら感じられた頃、上空で警護していた米海兵隊のヘリコプターが着陸して、ハガティらを救出した。

この「ハガティ事件」は政府に大きな衝撃を与えたが、それは、まだ序の口に過ぎなかった。

新安保条約の自然承認が迫った六月一五日、再び一〇万人規模のデモ隊が、国会と官邸を取り囲んだ。全学連主流派は、国会南通用門に集まり、バリケードを破って突入を図る。警官隊は放水車で応戦したが、そこへ、右翼の護国団が組織する「維新行動隊」の車が突っ込んできた。

たちまち警官隊、デモ隊、右翼の三つ巴の乱闘が始まり、そうした中、将棋倒しになった東京大学の女子学生、樺《かんば》美智子が亡くなった。

六〇年安保闘争は、ついに死者を出す事態に発展してしまったのだ。

その直後、一六日の未明に開かれた臨時閣議の模様を、当時、科学技術庁長官だった中曽根康弘が、手記に記述している。

「今回も岸首相、佐藤蔵相は強硬姿勢で、国際共産勢力の陰謀につき、最大限に警察力を動員して制圧し、この旨の強硬な声明を改めて出そうとする」（中曽根康弘『政治と人生』講談社）

「石原国家公安委員長は、警備力には限界あり、政治がそれを救ってくれなければ手に負えぬ事態、と悲痛である。とうとう本音を吐いた」（同）

国内の治安維持を担う国家公安委員会、そのトップが、もはや警備の限界を超えたと訴えたのだ。

実際、岸内閣は、密かにデモ鎮圧のため、自衛隊の治安出動を検討していた。陸上幕僚長の杉田一《いち》次《じ》を中心に、デモ隊の威圧に戦車を投入する計画も練られ、同胞に銃を向けるべきかどうか、真剣に議論された。

まさに、日本は、内乱の一歩手前まで来ていたのだった。

そして、この頃、国会議事堂の前には、全学連主流派のデモ隊に交じり、あの田中の姿があった。革命前夜を思わせる騒然とした空気に、居ても立っても居られなくなったのだろう。秘書を従えて駆けつけ、学生たちに戦術の指導までやっていたという。

「主流派の諸君がとうとう運動の主導権をとったころ、私が諸君に望んだことは次のようなことだった。警官隊に対する投石および暴力行為はぜったいにしてはならない。なぜなら、そうすればあるいはまた検挙されることになって、代々木（筆者注・日本共産党の意味）の思うツボにおちいりかねないからである。そうでなくても警官はみな諸君と同じ年頃の青年だ。かれらはたまたま家貧しくて大学に進みたくても進めない事情にあったものばかりだ。かれらを追いつめてその怒りを爆発させることはよくない。そんなことをやるくらいなら、国家権力の頂点にあるものにテロを加える方がまだマシだ。ただしそのときには死刑になるつもりでなくてはならない。少くとも私は共産党のときには常にその覚悟だった——。」(「文藝春秋」一九六三年五月号)

聞きようによっては、物議を呼びそうな発言ではある。

職務に忠実な若い警官に危害を与えるなら、いっそ、大物政治家を襲った方がまし、と言っているのだ。今の世なら批判が殺到しそうで、よくぞ、文藝春秋が掲載を認めたものである。

念のために言えば、同時に田中は、こうもつけ加えている。

「断っておくが、私はなにもここでテロをかれらにすすめたのではない。テロをやるくらいなら、自分の身を犠牲にする心構えが必要だということを説いたまでである。これがなかなか守られないのである」(同)

まるで、戦前の武装共産党に戻ってしまったようだが、側近の太田に言わせると、やはり、キーワードは「革命」らしい。

「だから田中は、結局、革命家なんだよね。自分も一緒にやっている気になっちゃうんだ、革命を。全学連の時も、おそらく一緒にやってるつもりだったんでしょ。こっちは見てて、ハラハラしますよ」

その全学連の東原も、国会前での田中との、こんなやり取りを覚えていた。

「赤坂の芸者がね、商売ほっといて、国会に来るわけですよ。興味があるから。それを見て、清玄さんは『これは革命前夜の状況になるぞ。よく見とけ』って。それほど、市民がずーっと集まり始めたんです、国会に。全然、様相が違った。普通はデモ隊だけでしょ。そこが専門家だから、彼は。あっ、ここから変わったと感じるんでしょうね」

この年、一九六〇年は、あの世田谷のアジトで田中が特高警察に逮捕されてから、ちょうど三〇年後である。そして、一人息子の清玄を改心させようと、母アイが命を絶って、同じ月日が流れていた。長い刑務所暮らしと龍澤寺の修行で、とっくに共産主義を捨てたはずの田中、それが、かつての自分のような若者と出会い、血が騒ぐのを抑えきれなかったのだろう。

後に本人も、冗談とも本気とも取れる口調で漏らしている。

「あの時、俺が全学連の委員長だったら、間違いなく、革命を起こせた」

機動隊の放水と催涙弾で騒然とする国会議事堂前の路上、そこで、全学連の学生たちに甲高い声で激を飛ばし、仁王立ちする五四歳の田中清玄。その傍らでは、空手部員と港湾労働者が、周囲に目を光らせている。

想像しただけでも凄い光景だが、この時の彼は、間違いなく、青春の真っ只中にいた。

樺美智子が死亡した翌日の六月一六日、岸内閣は臨時閣議で、アイゼンハワー大統領の訪日延期要請を決定した。そして、安保闘争で最大規模のデモ隊に取り囲まれる中、一九日の午前零時、新日米安全保障条約は、ついに自然承認された。

この瞬間について、後年に岸は、回顧録の中で触れている。

「六月十八日から十九日の朝にかけて、私は永田町の首相官邸で過ごした。十八日の夜になって私は、官邸に集まっていた各閣僚をそれぞれの役所に帰した。官邸が暴徒に襲われる危険性があったので、各閣僚の身の安全と共に職務に差しつかえのないようにするためである。弟の佐藤栄作だけが残った。『兄さん、ブランデーでもやりましょうや』と言って瓶とグラスを持ってきた。兄弟二人、深夜の首相官邸でブランデーをなめながら、自然承認の時刻が至るのを待っていた。こういう次第になったのは、前日に小倉警視総監が来て『首相官邸を立ちのいてくれ』と言ってきたからである。小倉総監は私に、『連日のデモ隊の規制で、機動隊や一般警官は疲れ切っており、首相官邸の安全確保に自信が持てなくなったので、どこかほかの場所に移ってほしい』と要請した。そこで私は、『ここが危ないというのならどこが絶対安全なのか。そういう場所があるのか』と質したら返事ができなかった。『私だって、暴徒に襲われて殺されたくはないさ。しかしほかに行く場所がないのなら、内閣総理大臣としては、首相官邸以外に居る所がないじゃないか。へんな所に引っ込んで、それで怪我をしたというんじゃみっともないのもいいところだ』と言って小倉総監に引き取ってもらった」(『岸信介回顧録』廣済堂出版)

とうとう、警視総監が総理大臣に、身辺警護の自信がなくなったと打ち明けた。

もはや、警察もデモ隊を制御できなくなったのだが、この時、全学連委員長の唐牛と篠原は、国会前にいなかった。二ヵ月前の四月二六日、国会前のデモで警官隊と衝突し、揃って逮捕されていたのだ。

保釈後、篠原は、この頃の水面下の、ある動きについて教えられたという。

「六月一五日以降になると、もう、デモが巨大になっちゃうんですね。何十万人も、一般市民から何から、国会を取り巻いてるわけですよ。学生も何万人も出てきちゃって、統制がとれないんです。警察も、そんなに大勢になっちゃうと、どうにもならないから、これを何とかまとめてくれと。全学連に、田中清玄経由で依頼してきたんですね。デモ隊に、もうちょっと秩序を持たせてくれと。そしたら、全学連側は、『何言ってんだ』と。『大勢、指導者を捕まえといて、どうにもならん、出してくれ』

ということで、清玄さんと三井さんで話をして、島が入って、三人で話して、何人か出してるんですよ」

ここで篠原が言う「三井さん」は、当時の警視庁の公安第一課長で、後に警察庁長官になる三井脩《おさむ》を指す。そして「島」とは、ブントの設立メンバーで、全学連書記長として安保闘争を指揮した島成郎《しげお》である。あの空前の騒動の中、警察と全学連幹部が密かに接触し、それを仲介したのが田中だったという。

「裏取引」と眉をひそめる者もいるかもしれない。が、この篠原の証言は、島が亡くなる前に発表した回想録の記述とも一致する。

「国民的規模となった大衆デモが爆発し政治危機が招来することを恐れた彼らはこの『爆発』の口火となる全学連・ブントを最大限マークした。警備の直接指揮を負わされた警視庁三井公安課長は自ら学連事務所を訪れ事前警告を発するとともに極秘裡に私との会見を求めてきた。この会見は狐と狸の化かし合いみたいなものだったが、私は彼の態度のなかに政府首脳間の異常な緊張感を読みとることができた」（島成郎『ブント私史』批評社）

〈牢屋にいる君たちの仲間を、シャバに出す。その代わり、デモ隊が暴走しないよう、どうか協力してくれ。官邸に暴徒が乱入でもしたら、もはや国が保たない〉

三井課長がそう訴えたかどうか分からないが、こうした取引を持ち出すほど、警察も追い込まれたのだろう。

だが、ここで一つ、素朴な疑問が湧く。

三井と田中、島の三者協議で、全学連の何人かは牢屋を出たという。だが、委員長の唐牛と篠原が保釈されたのは一一月七日、すでに安保闘争は終わっていた。なぜ、この二人は出してもらえなかったか。そう訊くと、篠原は、思わず苦笑いする。

「そりゃ、僕や唐牛を出したら、とんでもないことになるから。駄目ですよね」

書記長の島によると、彼らは「街頭アジ演説の名手」で、実際、呼びかけに応じ、数千人の学生や労働者が警官隊に突入していく場面もあった。まして篠原は、「俺、死んでもいいよ」と言って、九州から上京してきた男だ。

その篠原が、獄中から島に宛てた葉書きが、またいかにも彼らしい。差し入れの本を読むのにも飽き、「あゝ麦酒呑みたい。アジりたい」という。

〈いくら清玄さんの仲介でも、あの二人をシャバに出すのは無理だ。危険過ぎる。デモ隊を煽って、また国会突入とかやり出しかねん〉

内部で、こういう議論があったのは容易に想像できる。


当時の警視庁の危機感がいかに深刻だったか、それを裏づけるエピソードが、もう一つ、ある。

新安保条約の自然承認が近づいた頃、東原は、国会前でデモの指揮をしていた。そこへ、警視庁の使いの者が寄ってきたという。本庁で三井課長が会いたいと言っている、至急、来てもらえないだろうか。

この忙しい時に一体、何の用だと、東原は苛立ったらしい。それとも、いよいよ、自分も逮捕される番なのか。

「最終的に彼の部屋に行ったんだけども、『パクるなら、ここでパクれ』って。そしたら、『違う、違う。ちょっと頼みがあるんだ』『何の頼みだ』という話になった」

　すると、三井は机の上に、三、四種類の金属片を並べ始めたという。

「『じつはな、こういうのが一杯飛んでくるんだ』と。ブリキの欠片とか、切ったやつ、これが斜めから、機動隊の上に一杯来るんだと。結構、怪我人が出てるんです、機動隊に。それで呼ばれたわけで、『これ、誰か、調べてくれんか』と」

　すでにこの頃、国会前では、各大学の学生や市民が集まり、身動きもできない状態が続いていた。
連日、数万人がデモやシュプレヒコールを行い、周辺には、殺気じみた熱気すら漂った。

　だが、東原も、警官に向けて金属片を投げるよう指示した覚えなどなかったという。

「それで、『スパイが一杯、いるんだろ。自分らで調べたらいいだろ。何で、俺らに』と言ったら、『いや、調べてるけど、分からない』と。『全学連が投げてるとも思われん。これ、一体、誰だ。ちょっと頭に入れといてくれんか』と言うんです。結局、分からんのが一杯いたわけですよ。こういうのは、これからも起こりますからね、もっと凄いのが」

　三井にすれば、若い機動隊員を守るため、敵対する全学連の情報収集力に賭けたのだろう。

　また客観的に見ても、この頃の警察の警備力の限界を超えていたように思える。連日、十万以上の群衆が国会と官邸を取り囲んだが、不穏な動きを見せたのは、デモ隊だけではない。田中あるいは三井課長からかもしれないが、全学連の島にある情報が入ってきた。

「児玉誉士夫は岸らに頼まれ、全国のやくざを糾合、急ごしらえの右翼暴力組織をつくり、別動隊として全学連を襲う計画をたて、『軍事教練』を行っている」（前出『ブント私史』）

　国会周辺の路上で、全学連と警官隊、右翼、ヤクザが入り混じった大乱闘が起きる恐れがあった。

しかも、全学連の支援に、あの元武装共産党の田中清玄が現れ、空手部員や港湾労働者を従えている。その上、神戸の山口組まで、加勢に駆けつけるかもしれない。

また、この頃、警視庁も全く予期しない、もう一つの役者が、国会前に現れ始めていた。

あんパン売りである。

前年一一月、デモ隊が国会構内に突入し、正面玄関の前で赤旗が振られたことは、先に述べた。この時、どさくさに紛れて一緒に入り込んだパン屋があった。そして、全学連が「安保粉砕！」を叫び、デモ隊と警官隊が殴り合う横で、「あんパンはいかが！」と声を張り上げていた。

アンポ（安保）でなく、あんパンだ。これも、国会史上初めての出来事で、その後も周辺の路上に出没していたという。

考えてみれば、人間、腹が空《す》くのにイデオロギーは関係ない。

警官隊もデモ隊も、右翼も左翼も、朝から晩まで殴り合えば、当然、腹も空く。しかも連日、数万人の大群衆が集まってきている。商売をやるには最高ではないか。

安保闘争後、日本は「所得倍増」を掲げ、高度経済成長に突入するが、あの時代を最も体現したのは、全学連でも右翼でも、まして共産党でもなく、国会前のあんパン売りだったかもしれない。

まさにオールスターキャストで、石原国家公安委員長や小倉警視総監が、〈もはや、これは政治の問題だ！〉と悲鳴を上げたのも無理はない。

こうして、六〇年安保闘争は終わった。

六月二三日、新安保条約が発効した日、岸総理は退陣を表明し、翌月の一九日、「寛容と忍耐」を謳った池田勇人内閣が成立した。

安保改定に続いて憲法改正を目指した岸と違い、池田は、経済優先を明確に打ち出す。「国民所得倍増計画」を掲げ、現行憲法の枠内で、経済成長路線を目指した。四年後には、アジア初の東京五輪も控え、時代は、高度成長へと走り出していた。

そして、全学連の学生も各々の道を歩み始めるが、その前に早速、現実的な問題が立ち塞がった。就職である。ただでさえ企業は左翼学生を警戒した上、逮捕、起訴された者もいた。普通の学生のような円滑な就職は難しそうだった。

これについては、全学連書記長だった島も、こう述べている。

「この実社会での再出発という最初のとばくちで、唐牛は生涯ついてまわった『六〇年安保闘争の全学連委員長』という称号の負の力をまず味わわねばならなかった。唐牛ならずとも、若き日革命を論じ左翼運動に走ったものならば誰でも、社会の報復の厳しさに一度は身を晒さなければならないだろう」（前出『ブント私史』）

しかも唐牛と篠原は、一九六一年一二月二二日、羽田占拠と国会突入で、それぞれ、東京地裁から懲役一〇ヵ月と八ヵ月の判決を受けた。

他の仲間と違い、執行猶予がつかないのは、二人が指導的立場だったからという。一応、控訴はしたが、ひっくり返るか不明で、いずれ刑務所に行く社員を採る会社は、そうざらにはない。

また篠原は、岸退陣後も小規模なデモを指揮し、逮捕歴は、全学連最高の一三回を記録していた。デモ責任者だから仕方ないのだが、仲間から、「お前は逮捕要員だ」と言われる有様だった。

ここでも、助けの手を差し伸べたのが田中である。

唐牛は、自分が経営する石油販売会社の丸和産業へ、篠原は、神戸の田岡一雄が設立した甲陽運輸へ行くことになった。

「唐牛はもう、大学を除籍になってるし、北海道へ帰る。僕は九州へ帰るという格好で、清玄さんから、『お前、これからどうするんだ』と。われわれも飯食わなきゃいけないってんで、唐牛は、うちの事務所へ来い、篠原は、神戸の田岡さんのところへと。僕は、まだ左翼だから、労働運動にどうしても携わっていたかったんですね。港湾労働者は最も過酷な労働やってるから、そこへ行きたい。私は、喜んで神戸に行ったんですよ」

山口組の組長の会社で組合運動をやるというのも度胸があるが、仕事自体は非常に面白く、かつ充実していたようだ。

元々、甲陽運輸は、戦後間もない一九五三年、船内荷役の会社として田岡が設立した。三菱倉庫や神戸製鋼所などと取引し、復興から高度成長に移る中、神戸港も中枢港湾に成長していた。

田岡は港湾関係団体の幹部も務め、篠原は荷役の書類作成、英文タイプ、算盤と懸命に仕事を覚えていった。山口組の組員とも顔見知りになり、田岡と一緒にバーに飲みに行く間柄になった。自宅へもブランデーを飲みに誘われ、その人間的魅力、大きさは一番だったという。

そして、それは篠原にとって、母への親孝行でもあった。

戦後間もなく父が亡くなり、母は、福岡で生命保険の外交員をしながら、懸命に子供たちを育ててくれた。そして、この頃、契約者の多い関西に来るよう誘われ、尼崎のアパートに引っ越していた。これで、ようやく親子水入らずで暮らせるようになったのだが、一つ、問題があった。

一九六三年七月一六日、東京高裁が、篠原の控訴を棄却したのだ。

その気になれば最高裁まで争えたが、大人しく服役する決意をした。拘置所にいた六ヶ月を差し引き、残り二ヵ月、栃木県の宇都宮刑務所に行くことになった。が、その間、仕事はどうしたか。こう訊くと篠原が、即座に、にっこりと笑う。

「休み、休職。これがさ、普通の会社に就職していたら、それは、とても駄目だよね。ありがたいですよね、本当」

社員の服役を休職扱いにするとは、さすが田岡組長だが、それだけではない。宇都宮刑務所に着いた篠原は、他の服役囚の態度に驚いたらしい。

「だから結局、皆、刑務所の人間は知ってるわけですよ。私が甲陽運輸から来ているってのを。私に悪さしないよう、山口組の連中が言ってたんだね。それで麻薬の売人が、僕に、子分にしてくれと。あなたは、もう働かなくていいですから、私が一生懸命稼ぎますから、子分にしてくれって言ってきてね。そういうのが、何人か、いましたよ」

〈今度そっちへ行く篠原は、東京の田中清玄氏から、うちの田岡組長が預かってる大事な客人だ。もし、下手な真似したら、ただじゃ済まさねえ。それを頭に叩き込んどけ〉

正確にはこういう文言ではなかったろうが、入獄前から山口組は、刑務所内に周知徹底を図っていたのだった。ちなみに篠原は、その麻薬の売人を子分にはしなかったという。

こうして、神戸で新生活を築き始めた篠原だが、それを一変させる出来事が襲ってきた。

東京のＴＢＳラジオが、安保闘争時の田中と唐牛、篠原たち全学連との関係を暴露したのだ。そして、それが、世を震撼させるスキャンダルになってしまった。

一九六三年二月二六日の夜、TBSラジオは、「ゆがんだ青春——全学連闘士のその後」というルポルタージュ番組を放送した。

吉永春子ディレクターによる番組は、安保闘争時、唐牛や篠原、東原たち全学連が、右翼の田中から資金を受け取り、今も世話になっていると告発した。放送するとは伝えずにインタビューした相手もいて、TBSの取材手法に疑問も残る。

だが、その内容は衝撃的だった。

安保闘争の英雄のはずの彼らが、こともあろうに右翼から金をもらっていた……。この暴露に欣喜《きんき》雀躍《じゃくやく》したのが、全学連と対立を繰り返してきた日本共産党だった。

放送直後から、党の機関紙「赤旗」は、大々的な批判記事を掲載する。「全学連トロツキストの正体」、「恥知らず」、「反共は金になる」と見出しが並び、田中の顔写真も出た。まるで、老獪《ろうかい》な右翼と腐敗した幹部が結託、純真な一般学生を騙したような書きぶりだった。

ただ、よく読むと、根拠のない憶測、ただの噂も混じっており、やや扇情的な語調が目につく。唐牛や東原たちは、田中の自宅で〈ご馳走〉を食べながら、推定数百万円の金を手に入れ、〈高級車〉で下宿に帰り、その上、唐牛など家まで建ててもらったそうだ。

だが放送された以上、反響は大きく、一般市民や学生から「信じられない」「裏切られた」との声が噴出した。

これについて、元委員長の唐牛は、弁解じみた言い訳はしなかったが、相当参っていたのは間違いない。一時は、食事も喉を通らないほどだったという。

これについては、六〇年安保に関する多くの評論で取り上げられてきたが、ここでは、全学連書記長だった島の証言を紹介する。

彼曰く、「胸くそ悪い評論や憶測」についての言い分は、こうだ。

「ブント書記長としての私の活動は当然多岐にわたらざるをえなくなったが、正直な話、最も苦労したのが金集めであった。闘いが思いもよらない規模に一挙に膨張したために闘争資金も十倍、二十倍も要求される。ふえていく常任活動家の全国オルグ旅費、週刊発行の『戦旗』などの印刷費、大量検挙者の救援活動費、大型化した事務所の維持費、宣伝カー等の調達費、どれ一つとっても絶対欠かせないもの、金がなくては戦さはできぬ、私の生涯のなかでこの時ほど金が欲しく、また実際金、金に追われたときはなかった」（前出『ブント私史』）

「私自身も考えられるあらゆる方法を使い金策に走りまわった。思いもかけぬ人たちからのカンパ、寄附もあった。後に大袈裟に面白おかしく報道された田中清玄氏からのカンパもこのなかでの一つのエピソードにしか過ぎない」（同）

確かに安保闘争時の全学連が、深刻な資金難に陥っていたのは、事実である。日常の活動に加え、逮捕された仲間の保釈金、その上、弁護士も自前で調達せねばならず、出費は雪だるま式に膨れ上がった。まさに腹が減っては、金がなくては、戦はできないのだ。

そして、田中との付き合いについても、島の見解は、「赤旗」とは大きく異なる。確かに大口献金者の一人だが、決して、金だけの卑しい関係ではなかったという。

「更に田中氏についていうならば、この人もまた世の様々な虚のレッテルを受け続けた人である。ここではただ安保の最中初めて出逢って以来、私にとっても唐牛にとっても生涯の深いつき合いをすることになった人であるとだけいっておこう。その行動のスケールの大きさ、驚くほど異色な交友範囲の広さ、更にいくつの年になってもロマンを追う若さと情熱など、そう簡単にお目にかかれる人物ではない。氏が安保闘争とブントに共感を寄せ、身銭をきって私達を応援したのも、老獪な右翼陰謀家の策略などではさらさらなく、戦前の挫折した左翼指導者の夢が甦り、また氏も求めて止まなかった戦後日本社会批判の新生の芽を本能的に嗅ぎとったからであろう。このような人間を見る目ぐらいは、いかに若かったとはいえ、私や唐牛にしても持ち合わせていた」（同）

田中の元側近や家族、元全学連の篠原や小島、東原たちと直接会い、当時について聞き取った私の感覚では、この島の言葉が、最も真実に近いように思える。

これは安保闘争から約二〇年後になるが、元全学連の面々が、四谷のレストランで同窓会を開いた。それを聞きつけた田中は、「俺も連れていけよ」と言い張り、顔を出した途端、拍手と歓声で迎えられたという。また、唐牛は田中の家族とも親しくなり、子供たちとスキー旅行に行き、大学進学で助言もしている。

単に金と策略だけの付き合いなら、考えられない光景である。中年を迎えた彼らにとって、依然として田中は「面白い親父」だったのだろう。

当時の唐牛の様子を、島はこう振り返る。

「彼が真剣に心を痛めたのは『たかが二十歳の若僧が東京に出てきて、一年そこその間、酒を飲み飲みデモをして暴れ何度か豚箱に入った位のこと』が何時の間にか『戦後最大の政治闘争の主役全学連委員長』というシンボルとなって一人歩きし自分にまとわりついてしまっているという事態であり、あの運動と組織の象徴を担わされていることを初めて自覚したことにあった。また『安保も全学連もブントも、今のあっしにゃ関わりのないことでござんす』といってしまうには、まだあの体験は余りにも生々しく、そして彼も若かった」（前出『ブント私史』）

間もなく、田中の会社を去り、ヨットクラブや居酒屋の経営、北海道での漁師、コンピュータのセールスマンなど職を転々とし、一九八四年三月四日、直腸癌で亡くなった。まだ、四六歳の若さだった。そして、この頃、篠原は甲陽運輸を退社し、東京の日本精工で働いていた。日本のベアリング業界の最大手で、世界各地で事業展開する、れっきとした大企業だ。

篠原によると、転職のきっかけは、同社会長、今里広記《ひろき》からの誘いだったという。

今里は、長崎県出身の実業家で、戦後間もなく日本精工社長となり、経団連常任理事や経済同友会終身幹事も務めた。「財界官房長官」、「財界四天王」の異名も取った、自他共に認める実力者である。

「結局、僕は日本精工に入ったけど、唐牛と一緒に、二人共、来いって言われてた。でも、唐牛は『俺は嫌だ』って、断る。私は、労働運動をやりたいって言って、下丸子に工場があって、二千人ぐらい、労働者がいるけど、そこで組合運動やってたんです。するとある日、本社から、今里さんが工場に電話してきて、『唐牛が来てるから、すぐ来い』と言うわけよ。で、私は、上司の許可を得て、本社まで飛んでく。すると今里、唐牛はもう、オールドパー飲んでるんだよね。とにかく、今里さんも唐牛のことを大好きなの。それで、唐牛の葬式の費用も出してもらった」

唐牛の通夜は、三月五日、都内中野の宝仙寺で行われ、密葬を経て、同一九日、本葬が青山斎場で行われた。生前の交遊関係を物語るように、六百名もの友人、知人が顔を見せ、その費用の赤字分を払ってくれたのが、当時の日本精工社長の長谷川正男だったという。

これも、不思議な話ではある。

あの六〇年安保で名を馳せた、最も過激な活動家、それを中途採用しようとし、遊びに来たら大喜びし、葬儀の費用も負担する。確かに唐牛は、相手の地位や立場に関係なく、シンパにしてしまう不思議な魅力があった。

全学連の財政部長だった東原も、唐牛の追悼文集に、こう寄稿しているぐらいだ。

「彼の前に現れては消えていった無数の人々、右から左までの左翼、右翼、仁侠の徒、金の盲者《ママ》、芸術家、漁師等々を、彼は瞬時にして洗礼を行い、彼のファンに造りかえ、彼の通過したあとは、数限りない信奉者で満たされた」(『唐牛健太郎追想集』)

だが、財界四天王の一人である今里が、なぜ、ここまで彼らの面倒を見たのか。

さすがに篠原も首を捻《ひね》ったらしい。その答えを知ったのは、唐牛の葬儀の後、今里と二人きりで話した時であった。

「唐牛が死んだ、葬式の費用も出してもらった。それで、今里さんと二人で飲んでる時に訊いた。『そりゃそうと、今里さん、何で、こんなに僕や唐牛に親切にするの』って。ちょっと異常じゃないですかと。そしたら、『いや、君たちには恩があるんだ』と言い出したのよ。『何ですか』と言ったら、『君たちは、岸を退治してくれた。岸は、昔の財閥を連れて出て来ている。それを、君たちは退治してくれた』と。終戦後に財閥が解体して、自分たちは、若くして三〇代で社長になった。労働運動もあったけど、それこそ、命がけで会社を守り、発展させてきた。そしたら、また財閥が戻って来る。自分たちは自由主義でやってるのに、岸がやろうとしてるのは統制経済だと。財閥を中心とした統制経済をやろうとしてる。俺たち、戦後の財界人は用がないんだと。あの岸を退治してくれたおかげで、自分たちの命が助かったという認識なんですね」

岸総理の退陣ではない、「退治」である。

そして、この時、篠原は初めて、六〇年安保の裏に財界の「秘密クラブ」があったこと、それと、田中がつながっていたのに気づいたのだった。

財界コネクション

「彼らから、財界から清玄さんに、どれくらい、金が出たのか、それは、僕は分かりません。分かりませんが、大変期待をした、六〇年安保に。ここが、僕はポイントだと思う。要は、岸は開発独裁なんです。彼は台湾とか、韓国とか、インドネシアとかと親しくなりますが、これ、皆、開発独裁型の経済なんですね。多分、岸の得意なところだと思うんですよ。そういうのを目論んでて、われわれのように自由に経済をやっていくんじゃない。そういう戦いだった。その意味で、君たちには恩があると、今里さんは言ってるんですね」

では、田中から全学連に渡った資金の一部は、財界有志の分が入っていたのか。

「ひょっとしたら、そうじゃないかと思うけど、そこまで僕は確認してません。だけど、清玄さんが全学連を応援すること自体、財界は、決して反対じゃなかった。だって、あれだけ唐牛の葬式とか、僕なんか、労働運動やるって言ってるのに、会社に入れてくれたんですから」

とすれば、岸信介の一体何が、これほど財界を警戒させたか。

彼が戦前、日本の傀儡国家、満州国で経済運営を一手に担ったのは、よく知られている。石炭や鉄鋼、自動車など基幹産業の開発計画を立て、資金を配分、企業の監督も強めた。それを支えたのが、満州の絶対権力者、関東軍だ。

いわば金と人脈、権力を駆使する統治手法で、それは、そっくり戦後に受け継がれたようだ。総理に就任早々、岸は、自由経済にも全体の「調和」が必要と明言した。もちろん、その調整は政府が担う。

そして、満州時代の部下や仲間の実業家を次々に要職に就かせ、大蔵省の行政指導も露骨になった。銀行から企業への融資に圧力をかけさせる、形を変えた官僚統制である。

〈このままだと、本当に岸の家来にされてしまう。口では資本主義、自由主義と言ってるが、あの満州国と同じだ。体のいい独裁じゃないか〉

こうした恐怖と嫌悪感は、財界の世代を超えて語り継がれていったようだ。

野村證券の社長、会長を歴任し、経団連副会長も務めた田淵節也《せつや》も、晩年、六〇年安保について、こう証言している。

「時の岸信介首相は旧満州国を統治した国家資本主義の手法で戦後の日本を統治しようとした。統制経済の延長の資本主義計画経済の矛盾は、大蔵省を頂点とする銀行支配の金融に端的に表れた」(「私の履歴書」日本経済新聞、二〇〇七年一一月一日付)

「僕は岸信介首相が嫌いだった。六〇年の『安保闘争』は単なる左翼の運動というよりも、資本主義なのに統制経済をやろうとする矛盾の爆発だったと思う」(同一〇日付)

そんな不安に駆られる彼らの前に現れたのが、唐牛や篠原たち全学連の若者だった。

共産党や右翼にも屈せず、岸への抗議を高める彼らを応援したい。だが、直接金を渡して、表沙汰になれば、目も当てられない。反政府活動と取られ、どんなしっぺ返しが来るか、分かったものではない。その点、田中清玄というチャンネルを使えば、金の出所を伏せられた。

いわば、田中は、財界の秘密クラブの行動隊長として動いていたのだった。

そして興味深いのは、あれほど雄弁な彼が、晩年の自伝では、全学連への資金提供に口ごもっていることだ。

「機会あるたびに、財布をはたいてやっていました。いろんなルートで。まあいいじゃないですか。それはそれで」


この財界コネクションは、六〇年安保というジグソーパズルの、欠けたピースでもあった。だが、田中本人が口をつぐんだまま亡くなった以上、その実態に光を当てるのは難しい。そこへ、思わぬ形でピースを提供したのが、全学連の財政部長の東原吉伸だった。

安保闘争の最中、国会前のデモが最高潮に達した時、彼は田中と共に、財界の面々と密かに会っていたという。

「清玄さんに呼ばれるわけですよ。国会の前で、僕がデモ指揮してると、伝令が来てね。社長がこういうことやってるんで、ちょっと来てくれないかと。赤坂の料亭ですよ、ほとんど。あと、渋谷の松《しょう》濤《とう》町。彼が紹介したのは、皆、日本を立て直した人間ばっかしですよ。一杯、紹介しまくられ、俺は全学連の猿じゃないぞ、見世物ちゃう、こっちも忙しいんだって言ったこともあります」

国会議事堂や官邸からほど近い赤坂の料亭、その奥まった座敷で、どんな面々と会っていたのか。

「だから藤井丙午《へいご》さんとか、田中文雄さん、杉本茂さん、河田《かわた》重《しげ》さん。あと、今里広記さんも会いました。松永安左エ門さんとは、自宅だったね」

東原は、ごく淡々とした口調で話すが、先の篠原の証言と合わせると、この会合の意味合いが、はっきりと分かる。

当時、藤井丙午は、八幡製鉄の常務で、後に新日本製鐵(現日本製鉄)副社長を務め、政界との仲介役となる。田中文雄は、王子製紙の専務で、社長、会長を歴任し、日本経営者団体連盟(現経団連)副会長に就任した。そして杉本茂は、丸善石油(現コスモエネルギーホールディングス)副社長で、河田重も日本鋼管(現JFEスチール)社長といった具合だ。

また、今里広記は前述のように日本精工社長で、松永安左エ門は「電力の鬼」と呼ばれ、戦後の業界再編を主導した大御所だ。

さらに東原は、田中が、自分の会社から岩佐凱実《よしざね》に頻繁に電話していたのを覚えている。当時の富士銀行(現みずほ銀行)副頭取で、後に頭取、会長となり、経団連副会長も務めた。

ついさっきまで、国会前で「岸政権打倒」を叫んでいた左翼活動家、それが薄汚れた格好で、錚々たる資本家たちと酒を酌み交わしていたのだった。

それをセッティングしたのが田中だが、東原によると、彼らからは直接カンパは受け取っていない。とすれば、会合の狙いは、別のところにあったと思われる。

それは、これら財界人に、田中と全学連の間に、間違いなくパイプがあるのを納得させるためだ。そのため、わざわざ国会前から、財政部長の東原を呼び寄せた。

〈御覧の通り、俺は、全学連の指導部と直接パイプがある。こちらに金を出してくれれば、間違いなく、向こうに届ける。決して無駄金にしない。あの岸を退治するには、今こそ千載一遇の機会だ。これを逃してはならん!〉

岸政権の経済政策を忌み嫌う財界、その行動隊長となるには、まず、彼自身のクレディビリティ、信頼を確立する必要があった。東原は、その重要な証人だったのである。

が、それだけでもなさそうだ。

一九六〇年、昭和三五年と言えば、戦後の混乱は過ぎたが、まだ経済大国とされる以前である。四年後にはアジア初の東京五輪も控え、時代はゆっくりと、だが確実に高度成長へと向かい始めていた。

そんな中、しぶしぶ料亭に顔を出した東原は、いつしか、財界人の話に引き込まれていたという。

「もう、国会の前なんか忘れてしまってる、その時は。こっちの方が面白いから。今、日本は問題を抱えていて、日本を作り上げようとしてる人ら、そのトップに会うわけですよ。それは面白かったですよ。やっぱし、気持ちが、本当に前向きですもん。単なる経営者じゃないですよ。日本を興していこうという気概のある人ばっかしでした。それも革命だからね。こう言うと『反革命』なんてされるけど、僕は、何の違和感もなかったもん」

二二歳の東原が会ったのは、その後、鉄鋼や石油、電力など各業界を牽引《けんいん》していく人物ばかりである。彼らと膝を突き合わせ、将来の夢や戦略、ビジョンを聞くうち、「この人たちがやろうとしているのも、革命だ」と感じ始めたらしい。

「僕は思うんだけど、『革命家』というのに、何か偏見があるんじゃないかと、日本人の中に。革命家というのは、起業家でもあるし、事業家でもあるしね。それも全部含めて、世の中を変えるということですから」

そして、料亭の座敷では、こんなやり取りまであったという。

「日本鋼管の河田さんから言われましたよ。『とにかく、お前、もう、こんなのやめて、わしのカバン持ちに来い』って。何人かから言われた。こっちは、『馬鹿野郎！』って。『俺は、お前らを倒そうとしてるんだぞ。その人間に対して、そんなこと言うな。失礼だぞ』って、言いましたもん」

これも傍から見れば、映画のワンシーンのようでもある。

共産党の地下軍事組織に属し、数年前まで、関西の山中で射撃訓練をしていた若者、それを気に入り、採用しようとする大企業の首脳、それを演出したのが、元武装共産党で右翼の黒幕、田中清玄だった。

実際、当時の全学連幹部は、並の学生より頭が切れ、演説一つで数千人を動かす指導力を誇った。鍛え方次第で、いずれ会社に大きく貢献すると読んだのかもしれない。

四半期毎の利益に汲々《きゅうきゅう》とする今の財界では考えられず、そもそも、そんな会合に顔を出すこと自体、コンプライアンス違反とされるかもしれない。

その田中は文藝春秋への寄稿で、全学連の学生に向けて、こう喝破していた。

〈諸君は、口を開けば「労働者階級」と言うが、本当に労働者を知ってるのか。君たちは、自分の頭の中で、現実と違う幻影を作って、それにしがみついているだけだ〉

それと同じく、学生らは、資本家についても幻影を作っているかもしれない。彼らに、生身の財界人を見せてやりたい。そして、財界の連中にも、敵対する左翼学生に会ってほしい。自分がつながりたい者とだけつながり、見たいものだけを見るのは、危険だ。

それは、かつて共産主義運動にのめり込んだ彼自身の教訓でもあった。

六〇年安保という戦後最大の政治イベントが、田中と全学連の若者の邂逅というドラマを生んだ。

その後も一部は、田中と終生の付き合いを続けていくが、年齢差や右、左という立場の違いは関係なかったか。

これに、今、八四歳の東原は、身を乗り出してきて答える。

「全然、関係ないですよ。あの人は、やっぱり、もう同志、仲間ですよ。若いしねぇ、頭。何かしたり、話してる時も、そんな歳なんか考えたこともなかったね。革命に憧れた一人としてね、今でもファンですよ。楽しいもん、会ってて」

面白いのは、晩年の岸が、六〇年安保を振り返り、次のように書いていたことだ。あそこまで反対運動が高まった裏には、中国とソ連の工作があったという。

「彼らが、安保改定の実現を阻止し、日米間にクサビを打ち込むために全力を傾けたことは、彼らにすれば当然の行動であった。確証を握っているわけではないが、このために彼らが投入した物量は、相当の額であろうと推測される。

彼らは、共産党や社会党のような、日本国内の〝外郭団体〟はもちろん、労働組合内部のシンパに指令を与え、これらシンパが一般組合員や学生に工作して大衆運動の盛り上がりを図った。また、進歩的文化人と称せられるグループが、彼らのちょうちん持ちの役を演じた」（前出『岸信介回顧録』）

そして、これら文化人は、国際共産主義者の恫喝《どうかつ》に怯《おび》え、政策も理解せず、時代の寵児《ちょうじ》と錯覚する「売文口舌の徒輩」という。

国会と官邸を取り囲んだデモ隊への恨みは、終生、消えなかったようだ。

果たして岸は、安保闘争時、財界が全学連を支援し、倒閣を図っていたのを知っていたか。じつは本当の敵は、海の向こうの共産勢力でなく、自分の足元の財界だった。右と左というイデオロギーに捕らわれると、現実を見誤る、よい見本である。

そして、今から振り返ると、安保闘争は、その三年後に起きる「田中清玄狙撃事件」のプロローグでもあった。

岸内閣を支持した児玉誉士夫と右翼、暴力団、彼らに正面から戦いを挑んだのが、田中清玄と全学連、田岡組長の山口組だった。そして、安保の異様な騒乱を見た児玉は、後日、右翼と暴力団を結合した「東亜同友会」を発足させようとする。これに田中と田岡は、「麻薬追放・国土浄化同盟」で対抗、対決の構図は、そっくり受け継がれた。

その後も対立はエスカレートし、ついに一九六三年一一月九日、東京會舘で、田中に銃弾が撃ち込まれる。犯人は、児玉とつながりのある東声会の組員、木下陸男で、まるで、六〇年安保の意趣返しと言えなくもなかった。

このプロローグとしての六〇年安保に関わり、そして、エピローグも目撃したのが篠原浩一郎である。

田中が撃たれたと知らせが入った直後、甲陽運輸で働く篠原は、神戸の田岡の自宅に呼び出された。事件発生の直後、東京で、東声会の町井久之会長と会ってきたという。

「町井は、田岡さんの子分で、その子分がやったわけね。だから当然、田岡さんは町井を責めた。その話を、僕にするんですよ。町井のところへ行って、寝込みを襲って、枕を蹴飛ばしたと。お前、俺に何するんだと言ったら、『私は、全然知らない』と。そう言って、町井は指を詰めますと。詰問して、町井はやっていないと分かったから、そのことをぜひ、田中さんに伝えてくれと。山口組が、何か使嗾《しそう》したんじゃないんだと。こう言って、僕に頭を下げたんですよ」

じつは、その年の初め、山口組と東声会は、田岡を兄、町井を弟とする血縁式を行ったばかりだった。その盃を交わした弟分の町井、その東声会の組員が、盟友である田中を撃ったのだ。田岡が激怒したのは当然で、もし町井が関わってたら、ただで済まさないつもりだったはずだ。だが、本人は知らないと言い張り、しかも指まで詰めるという。

ということは、狙撃は東声会の意思でなく、まして、山口組は全く関わっていない。それを、田中に伝えてほしかったのだろう。

篠原はすぐに上京して、田中が入院している築地の聖路加病院に駆けつけた。そして、病院に控える秘書の太田義人に、伝言の中身を伝えたという。

「ところが、太田さんは、もう直接聞いてるんですよ、田岡さんから。田岡さんとしては、僕にも言った、太田さんにも言った、皆に言ってるわけだよね」

田中の長男の俊太郎もまた、聖路加でのある光景を覚えていた。

「私も病院によく行きましたから。町井さんが、手に包帯巻いて来たのは、何となく覚えてます。一言、田中さんにお詫びを言いたいと。指を詰めたって話は、私も聞きました」

そして、田中は、その説明に納得したようだ。

後年、事件の犯人について問われ、「ある者に煽動《せんどう》されてやったと思う。町井さんは、全然知らなかった」と語っている。いわば、町井は、終戦直後から始まった田中と児玉の宿命の対決に巻き込まれたとも言えた。

こうして田中の体には、数ヵ所の銃創が残り、左の腎臓も摘出された。無意識のまま、聖路加病院のベッドに横たわる姿は、まさに満身創痍《そうい》と言っていい。だが、この狙撃が、やがてとてつもない恩恵をもたらすとは、本人も予期していなかったはずだ。

六〇年代、高度経済成長を謳歌する日本を離れ、田中は単身、中東へと乗り込む。そして、アラブの指導者、国際石油資本を相手に、いくつもの油田権益を手に入れ、国際的フィクサーになっていく。その切り札は、体に残った狙撃の傷跡で、東京會舘の銃声は、田中の人生の転機を告げる号砲だったのだ。

田中の一大転機ともなった狙撃事件について、もう少し詳しく見てゆこう。

三発の銃弾

一九六三年一一月九日

「フィデリオ」は、楽聖ベートーベンが完成させた唯一のオペラで、フランス革命期に流行った「救出オペラ」の代表作だ。

舞台は、一六世紀のスペイン、主人公の女性レオノーレは、男装して「フィデリオ」と名乗り、刑務所で看守の助手として働く。所長ピツァロは、密かに政治犯を投獄し、権力をほしいままにしている。彼女の夫で政治家のフロレスタンは、ピツァロの不正を暴こうとし、無実の罪で地下牢に幽閉された。彼女は、看守の信頼を勝ち取り、救出の機会を窺っている。

やがて、黒い噂を聞いた大臣フェルナンドが視察に来るのが決まり、悪事が露見しないよう、ピツァロは、フロレスタンの殺害を企む……。

愛する者の救出、正義と謀略、自由への戦いの物語で、重厚な管弦楽と合唱で構成される。そして、一九六三年の秋、完成した日比谷の日生劇場で、柿落《こけら》としに上演したのが、ベルリン・ドイツ・オペラによる「フィデリオ」だった。

この日、午後六時半、招かれた昭和天皇と皇后を、ドイツ連邦共和国のハインリッヒ・リュプケ大統領夫妻が迎えた。短く挨拶を交わした後、駐日ドイツ大使夫妻や、先に着いた皇太子夫妻らと観覧席へ向かう。赤い絨毯《じゅうたん》が敷かれた階段を上がり、劇場に入ると、ガラスタイルの鮮やかな色が幻想的な雰囲気を醸していた。

三日前、リュプケ大統領は、インドネシアや香港を回って来日したが、戦前、戦後を通じ、欧州の元首が訪れるのは初めてである。春以来、英国やフランスの外相も来日しており、いやが上にも、国際社会での日本の地位の高まりを実感させた。

翌年には、アジア初の東京五輪が開催される。東海道新幹線や首都高速道路の建設も進み、かつての空襲の焼け跡やバラック、浮浪者の群れも、もはや記憶の中だけになった。

時代は、戦後の復興から高度経済成長へ移り、それを象徴するかのような、天皇の「フィデリオ」観劇であった。

その半時間前、日生劇場から約五百メートル離れた丸の内、東京會舘の前は、送迎の車で混雑していた。ここは皇居外苑を囲む日比谷濠に臨み、大正時代、民間の社交場として開業した。連日、会合やパーティが開かれるが、土曜日の夕方で、近くの路上は人や車で溢れている。

午後六時を回った頃、一分の隙もない正装姿の田中は、玄関を出て、迎えの車を待っていた。この日は、戦前の共産党の同志で評論家、高谷覚蔵の出版記念パーティに顔を出したのだ。田中が、傍らにいる経済往来社の下村亮一社長に声をかけた。

「近くドイツに行くんで、今日は、久しぶりに家族で飯を食うことになってるんだ。これで失礼するよ」

その時、左手から、黒い背広を着た若い男が歩み寄った。右の脇腹のズボンの内側に差し込んでいた拳銃を取り出し、約五メートル離れて両手で握り締める。

「田中！」

そう叫んだ瞬間、数発の破裂音が響いて、人波が大きく崩れた。悲鳴と怒号が聞こえ、ややあって、数人が男に飛びかかった。

路面に組み伏せた直後、近くにいた丸の内警察署の巡査が駆けつける。混乱の最中、間もなく到着した救急車が、田中を乗せると、築地の聖路加病院へと走り去っていった。

「玄関を出ようとしたところを、いきなり腹を撃たれたんです。そこでひるんだら本当に殺されると思ったから、向かって行って相手を倒した。銃口を肘に押し付けて首を絞めようとも思ったが、こっちは空手をやっていたし、殺してしまったら背後関係も分からなくなってしまう。それで殺さずに、まずピストルを奪おうとした。相手も必死でした。ピストルをとられたら、逆に殺されると思ったのでしょう。それでもう一発、肘を撃たれました。その後、やっこさんは東京会館に逃げ込もうとしたのを、こっちは追いかけていって、ドアのところに挟むようにしてつかまえてやろうとしたが、そのときドアの隙間から三発目を撃たれたのが、腎臓にまで届いた」（前出『田中清玄自伝』）

正確を期すと、最後に犯人を組み伏せたのは、田中でなく、側にいた用心棒の秘書である。自らも額を負傷しながら、必死に体を張ってくれた。

この時、田中はすでに五七歳、いくら空手で鍛えたとは言え、三発の銃弾を受け、暴漢に立ち向かう姿は、およそ尋常ではない。かつて武装共産党を率いた激しさが衰えていなかったということか。丸の内署に逮捕されたのは、暴力団の東声会の木下陸男で、使った銃は、三八口径の五連発の回転式、まだ弾倉に弾丸が残っていた。


そして、この狙撃事件は、家族や社員にとっても、忘れられない出来事となった。長男の俊太郎は、ちょうど父を迎えに、東京會舘に向かう途中だったという。

「その日は、外国から大事なお客が来てて、一緒に夕食を取る約束だったんです。迎えの車が来て、母と一緒に、東京會舘のところまで行った。そしたら、パトカーが停まって、大きな騒ぎになっていた。何だろうと思ってると、会社の秘書が飛んできて、『今、大変なことになってる。親父さんが撃たれて、聖路加病院に向かってる』と。それで、母が、『お客さんを料亭に呼んじゃってるから。とにかく、私たちは、まずそこへ行く。その後で、病院に行く』と。私も一緒にいましたから。それで、そのまま料亭に行って、食事が始まってから、『大変申し訳ないんですけど、どうしても行かなきゃいけないところがある。今日は、私たちは失礼します』そう断って、聖路加病院に行ったんです」

ついさっき、ほんの近くで、自分の夫が撃たれたのだ。まだ、生死さえ分からない。それでも、夫の客人との会合へ向かい、一言、お詫びを述べてから、病院に駆けつけた。内助の功とかいう言葉では表現できない、一種の凄みすら感じさせる。共産党時代、特高に捕まり、拷問を受け、それでも田中の居場所を白状しなかったのも納得できる。

長年の側近の太田も、ひで夫人の存在の大きさを繰り返し強調した。

「田中家は、奥さんが偉いんですよ。奥さんが立派なんです。田中が勝手なことをやっても、ちゃんとしてたのは、奥さんのおかげでしょう。だから、子供たちもいいですしね。田中よりもいい。そうでなきゃ、ドラ息子ができてもおかしくないですよ。われわれも、奥さんには感謝してる」

田中にとって幸運なのは、手術を担当したのが、牧野永城《えいき》というベテランの外科医だったことだろう。東北大学の医学部を卒業した牧野は、聖路加国際病院の病院長や日本医学協会会長も務め、後年、田中の一周忌のスピーチで事件の思い出を語っている。

この日は、自宅のテレビで事件を知り、その直後、病院から電話が入った。すぐに駆けつけ、手術着に着替えると、ストレッチャーに横たわった田中が運ばれてきた。その顔は、紙のように真っ白だったという
「田中清玄です。よろしくお願いいたします」

こう一言だけ呟いた途端、意識を失ってしまった。だが、脈が全く振れておらず、このままではとても手術などできない。腕と両足の三ヵ所から輸血を行い、やっと血圧が六〇まで上がってきた。

ここで開腹すると、一面、血の海で、そこに大量のメロンの種が浮かんでいた。さっき、東京會舘のパーティで口にしたのだろう、吸引機で取り除くが、それでも血が止まらない。

手で探りながら、ある個所を押さえると、やっと収まってきた。左の腎臓が真っ二つに割れ、そこから出血したのだ。その根元を押さえると、やっと血圧が一〇〇以上に戻ってきた。

ここで腎臓を摘出してから、細かい手術に移った。腹に受けた二発の弾丸は、腸を串刺しにし、九ヵ所の傷を作った。それを一つ、一つ、手で探しながら縫っていく。もし見落としたら大変なので、慎

重に同じ作業を繰り返す。

こうして、手術は無事終わったのだが、まさに生死の境目、奇跡の生還と言ってよかった。

そして、太田にも、この事件は、決して忘れられなかったらしい。

「その日は、たまたまインドネシアの問題で、三井物産の人と会う約束があってね。それで、東京會舘の向かいのバーで飲んでたわけよ。その間に撃たれちゃった。田中も、すぐ帰ればいいのに、例の調子で、あっちこっちで握手してたんでしょ。うちに帰って、テレビを観て、びっくりですよ。それで、慌てて築地の聖路加病院に駆けつけた」

着くと、ちょうど手術が終わったばかりで、奇跡的に命は取り留めたと説明された。そして、犯人は東声会の男と聞いた瞬間、「しまった」と「やっぱり」という思いが、頭の中を交差したという。

「あの頃、田中は、田岡さんと麻薬撲滅運動をやってて、佐藤さんから『田中さん、狙われてるから、気をつけてくれ』と言われた。それで、欧州に出しちゃおうと、切符もパスポートも用意したのに、高谷の出版記念会があるんで、出発を二日延ばした。そしたら、撃たれちゃった。田岡さんも、『気をつけてくれ。あなた、余計なことを言っちゃいかん。混乱を起こすようなことを人に言わんでくれ。ヤクザの世界は違うんだ』と。ヤクザの世界ってのは、大勢力になれば拮抗して、中々ぶつからんのですよ。そこへ、田岡が良くて、児玉は悪いとか言われると困るんです。東声会は、児玉とつながってるし、その東声会に撃たれたからね」

ここで太田が言う「佐藤」とは、自民党の国会議員で、翌年に内閣総理大臣になる佐藤栄作を指す。

戦争の記憶が薄れ始めた頃、東京會舘で起きた「田中清玄狙撃事件」、そこには日本の表と裏、過去と現在、彼を巡る人間の思惑が絡み合っていたのだった。

聖路加病院で手術が進んでいた頃、日生劇場では「フィデリオ」の第一幕が終わった。

男装したレオノーレは、二年かけて看守を信用させ、ついに地下牢に入る機会を手にした。そこには、長い幽閉で、身も心もやつれ果てた夫のフロレスタンがいる。が、大臣のフェルナンドが来れば、その真実が明るみに出てしまうかもしれない。

焦った所長のピツァロは、看守に墓穴を掘るよう命じる。その前に奴を葬り去ってしまえばいい……。

その幕間に、昭和天皇は、リュプケ大統領夫妻と会見し、指揮者のカール・ベーム、レオノーレを演じた歌手のクリスタ・ルートヴィヒらを引見していた。ベームは、ウィーン国立歌劇場の音楽監督を務め、ルートヴィヒも、世界を舞台に活躍するオペラ歌手として知られる。

劇場内に華やかな空気が漂う中、ロビーでは、同じく招待された原文兵衛《ぶんべえ》警視総監が、評論家の福田恆存《つねあり》らと懇談していた。と、その時、丸の内警察署長が、小走りに近づいてくるのが見えた。

「六時頃、東京會舘で田中清玄氏が撃たれ、重傷を負って、入院しました」

犯人の木下陸男は、丸の内署の取調室に移されたが、詰めかけたカメラマンに悪びれもせず、まるで「写してくれ」と言わんばかりだったという。

同署は直ちに、警視庁で暴力団と右翼を担当する捜査四課、公安三課と共同で捜査を始めた。

そして翌日、機動隊も動員して、銀座の東声会事務所などを捜索、銃刀法違反で町井久之会長らを逮捕した。東声会は、銀座を中心に新宿、浅草などに勢力を持ち、愚連隊やヤクザとの対立も激しい。

ここから、木下の背後を洗い出すというのだが、じつは調べるまでもなく、事件の裏に何があるか、薄々分かっていたはずだ。

その年、田中と田岡が、作家の山岡荘八、政治家の市川房枝らを交えて立ち上げた、「麻薬追放・国土浄化同盟」である。そして、児玉が右翼と暴力団を合わせ、発足させた「東亜同友会」と、真っ向から対立してしまったのだった。

その経緯も、晩年に田中が自伝で語っている。

「一九六三年初夏のことだった。ロンドンにいた私のもとへ田岡さんから電話がかかってきて、児玉が河野一郎政権を作るため、全国の博打打ちと右翼を糾合した『東亜同友会』という組織を作ろうとしているという話だ。その背後には岸信介がいた。すぐに取って返し、田岡さんと相談して『麻薬追放・国土浄化連盟《ママ》』という組織を作り、全国キャンペーンを始めた。もちろん彼等の野望を打ち砕くためです。児玉は田岡さんに副会長をやってくれと申し入れて来たのです。自分は会長をやるから、田岡さんは箱根から西を受け持って、副会長になってくれとね。しかし、田岡さんは児玉の危険性を全身で感じ取ってきっぱりと断った。もしこれに乗っていたらえらいことになっていた。何でもできますからね。軍国主義の完全な復活ですよ。田岡さんはロンドンから取って返した僕に、こう言ったよ。『田中さん、政治のことはあなたがやってくれ。自分らはあなたの言う通りに動く。しかし、ヤクザの世界のことは素人には分からないから、俺らに任せてほしい』」（前出『田中清玄自伝』）

こうして、東西の暴力団の抗争が激化し、西の田岡を支持する田中が、東の児玉に狙われる構図になってしまった。

狙撃犯の木下陸男は、翌年五月、東京地方裁判所で懲役一〇年の判決を受けた。その裁判記録によると、彼が、田中について聞いたのは、六三年一〇月下旬、銀座の東声会事務所だった。

麻薬追放運動で、山口組は横浜に事務所を設け、これに、住吉会や松葉会など東京のヤクザ団体が反発した。その衝突を図っているのが田中で、このままだと東声会が、関東と関西のヤクザの板挟みになってしまう。それを防ぐには、彼を殺害する他はない。そこで本人の真意を確かめようと、青山にある田中の会社に電話を入れ、訪ねたりしていたという。

父が麻薬追放運動をやってるのは、俊太郎も知っていた。

「日本の国をよくするんだ、このままじゃ駄目になると、それは、われわれも聞いてました。それで、ヤクザにつけ狙われてるって話も入ってた。要するに、田中清玄はけしからん、亡き者にしろ、と。だから、当時、親父は、全く自宅に帰って来なかったんです。宿屋を転々として、同じところに続けていない。もう、あの辺はプロですよ、共産党時代の。ただ、まずかったのは、東京會舘で出版記念会があったんですね。太田さんたちは、よせって言ったらしいんですが、『俺は、高谷の出版会は、どうしても出なきゃならん』と。それで、言うこと聞かずに出かけて、案の定、撃たれた。ちょうど、向こうで待ってたんでしょうね。色んな情報を見て、ここには来るんじゃないかと」

その田岡と田中が知り合ったのは、終戦直後、田中が、横浜で土建会社の神中組を興した頃という。すでに当時、田岡は、神戸の港湾労働者を取り仕切る有力者で、会ってすぐに、二人は意気投合した。その付き合いは家族ぐるみで、後に、山口組が組織暴力団と非難されてからも続き、田岡の長男、満が結婚した際は仲人も引き受けている。

反共活動家と暴力団の組長、立場や仕事は違っても、互いに共感し合うものがあったのだろう。また共産党時代、田中は、山口組も真っ青になるぐらいの武装闘争を指揮している。二人が引かれ合うのは、ある意味で、必然だったのかもしれない。

その関係は、マスコミでも広く知られ、狙撃を報じた新聞は「右翼団体の対立がからむ？」という見出しを載せた。

「治安当局の調べによると、田中氏は昨年はじめころから興行師、テキヤなど、一部の右翼の間に勢力をのばそうとしてかなり積極的な動きをみせていたといわれる。情報によれば、田中氏はこのため、ここ数年の間に横浜や東京方面に勢力をのばしてきた関西の某組織に接近し、その勢力をバックに関東のバク徒団体の切りくずしをはかっていたという」（「朝日新聞」一九六三年一一月一〇日付、傍点筆者）

「とくに最近は右翼の大物の某氏を同組が襲撃するという情報が流れ、某氏派の団体が数日間私邸を警戒するなどの騒ぎもあったという。こうした対立をめぐって田中氏の存在がしばしばウワサに上っていた」（同）

奥歯に物が挟まったような書きぶりだが、「関西の某組織」が山口組、「右翼の大物の某氏」が児玉誉士夫というのは言われなくても分かる。朝日も、とばっちりを恐れ、わざとぼやかしたのかもしれない。

ところが、太田によると、戦後の一時期、田中と児玉の関係は、決して悪くはなかったのだ。

「田中は、児玉とは合わなかったと言ってるけど、私が三幸建設に入る前は、付き合いがあったらしいんだ。北海道の料亭で、一緒に児玉たちと会ったこともありますよ。仲がよかったし、会社で空手道場を作った時も、見に来たしね。ただ、後で、児玉が経済事件とかに関係してるってんで、会うのを止めちゃった。『あいつは、あんなことをやってるのか』って。だから一時、付き合いがあったのは事実ですよ」

そして、太田は、児玉と狙撃事件を巡り、二つの場面を鮮明に記憶しているという。

「料亭で児玉と会った時、こっちは先に帰されたんだが、後で、児玉がこう言ってたそうだ。『田中さんのところの若い衆は、皆、しっかりしてるけど、俺んとこは、いつ寝首をかかれるか分からん』と。それは、本当でしょうね。それと面白かったのは、病院に着いたら、手術室から笹川良一が出てきた。『大丈夫だ、助かった、助かった』って言って。どこで、どう入り込んだか知らんけど。知らん仲じゃないが、田中は、必ずしも好きじゃなかったね。頼まれて、講演をやったことはあったけど」

笹川良一も大物右翼の一人で、戦前は、国粋大衆党を結成して総裁となり、イタリアのムッソリーニにも会いに行った。戦後は、A級戦犯となり逮捕されるが、後に釈放、日本船舶振興会の会長として、莫大な競艇収益を握り、それを源に、亡くなるまで政界に影響力を持った。

転向した田中の周りに、様々な右翼人脈が生まれていったのが分かる。

その田中は晩年、狙撃事件を、こう振り返っている。

「児玉がやらせた。私が田岡組長と組んで、山口組の東京進出を図ろうとして起きた暴力団同士の抗争事件だなんてマスコミは書いたけど、全部うそだ。それ以来、児玉は恐れてねえ。こっちの連中が児玉を狙い出したので、僕は田岡さんに『児玉に対する復讐はやめてくれ。二・二六のように血で血を洗うようなことをやっていたら、日本の破滅だ。僕は助かったんだから、やめてくれ』と繰り返し言ったんだ。そこらの暴力団なんか田岡さんが動いたら吹っ飛びますからね。田岡さんは初めは『しかし、この際、ここで根を断っておかないと、こいつらは二度も三度も同じことをやる』という意見だ。僕はしかし、『人間、仏ごころを持つことも、ときに必要だよ』と言ったので、田岡さんも最後は『ようし、わかった。あいつらこのままでは生かしておかんつもりだったけど、田中さんがそれ程言うならやめよう』と」（前出『田中清玄自伝』）

元々、神戸で発足した山口組は、戦後、田岡が三代目組長に就任すると、急速に勢力を拡大してきた。各地の暴力団と抗争を繰り返し、六〇年代は、傘下団体数百を数える巨大組織になっていた。その田岡の盟友の田中が、撃たれたのだ。

確かに、配下の組員が血眼になって報復に出てもおかしくはない。まさに血で血を争う抗争になったはずだが、ここで率直な疑問も湧き上がる。

戦争直後、一時的にせよ意気投合した田中と児玉、それがなぜ、袂《たもと》を分かち、狙撃事件を引き起こすまでになったか。同じ右翼でも、一体、二人の何が違ったのか。その疑問を解くため、戦時中に遡って、児玉が辿ってきた道を見てみる。

同じ右翼でどこが違う

一九一一年、福島で生まれた児玉は、若い頃から国粋主義運動に身を投じ、天皇直訴事件などで投獄された。戦時中は海軍の嘱託となり、上海を中心に「児玉機関」を作り、戦争遂行のための物資調達を行う。調達と言えば聞こえはいいが、実態は、現地の中国人からの略奪、強盗に近かった。

戦後は笹川と同様、A級戦犯として逮捕されるが、後に釈放、中国から持ち帰った莫大な資産で、鳩山一郎らの自由党結成を支援した。この自由党は、五五年、民主党と合流して、現在の自由民主党となる。

そして政界から財界、裏社会まで睨みを利かす黒幕になるのだが、その力の源泉は、人を刺す能力だった。利害が対立する者には、スキャンダルを仕掛けて葬り、それでも無理なら、物理的に刺す。そのため、配下に暴力団や総会屋を抱え、司直の手も届かぬアンタッチャブルな存在になっていった。

この児玉に群がったのが国内外の大企業で、その一つが、米国の大手航空機メーカー、ロッキード社だ。五〇年代後半から児玉は代理人となり、戦闘機や民間航空機の売り込みで、政治工作を行った。巨額の報酬を手にした活動は、七六年、米上院の外交委員会で暴露され、「ロッキード事件」に発展する。

すでに戦後の占領期、GHQも児玉に関心を寄せており、特に彼らが注目したのが、その異様な資産形成だった。

当時、GHQは、児玉と部下に長時間の尋問を行ったが、その記録からまず気づくのは、海軍との奇怪な取引である。

児玉機関は、上海を拠点に、南京や漢口、昆明など約一〇の支店を置いたが、社員に決まった給料を払っていなかった。そのため降伏時、海軍の多田武雄次官と相談し、残った資産をボーナス代わりにもらったという。

これに対して、GHQの検事は、敗戦で海軍は消滅したので、勝手に資産を処分する権利はなかったはずと追及した。そもそも本当に、軍の資産を譲ってもらうなどという合意があったか。国内の預金や不動産はどれくらいで、それを部下と、どう山分けしたのか。

これに児玉は、のらりくらりと返事を避け、時には通訳のミスにする一幕すらあった。

今となっては、両者の契約を確かめるのは難しいが、これだけは断言できるだろう。それは、敗戦という未曽有の国難の中、児玉が〈火事場泥棒〉と呼べる、濡れ手に粟の利益を得た事実だ。

当の本人も、回顧録で認めている。

「さて、そうこうするうち終戦となったが、白紙に還《かえ》った児玉機関の旧資産は、その後どうなったかというと、中国など外地にあったものはべつとして、日本国内にはまだ、そうとうなものがあったことは事実である。現金とか、すぐ換金できるものとか、鉱山などの不動産もたしかにあった」（児玉誉士夫『悪政・銃声・乱世』廣済堂出版）

「もともと『児玉機関』の旧資産は、児玉個人の私有物でないことはもちろんだし、といって、厳密には海軍の所有物でもない」（同）

「それゆえ、終戦となり、機関が自然的解体ということになれば、旧機関長たるじぶんの意思と判断で、以前の部下隊員たちに、しかるべく分与して差しつかえないわけで、何びとも異議をさしはさむ余地はないのだ」（同）

さらに、その使い道も、いかにも彼らしいものがあった。

一九四八年一二月、巣鴨拘置所から釈放された児玉は、GHQにある申し出をしている。自分の手元に大量のラジウムがあり、それを提供してもいい、どうか、日本占領に役立ててほしい、という。ラジウムは夜光塗料の材料で、戦闘機や艦船の計器に使われ、戦時中は重要な戦略物資だった。金額にして、二五万から四〇万ドルに相当し、当時としては大変な価値である。

だが、本来、これはGHQでなく、日本政府に戻すべきだった。

敗戦で国の財政は破綻し、街には、住む家も食べ物もない人が溢れていた。これでは公金を使い、権力者に擦り寄り、個人献金するようなものだ。しかも記録では、しばらくして、やっぱり返してくれと懇願するオチまでついていた。

文藝春秋

もう一人の〝右翼の黒幕〟児玉誉士夫

それだけではない。

ＧＨＱの記録では、児玉は終戦のわずか二ヵ月後、「日本国民党」なる政党設立に動いている。ところが、そのマニフェスト（政策綱領）に、何と、専制政治と軍国主義の打破、国際平和と民主的な政権建設とある。つい先日まで、軍のために働いていた男が……である。

さすがに、ＧＨＱの方でも呆れたようで、彼らのファイルは、こう結論付けていた。

「児玉の日和見主義は、戦争終結時、東久邇宮《ひがしくにのみや》内閣の参与に就任した際、顕著に表れた。新生日本のアドバイザーを気取り、（一九四五年）一〇月には、民主的マニフェストを掲げる日本国民党を組織するが、一二月に戦犯として逮捕され、こうした保護色を使った努力も無に帰した。

要約すると、児玉は、二重の意味で危険人物である。彼は長期的、熱狂的に、暴力を含む狂信的ナショナリズム運動に参加しており、釈放されれば、その若者に訴える技能は、深刻な治安上のリスクとなる。また、戦争遂行への協力で得た莫大な資産も、今後の彼の活動を支えるであろう」（一九四七年五月二四日付）

まるで、戦後の裏社会のフィクサーになるのを予見しているようだ。田中清玄狙撃事件の萌芽《ほうが》は、すでに、この頃には誕生していたのだった。

このように同じ右翼でも、田中と児玉では、その行動原理が、水と油と言っていいぐらい、違う。共産主義から転向した田中は、龍澤寺での修行後、土木会社を興し、食糧増産など国土復興事業を手がけた。また、昭和天皇に単独拝謁し、命を懸けて陛下を守ると誓い、共産党との暗闘を繰り広げる。それを、間近で見てきたのが太田だ。

「だから田中は、あの頃に流行った料理屋とか、キャバレーとか、遊興施設はやらないんです。俺は、国土復興をやるんだと。そのために、復員軍人を雇うんだと。だから児玉とは、付き合う人も全然違ったしね」

確かに占領期は、GHQ相手のダンスホールでもやれば簡単で、実際、そうやって儲ける者も多かった。だが、田中は、開拓や土木工事などの国土復興に取り組み、時には採算すら度外視した。

それに比べて児玉の姿は、ただ時の権力者に擦り寄る「日和見主義」とされても仕方ないだろう。だが、これだけではまだ、児玉誉士夫という人間の一面しか見ていない。

そもそも、昭和の時代、なぜ彼のような存在が生まれ、とてつもない力を持ったのか。それには、その生い立ちや育った環境まで遡らなければならない。

そして、そこには、今からは想像もできない戦前の貧困、超格差社会があり、それが、若い児玉を右翼運動へと駆り立てていったのだった。

明治末期、福島の貧しい家に生まれた児玉は、七歳で母を亡くし、朝鮮にいる知人に預けられた。だが、そこに馴染めず舞い戻ると、家出同然で上京、亀戸の紡績工場で、少年工として働き始めた。その頃を、後に、彼はこう振り返っている。

「しかし、それからが大変だった。朝はまだ暗いうちにたたき起こされるし、夜もおそくまで、牛馬のようにこき使われた。休日も滅多にないし、食べ物はまるで残飯みたいなひどいもので、給金とてもほんの、おまじないていどにすぎない。いまでは〝人買い〟などという言葉はなくなったが、当時はたった二十円か三十円の契約前金で、農山村の貧しい家の子供たちを工場などに世話し、あくどい金もうけをしていた不徳漢があった。まだ小学校も終えていない子どもさえ、商品化されて売りとばされた」（前出『悪政・銃声・乱世』）

「まさに前時代的な奴隷あつかいで、ひどい病気にでもかからないかぎり、夜昼なしに、くたくたになるまでこき使われた」（同）

夜勤が終わると、風呂に入る気力すらなく、合宿の窓から外を眺めるだけだ。そこも耐えきれず脱走すると、また朝鮮を放浪して戻り、向島の鉄工場で見習工になった。日給一円二〇銭、すでに児玉は一〇代後半だが、学校へも行かず、汗と油まみれで働く日が続いていた。

「朝の静寂を破って、若者たちの元気のいい歌声が聞こえた。はるか川下から、どこの学生だか、ボート部の選手とおもえる一団が、オールさばきもあざやかに、すいすいとのぼってきた。また、夕暮れどきになると、派手なほおずき提灯をたくさんつけた屋形船が、鉢巻きすがたの船頭に操られながら、工場街の上手の料亭をめざしてゆるやかにすべった」（同）

「わたしは朝晩の往きかえりばかりでなく、ひるの休みどきにも、工場の裏手にあたる河岸にたたずんで、放心したように隅田川の流れを見つめた。しかし、晴れやかなボートの歌声も、屋形船のさんざめきも、いまのわたしには、まったく無縁であった。東京のような大都市ほど、富める人びとと、われわれ労働者との生活上のへだたりは、大きく目立つ。おなじ人間でいて、神様はどうして、こん

なにもひどい貧富の差をつけられたのであろうか」（同）

どこかの大学のボート部だろう、自分と同世代の若者が、大学へ進んで、青春を謳歌している。屋形船はおそらく、工場街の先の料亭に向かってるんだろう。いずれも、油臭い作業着の自分に、無縁の世界である。所詮、巨大な機械の中の部品、哀れな消耗品なのだ。

こうして、児玉が絶望感すら覚えた頃、底辺の労働者の救済を掲げ、暴れ回っていたのが、田中率いる共産党だった。

〈会社は、景気のいい時はしこたま儲け、不景気になれば、ビタ一文渡さず首にする〉

〈家族を飢餓に追い込むとは何事だ、労働者よ、立て！〉

工場の近くにも、過激なアジビラが貼られ、若い児玉も胸を躍らせた。自分はわずかな賃金でこき使われ、一方で、財閥や政治家どもは結託、搾取の限りを尽くしている。これじゃ、いくら真面目に働いても、生活は楽にならない。

言いようのないどす黒い怒りが、腹の底に蓄積していく。が、どうしても、入党には踏み切れなかったという。

大体、日本の労働者の運動なのに、なぜ「祖国ソビエト」と叫び、赤旗を振らねばならないのか。日本人の祖国は、日本のはずだ。結局、悩んだ末に児玉は、「建国会」という右翼団体に入る決意をした。

「そしてじぶんは、毎日のように工場の裏窓から、墨田川の流れを見つめては考えた。（左翼にはしるべきか、それともまた、右翼にすすむべきか……）思想的な岐路に立ったじぶんは、この問題と真剣に取り組み、真剣に悩んだ。だが、結論は、けっきょく、じぶんを右の方向にはしらせたのである」

（同）

「建国会――この団体にはいれば、じぶんは赤い旗をふらずに、財閥や腐敗した政治家どもを攻撃できるのだ……と、いま考えればまったく単純素朴だったが、こうした観念から、じぶんは〝右〟に踏みきり、建国会に身を投じたのであった」（同）

「ここでの、われわれの主たる日常は、左翼系の赤い連中がもよおす演説会の反対闘争や、政府攻撃のポスター貼りなどであった。そのため、検束されたり、あるいは留置されたりの連続で、とりわけ検束のごときは、ほとんど毎日のことだった」（同）

こうして日給一円二〇銭の児玉は、いくつもの右翼団体を渡り歩くのだが、本来、左翼になっていてもおかしくなかった。紡績工場、鉄工場の少年工として働き、資本主義の矛盾、冷酷さを体で知っていたからだ。

赤旗への嫌悪が、彼を右へ向かわせたが、もしこの時、左の道を選んでいたら、どうなったろう。今の自民党はこの世になく、日本の政界地図、いや、現代史すら全く違っていたかもしれない。その意味で、昭和の初め、墨田川の河岸に佇む若者の選択は、歴史を変えてしまったのだ。

その後、児玉は、軍や外務省と関係を作り、悪名高い「児玉機関」を生み、戦後にフィクサーとして恐れられるが、それを最も容赦なく叩いたのが、田中だった。その言葉使いは、極めて手厳しい。

「児玉は聞いただけで虫酸《むしず》が走る。こいつは本当の悪党だ」（前出『田中清玄自伝』）

「児玉を、戦前は軍が使い、戦後も自民党の長老たちは使っていたなあ。世のため人のためにやるなら別だが、国家の名前を使いやがって、一番悪質な恐喝、強盗の類いじゃないか」（同）

「僕は三木武吉さんに言ったことがある。なぜ児玉のような人間を近付けるのですかと。『いや、あれは役に立つから使うんだ』って、三木さんはそう言ったなあ。三木さんはそこに甘さがあった。しかし、三木さんにしても、鳩山さんにしても、児玉を利用したつもりだろうが、実際は児玉に利用された方だよ。児玉は金と権力のあるところへと動き、相手の懐に手を突っ込んで金をむしり取るような男だからね」（同）

だが、児玉本人の証言やGHQの記録を読むと、こうした見方は、少々アンフェアとも言えた。

確かに終戦時、児玉が、火事場泥棒のように莫大な資産を手にしたのは事実である。だが、その彼を、軍や外務省は必要とし、仕事に対して報酬を払い、感謝すらしていた。それが敗戦の瞬間から、一斉に口を噤《つぐ》み、彼一人を法廷に立たせるような挙に出た。

汪兆銘《おうちょうめい》の南京国民政府樹立も、その一例だ。

日中戦争が激化する中、親日的な中国政府を望んだ日本は、蔣介石と対立している汪兆銘に目をつけた。日本軍の手で、重慶から脱出させ、一九四〇年三月、南京で国民政府が成立する。その直前、香港で汪の護衛を依頼されたのが、児玉だった。

当時、香港は英国の権益下にあり、日本の軍や外務省は表立って動けない。そこで、児玉と部下を、王子製紙社員として送り、武器も陸軍から与えた。そして出発する際、こう言い含めたという。

「君たち、もし不幸にして重慶側のテロに殺される羽目になったとしても、あくまで王子製紙の社員で通してほしい。その代わり、立派に靖国神社行きだ、安心して行動したまえ」

こうすれば、万が一、児玉が失敗しても、政府は無関係を装える。

また、あの児玉機関の設立も、元々、本人の希望ではなく、海軍の内部対立がきっかけだったという。

　戦時中の陸軍と海軍の対立は有名だが、海軍内も、艦政本部と航空本部の確執が深刻だった。艦船の建造、修理を担う前者と、航空兵器を扱う後者で、物資を争奪し合い、戦争遂行に支障をきたすほどだった。

　これについても、児玉自身の証言がある。

「海軍部内の主流と目される人たちのおおくは、いまもって前時代的な大艦巨砲第一の亡霊を捨てきれず、したがって軍予算の編成などにさいし、この考えが露骨にあらわれていた。たとえば、重要資材の割当をおこなうにしても、艦本がわが優先的にあつかわれるのに比べ、航本がわはとかく後まわしされ、要求どおりの割当を受けることができなかった。平時なら知らず、戦争が長期化すればするほど、軍需資材の消耗度が否応なしにたかまることは必然的現象である。それゆえにまた、十分な割当がなく、満足な補充がつかなければ、作戦上の支障は当然、まぬがれ難いだろうし、思いきった戦争はやれないことになる。航本部内では、当時これらの点で深刻な不安と、焦燥に苦慮しつつあった。そして、いろいろと研究した結果が、必需物資の獲得を中国大陸にもとめ、これを遂行させるため『児玉機関』の設置ということになったわけである」（前出『悪政・銃声・乱世』）

　これらの経緯について、戦後、ＧＨＱも元機関員に長時間の尋問を行い、その中身は、児玉の証言とほぼ一致する。中国大陸を荒らし回った悪名高い児玉機関、それは、硬直化した日本の官僚機構の産物だったのだ。

　このように、軍や外務省は、自らの保身のため、児玉を最大限利用した。彼らが手を下せば国際的非難を呼ぶので、民間人が勝手にやったことにする。そのため、契約は可能な限り曖昧にし、証拠も残さず、そうすれば、万が一露見しても、責任は追及されない。

その児玉は、幼い頃からまともな教育を受けさせてもらえず、牛馬のようにこき使われた。そんな少年が生き残っていく術は、何か。徹底したマキャベリズムである。

周囲の空気を読み、敵と味方を峻別し、カメレオンのように自分の色を変える。また、そうしなければ、とっくに飢え死にしていただろう。

それを、田中のように、「こいつは本当の悪党だ」の一言で片づけるのは、少々酷過ぎるのではないか。

そして、ここでもう一つ、素朴な疑問が浮かぶ。GHQがそこまで警戒していた児玉が、なぜ釈放され、反共右翼として活動するのを許されたか。「深刻な治安上のリスク」とまで言った男を、である。

その背後には、東西冷戦が激化する中の占領政策の転換、いわゆる「逆コース」があった。


一九四五年の敗戦と、それから七年間の占領は、日本人に、初めて外国による支配の体験を与えた。その占領下で行われた政治、経済、社会改革は、明治維新以来の変化をもたらした。占領を境とする前後は、全く異質で、その落差は、江戸時代と明治時代のそれに匹敵する。

そして占領の初期、GHQの力点は、日本の徹底した民主化と軍備の放棄に置かれた。

すなわち、政治犯の釈放と戦犯の逮捕、軍部や旧指導者層の公職追放である。また、農地解放や財閥解体、労働組合の育成など、一気に日本の国家システムを改造してしまう意気込みだった。

これに対し、四八年頃から、行き過ぎた改革は日本を弱体化させ、かえって共産勢力を伸ばすという懸念が広がり始めた。特に、戦前から三井や三菱財閥と関係の深いニューヨークの財界は不満で、米議会やマスコミも使ってロビー工作を行う。そして、児玉や笹川らA級戦犯は釈放され、財閥解体は骨抜きになり、追放された官僚や実業家も復帰していった。

それを見事に象徴する、一枚の文書がある。

一九四八年一二月二三日付けのGHQ文書で、巣鴨刑務所にいる戦犯一五名を翌日、釈放せよという命令書だ。その人名リストの中に、民間人として、岸信介、児玉誉士夫、笹川良一の名前が入っていた。

ちょうどこの日、巣鴨の獄中で、東條英機ら七人のA級戦犯が処刑された。翌日のクリスマス・イブには、同じA級戦犯だった岸と児玉と笹川、この三人が揃って自由の身になっていた。

これが「逆コース」で、やがて労働組合への圧力も高まり、共産党指導者のレッドパージ（追放）も始まる。そして、GHQのお墨付きを得たように、反共を売り物にする右翼が、続々と登場してきた。それに激怒したのが、田中であった。

大体、戦前からあれほど愛国心を煽り、勇ましかった右翼が、敗戦を機に口を噤んでしまった。それどころか、GHQに擦り寄り、過激化した共産党が、皇居にデモをかけても知らんぷりだ。ところが、いざ占領の方針が変われば、皆、一斉に「反共」と叫び始めた。

当時の田中の鬱憤が伝わるような証言が残っている。

「右翼の連中はどうかというと、国体がなければ生きておれぬといった連中が、共産主義者が国体の攻撃、天皇の悪口を言っても一言もいわない、何の反応も示さぬ、私はあきれ返った」（「経済往来」一九五一年一一月号）

「アメリカの連中なんて、何というばかやろうかと思ったね、アメリカ人というのは表面しか見ていない。その頃買弁のように、ペコペコおべっかを言うのが愛国者であるのか、われわれのような者がほんとうの愛国者であるのか、やがてわかるだろうという確信を持っておった。今頃になって、やあ反共だといって、反共を売り物にして飯を食っている職業的反共屋、これは穀つぶしです。こういう極右翼の連中は自分の身が危くなると乗り出して来る。こういう連中は共産主義以上に叩かなければならぬ」（同）

〈陛下にお会いした際、俺は、命を懸けて皇室をお守り申し上げますと誓った。だから、共産党がデモをやれば、体を張って、うちの連中を何百人も差し向けた。おかげで、ソ連からは睨まれ、嫌がらせや脅迫で、ひどい目にも遭った。それを、アメリカの後ろ盾が来てから、しゃしゃり出てくる。それで、何が反共だ、何が愛国だ！〉

本人の気持ちを代弁すると、こういう感じだろうか。そして後年になると、田中の口調は、ますますエスカレートしていく。

街宣車で、大音量の軍歌を鳴らして回る右翼を、金にならないところに行かない「権力の番犬」という。

「愛国心というものは、言葉じゃないんですよ。『天皇万歳！』と叫んだり、尖閣列島を占拠してみたり、あんなものは愛国でもなんでもない。おっちょこちょいだ。本当の愛国というものは、自分の隣人を愛すること、同志を愛する、家族を愛する、国を愛する、自分自身を愛すること。その間に何の違和感もない。自分を愛するからこそ、命を捨てるんですよ、これは正しいと思うもののために」

（「問題小説増刊」一九七八年一二月一〇日発行）

「穀つぶし」、「権力の番犬」……ここまで田中を右翼の黒幕と言ってきたが、こうなると右翼どころか左翼、それも、世の左翼活動家を凌駕《りょうが》する激しさである。
これで本当に転向したのかと疑いたくなるが、じつはそれと同じく、いや、それ以上に辛辣な口調で罵倒した相手が共産党だ。特に彼を呆れさせたのが、戦後の民主主義下で登場した、若い党員たちだった。

この頃の田中は、機会を見つけては、大学や企業の〈細胞〉と会い、対話をするようにしていた。細胞というのは、職場や学校の労働運動、学生運動を通じ、共産党の勢力拡大を図る者である。各地区の委員会から中央の指導部につながり、いざという時は統一行動を取る。
その中で、田中の母校の東大の一人と会ってみて、愕然としたらしい。
「われわれのときは、殉教者という気持だった。いちばん打たれたのは、ヴ・ナロード、人民の中にです。ロシアの貴族が帝政下の農奴制に反対して、民衆の中に入り、テロリストによって倒れてしまった。純真なヒューマニズムですよ」（「文藝春秋」一九五九年六月号）
「東大の細胞に聞いたら、彼が東大の細胞に入ったのは、行政官試験をとって役人になったり、会社に入って重役になるより、労働組合の書記になって四、五年勤めれば、参議院に出られる、この方がずっと楽だし出世の早道だというんだ。この点がわれわれと根本的に違う。こっちは死刑覚悟だ。そんな安易な立身など考えてもみなかった」（同）
先に述べたが、戦前の東大の新人会では、田中も含め、多くの若者が共産党に入った。
その思想や手法に違いはあったが、「ヴ・ナロード」（人民の中へ）という理想は共通していた。だからこそ、治安維持法違反で逮捕され、拷問を受け、投獄されても耐えられた。その過程で命を落とし、廃人となった同志も数多い。

だが、この若者は違うのだ。

時流に乗って共産党に入り、上に気に入られれば、そのうち、選挙に出られるかもしれない。そうなれば、組合の組織票で当選するのは確実だろう。下手に企業や官庁に入るより、こっちがずっと楽で、早道だ。所謂、「労働貴族」という人種である。そして、世間が右傾化すれば、今度は、簡単に右翼団体に鞍替《くらが》えするだろう。

さらに田中が矛先を向けたのが、〈進歩的文化人〉の偽善だった。

その多くは、社会党や共産党を支持する大学教授、作家で、米軍基地や公害問題で世論に大きな影響力を持った。政界に転じた者もあり、その一人に、六〇年代から東京都知事を務めた美濃部亮吉がいる。

前述の通り、東大の新人会で、田中は、右翼学生の団体「七生社」に対し、血まみれの戦いを繰り広げた。オルグした港湾労働者に、学生服を着せて動員、自ら金棒を握って、相手の集会を襲った。これにより、右翼の妨害は止まったのだが、問題は、その後である。

それまで口を噤んでいた者が、続々と現れたのだ。

「私たちが七生社のテロを抑え、『社会科学研究部』を合法化することに成功すると、マルクス主義者がぞろぞろと出てきた。いや、出るわ出るわ、である。俳句に『啓蟄《けいちつ》』という季題があるが、まるで春先の虫のように這い出したものである」（「現代」一九七六年二月号）

「美濃部亮吉などは、社会科学研究部の議長席にチンと収まって、黄色っぽい声を出していたが、それも大学公認・文部省公認が取りつけられている間のことで、さらに思想弾圧の風潮がきびしくなる

文藝春秋

後に東京都知事になった美濃部亮吉

と、いつの間にか議長席に姿を見せなくなった。私は憤慨して、責任者でもある島野武に『あの野郎のところへ行って、出席しない理由を聞いてこいよ』と提言した。まもなく島野から美濃部の言葉を伝えてきた。島野が『どうして顔を見せないのですか？』と聞くと、美濃部は『父が東大教授で、ボクはキミたちと立場がちがうんです。ボクは父の立場を考えた場合、出にくくなるのです』と答えたそうだ。この言葉を聞いたときは反吐《へど》の出そうな気がした。いや、いまでもしている」（同）

当時、美濃部は、東大の経済学部を卒業し、同学部の助手になったばかりで、父の達吉も、「天皇機関説」で知られる著名な憲法学者だった。その父に累が及ばぬよう、身を潜めたのだろうが、ここで田中が対照的に取り上げたのが、共産党時代に出会った女性、飯島喜美《きみ》である。

飯島は、千葉県の貧しい提灯《ちょうちん》職人の長女に生まれ、小学校を出て、すぐに子守り奉公に出された。いくつかの家で女中をし、一五歳で、東京の紡績工場の女工となる。そして、過酷な労働を通じ、共産主義運動に目覚め、職場の細胞リーダーとなるが、その勇気と誠実さを買ったのが、中央委員長の田中だった。

モスクワの労働団体の国際組織プロフィンテルンの大会に、彼女を、代表団の一員として参加させた。日本の女性労働者として初参加で、しかも最年少である。帰国後は、党の中央婦人部員として活動したが、検挙され、栃木刑務所に送られる頃には、結核に罹《かか》っていた。

そして、二四歳の誕生日を迎えた直後、獄中で息を引き取るのだが、すでに親からは勘当状態だった。遺品の真鍮製コンパクトには「闘争」「死」という文字が刻まれ、亡くなるまで、一目でも親に会いたいと泣いていたという。

その飯島を、田中は「忘れられない一人」と語り、尊敬の念は、終生変わらなかった。

片や東大卒のエリートで、都知事に上り詰めた美濃部亮吉、片や小学校卒の女工で、短い生涯を閉じた飯島喜美、二人の生涯は、比較もできないくらい、大きく違う。そして、田中は、まるで美濃部に語りかけるように、こう続けるのだ。

「主義と骨肉愛、その狭間で何百人、何千人が苦しんだか、わからないのである。だが『新人会』当時、私たちが接したマルクス主義学者にはそのような苦痛の色は感じられなかった。じつに、あっけらかん、としたものだった」（「現代」一九七六年二月号）

「なんでも『ボクの立場』なのだ。そんなことで革命、いや改革さえもできるものではない。飯島きみ子《ママ》の涙がわかるのだろうか。寒風吹きすさぶ夜、電柱に貼られた狂信的右翼のビラをはがし、その上から『無産者新聞』を貼るときの、あの心の冷たさ、手の凍えがわかるであろうか」（同）

田中にしては抑え気味な言葉だが、本心はこういう感じだろうか。

〈思想運動をやるなら、親子の縁を切る覚悟でやれ。何が、僕の父は東大教授なので、だ。俺たちが、体を張って右翼を追い出したら、途端に、しゃしゃり出てくる。そのくせ、弾圧が始まれば、またどっかへ雲隠れだ。それじゃ、ＧＨＱのお墨付きで反共を叫ぶ連中と同じだ。いや、イデオロギーは違っ

ても、人間の質は変わらねぇ。あの児玉と、同類だ〉

こうして田中は、既存の左右両陣営を、完全に敵に回してしまった。右翼を「殺つぶし」で「権力の番犬」、左翼を「春先の虫」呼ばわりしたのだから、無理もない。そして、両方から揃って、〈うさんくさい転向者〉のレッテルを貼られ、ついには生命の危機さえ招く羽目となってしまう。

「気をつけてくれ。あなた、余計なことを言っちゃいかん。混乱を起こすようなことを人に言わんでくれ。ヤクザの世界は違うんだ」

この山口組の田岡組長の言葉は、まさに予言的な響きを含んでいたのだった。

第五章 国際的フィクサー

〜高度成長と石油利権〜

死の淵から蘇った田中は、
それまでとはまるで畑違いの
国際石油利権の獲得に動き出す。
アラブの地に暗躍する田中は、
いつしか国際的フィクサーと
呼ばれるようになる。

文藝春秋

昭和47年の田中清玄

冬のロンドンは、鉛色の厚い雲が垂れ、北海から湿った寒風が吹く。まるで灰色に沈んだようだが、テムズ川に近い金融街シティは、人々が行き交い、活気に満ちている。

中心部は、イングランド銀行や王立取引所の重厚な建物があり、その一角のムーア・レーン通りに、一際目立つ高層ビルが聳えていた。高さ一二二メートル、その威容は、あたかもシティを睥睨《へいげい》しているようだ。

ロビーには大理石の柱が並び、正面広場には、現代彫刻を思わせる金属のオブジェが置かれている。二〇世紀初頭から、イランの油田で使われた掘削機の一部で、その横に、会社を象徴する緑の盾の紋章の旗がひるがえる。

ここがブリタニック・ハウス、中東のイランやペルシャ湾岸に巨大権益を持つ英国の国際石油資本、ブリティッシュ・ペトロリアム（BP）の本社だった。

一九七〇年二月一三日の午後、古武士然とした日本人が、秘書を従え、ロビーを横切って、玄関に出てきた。引き締まった体を背広に包み、紅潮した顔つきで、迎えの車に乗り込む。その日の夕方、彼からBPのフレーザー副会長宛てに、英文でタイプされた五枚の書簡が送られた。

レターヘッド上部には、SEIGEN　TANAKAという黒々とした文字が印刷されている。

「本日は、ブリタニック・ハウスでお会いできたことを、大変嬉しく存じます。私のため、多くの時間を割いていただき、また素晴らしい昼食に感謝いたします。ロンドンを発つ前に、次回のミーティング用に、会談内容を要約してお送りします」

「エル・ブンドク油田で、BPは間もなく、フランスのパートナーから、前向きな回答を得られる見込みと理解しました。申し上げた通り、これに、日本側は参加する準備ができております」

エル・ブンドクとは、中東のアブダビ沖合、カタール国境海域にある油田で、従来、ＢＰが権益を持ってきた。それを近く、フランス企業と共同出資する別会社、ブンドク社に移す。その際、ＢＰの権益の一部を、日本側に譲渡するという交渉である。

それから二ヵ月後の四月六日、ペルシア湾岸のアブダビ駐在の英国政務官、チャールズ・トレッドウェルが、ロンドンの外務省に報告を送ってきた。

「田中は、二日前に当地を訪れ、明日、日本に戻る予定である。昨夜、私の自宅で彼と話したところ、ＢＰと日本側グループの交渉は、新たな方向に入った。今月一三日から一七日まで、ＢＰの専門家（探査部門三名、原油販売部門二名）が東京で、日本側一〇名と会合を開く。五月上旬、両者で合意書を作り、同月下旬には正式な署名が行われるという」

「彼の会社、田中技術開発は参加しないが、ＢＰとの交渉で、日本側のスポークスマンに選出されている」

そして、アブダビのザーイド首長も極秘に報告を受けたとし、エル・ブンドクの権益に関与すると見られる企業名を列記していた。日本興業銀行、住友商事、日商岩井、東京銀行、カタール石油、共同石油……いずれも、石油や金融の有力会社ばかりだ。

六〇年安保からちょうど一〇年、狙撃事件から生還した田中清玄は、今、中東や欧州を駆ける国際的フィクサーとなっていた。

松永安左エ門の薫陶

戦前は武装共産党を率いて、一一年を獄中で過ごし、転向、戦後は右翼の黒幕となった田中、それが今度は、全く畑違いの海外の油田開発に乗り出した。

かつての東大の新人会や共産党、右翼、また六〇年安保で出会った全学連の若者も、啞然としたかもしれない。だが、当の本人は至って本気で、勇躍して海外へと飛び立っていった。

この田中の人生の新たな転機、きっかけを作ったのは、東京會舘での狙撃後、聖路加病院に見舞いに訪れた、一人の老人だった。

痩身に作務衣《さむえ》を纏った老人で、年の頃は八〇代後半、見つめられた相手が竦《すく》むような鋭い眼光だ。ステッキを手に、しかも秘書も従えず、単身で病室を訪れたという。

彼の名は、松永安左エ門、戦前から電力業界で活躍し、戦後の業界再編を主導した財界人だ。東京電力や関西電力の生みの親で、すでに第一線を退いたが、政財界に隠然たる影響を持っていた。

意識のない田中の枕元に立つと、松永は、何かを語りかけるように、燃えるような目で見つめた。その場に居合わせた太田義人によると、二人の出会いの発端、それは、あの終戦直後の電源防衛だったという。

「電源防衛をやってた頃、松永さんは日発解体、九電力会社の再編ですよね。田中は日発との関係上、『松永は電力界を壟断《ろうだん》する、けしからん奴だ』って糾弾してた。会津で大会開いた時も、国賊だって言ってね。そこへ、ある人から、『松永さんは、そんな人じゃない。とにかく、いっぺん会いなさい』と言われた。それで会いに出かけたら、帰ってきて、ころっと変わっちゃったんだ。完璧に傾倒して、それからは松永さんの弟子ですよ。本当、不思議だけど、それまで国賊だ、ぶっ殺すなんて言ってたのにね」

先に述べたように、終戦直後、田中は、電源防衛隊を組織し、共産党と血まみれの戦いを繰り広げた。全国の発電と送電を担う日本発送電（日発）、その猪苗代の発電所に荒くれ男を送り、まさに体を張って会社を守ってきた。

それとちょうど同時期、日発を解体する議論が進んでいた。発送電一貫、地域独占の電力会社を九つ作るもので、旗振り役が、松永だったのだ。当然、分割対象になる日発の首脳は猛反発し、田中も怒り心頭となった。

文藝春秋

〝電力の鬼〟松永安左エ門

むろん、電源防衛のスポンサーを失うという理由もあったろう。

だが、それ以上に、松永という古狸が政府に取り入り、電気事業を支配すると映ったようだ。実際、あるインタビューで、「ボス共の利権あさりによる電力分断」とし、本人に会えば、殴りかかりそうな勢いだった。

それが、たった一度の邂逅で、転向してしまったという。

「それで、朝、小田原の松永さんの自宅に行くと、まだ寝ている。すると、田中は、廊下で、じっと正座して待ってるんですよ。いったん傾倒したら、まるで違うんでね、あの人は。それまでぼろくそだったのに、電力はいかに大事かなんて言い出した。それからです、松永さんの子分の、中部電力の三田さん、東京電力の木川田さんとか、色んな人と付き合い始めた」

三田民雄は、後の中部電力の副社長で、木川田一隆も、東京電力の社長や会長、電気事業連合会会長を務めた。松永を通じ、電力会社を含む財界とのパイプを築いていったのが分かる。

この最初の出会いで、果たしてどんなやり取りがあったか、すでに二人が亡くなっている以上、確認するのは難しい。

が、松永の死後、かつての部下や友人らがまとめた文集から、その片鱗を窺うことはできる。「最大の恩師」と題した田中の寄稿文には、こうあった。

「小生はそれ以来すっかり松永さんの虜《とりこ》になった。というのは日本民族の自立と生活維持発展にとっての電力エネルギー問題の重要さを教えられ、その結果、今ではアラビア諸国を飛び歩きインドネシヤからの石油輸入などエネルギー源の確保と解決策のために働いている。私のコースを指示してくれたこの時の松永さんの見識はさすがだった」（『松永安左エ門翁の憶い出』電力中央研究所）

「食料の確保とエネルギー開発が日本にとって是非解決されねばならない問題であるが、それよりも既に石炭時代が終わり石油及び原子力エネルギー時代が今日既に到来しているではないかと指摘された。耳庵《じあん》老（筆者注・松永の意味）曰く『電気事業は、火主水従の時代になってくるが、これからは石油時代だ、君は機会があれば、その気になって石油に対する全世界の動向を研究しその為に努力しておいてくれ』と」（同）

時代は、これから水力から火力発電に移り、しかも、その命運を握るのは、石炭でなく石油だ。それまで、てっきり松永を、政治力を使い、電気事業を独占しようとする奸賊《かんぞく》と思っていた。ところが、実際に会って、エネルギー確保と民族の自立を懇々と説かれ、己の非を悟ったという。

これまた、いかにも直情的な彼らしいが、どうも、それだけではなさそうだ。

一九七一年、松永は九五歳で亡くなるのだが、その晩年まで、田中は足を運んでいる。そうした中で、こういうやり取りがあったという。

「こんにち地球環境が大事だっていって騒いでいますが、日本がつんのめっていき始めたころだから、まだ昭和三十年代と思うけど、松永の爺さんが俺に『消費が美徳だなんて馬鹿なことをいう者がいる。お前、気をつけろ』って言ったことがある。あの人は電力の鬼と言われたけど、水一滴が財産だともいっている。本当の経済人というものは、資源を大事にし、エネルギーを大事にし、地球を愛して、無駄な散財はしないものですよ。今でこそ『消費は美徳』なんて言われたって、ちょっと待てと言うことになるけど、いまから三十年も前に、松永さんは『気をつけろ』って言いましたからねえ（前出『田中清玄自伝』）

「私がお付き合いいただいた財界人たちは、財界人であること以前に、いずれもまず、人間として大変立派な人格者であり、また豊かな知性と優れた見識を持つ知識人でした。金を儲けさえすればよしとする昨今のエセ財界人とは全然違います」（同）

その心酔ぶりが伝わるが、ここで気づくのは、松永の言葉が、もう一人の恩師、山本玄峰老師のそれと、驚くほど重なる点である。

一一年の服役を終え、田中が雲水として、三島の龍澤寺に入ったことは、すでに述べた。その最初の修行が、典座、すなわち飯炊きで、しょっちゅうお焦げや生煮えの御飯を作ってしまっていた。それを見た老師は、「あんたは殺生しとるな」と呟き、そこから田中は、物の味を生かすのが料理で、生かさないのが殺生と気づく。そして、人と物の価値を生かすのが政治であり、経済だと悟っていったという。

そんな禅問答のようなやり取りを、こう振り返っている。

「玄峰老師が生前、こう言われたことがあります。『君子、財を愛す。これを集むるに道あり。これを散ずるに道あり』道理に従わない金の稼ぎ方と使い方は、許されないということですが、財を愛するということの本当の意味は、財物、つまり資源もエネルギーも無駄遣いはしないということですよ」(同)

松永安左エ門と山本玄峰、片や「電力の鬼」と呼ばれた実業家、片や春風駘蕩たる雰囲気の禅僧である。二人の性格や歩んだ生涯は違うが、到達した境地は、驚くほど、似通う。その松永にまるで導かれるように、田中はエネルギー問題にのめり込んでいったのだった。

やがて時代は、戦後の復興から六〇年安保、東京五輪を経て、高度経済成長へと入った。空襲の焼け跡や浮浪者は、記憶の中だけになり、右肩上がりの成長を謳歌し、人々は豊かさを追い求めていく。そして、この頃、松永は、言いようのない不安に襲われる日々を過ごしていた。理由は、高度成長がもたらした電力需要の急増、それに伴う火力発電用の油の確保であった。それを物語る、米国政府の文書がある。

一九六七年九月一三日、リンドン・ジョンソン米大統領の国家安全保障担当補佐官、ウォルト・ロストウに、ある書簡が送られた。差出人は、ニューヨークの実業家のロバート・アンダーソン、かつて財務長官や海軍長官を務め、豊富な海外人脈を持つ。

つい先月、アンダーソンは日本を訪れ、佐藤栄作総理や政財界の要人と会談してきた。その報告なのだが、文面に、松永安左エ門の名前がある。総理から、是非会ってやってくれと頼まれたという。

当時、松永は電力中央研究所の理事長で、話題は、のっけから石油問題だった。

「松永らの最大の関心は、火力発電用の油で、国内施設には、たった二〇日分しか備蓄されていない。もし、中東からの油の供給に支障が出れば、たちまち電力不足、エネルギー危機につながってしまうという」

「中東からの船舶はマラッカ海峡を通過するが、ここで沈没が起きれば、インドネシアへ迂回せねばならない」

さらに報告は、米国から日本向けの原油輸出案にも触れ、「鬼」と呼ばれた松永が、まるで子供のように怯えるのが伝わってくる。

理由は、つい三ヵ月前に起きた中東戦争だった。

六月五日、イスラエル軍がエジプトやシリアなどに奇襲攻撃をかけ、第三次中東戦争が勃発した。これに、イスラエルは圧勝し、シナイ半島やゴラン高原を占領、戦闘は六日間で終わるが、電力会社は、まさに震え上がった。

前年度の原油の輸入量は約一億キロリットル、そのじつに九割が、中東の産油国からだった。もし禁輸でもされたら、たちまち発電が停まってしまう。

一応、日本独自の油田は、サウジアラビアとクウェートの中立地帯にアラビア石油が持っているが、これとて、総輸入量の一三パーセントに過ぎない。至急、何としても、自前の油田権益を獲得せねばならない。

かくして、松永や財界の熱い期待を背負い、田中は単身、遠い中東の地へ飛び立っていく。その使命は、日本のエネルギーの安定確保であった……と書きたいところだが、話はそう単純ではない。

後に彼が、国際的フィクサーになるには、その前にまず、生涯初めてと言える屈辱的な挫折を経ねばならなかった。その原因は、一部の財界人から呆れられ、「事業白痴」と笑われた、田中の商売下手である。

金儲けができない

かねてより田中の異様とすら言える経営感覚、金銭感覚は有名で、それを裏づけるエピソードには事欠かなかった。

東京會舘の前で、児玉誉士夫につながる暴力団員に撃たれた時も、そうである。重傷を負った田中は、病院のベッドで眠っていた。

その間、見舞客の対応で、病院に詰めたのが太田義人だが、当時の心境はどうだったか。この問いに、冗談とも本気とも取れる答えが返ってきた。

「それが変な話だけどね、これで、しばらく借金取りは来ないなって思ったよ。やっぱり、社長が生きるか死ぬかの時、皆さん、仕方ないな、となるでしょ」

では、当時、田中にはかなりの借金があった、と。

「三幸建設では、『俺の秘書をやれ』って言われたけど、『あんたの秘書なんかやったら、潰されちまう。代わりに、経理に入れてくれ』って言った。それが、今から考えると、正しかった。中に入って見ると、金繰りは非常に苦しいんです。やはり、経営者じゃないでしょ、金があれば使っちゃうし。それに、電源防衛をやって、会社はガタガタになった。社員で優秀な奴は、『第二工事』に精力を使い、だんだん、仕事もいい加減になったしね。赤字になって、借金も数億はあったと思う。何しろ、共産党がデモをやるとなると、会社に棍棒を用意するんだから」

太田が新卒で入社した三幸建設は、各地で土木工事を請け負う、一応、れっきとした会社だ。だが、時には「第二工事」と称し、社員に棍棒を握らせ、共産党のデモに殴りかかっていった。おまけに築地の本社近くに、腕を磨くため、空手道場まで開設している。

完全に事業と政治活動を混同し、これでは、会社が傾かないのが不思議なのでは。こう言うと、再び、太田が深く頷く。

「田中は、人に給料をもらったことがないからね。あとは刑務所だから、そういう感覚がないんです。まぁ、珍しい人ですよ」

普通、まともな経営者なら、短期・長期の事業計画を立て、それに沿って資金調達、社員の採用を行う。財務諸表に目を配り、採算の取れない事業には手を出さない。だが、田中の場合、違ったのだ。まず、職にあぶれた復員軍人を大量に採り、彼らを食わせるため、仕事を探す。おまけに共産党討伐の「第二工事」……これでは、採算もへったくれもない。こうした異様な経営感覚については、家族も証言してくれた。

長男の俊太郎は、苦笑いしながら、太田の見方に同意する。

「うちの親父は、商売は全く分かってなかったと思いますよ。元々、大学を出て政治活動一本でやって、基本的に金儲けは不得意、できないですね。ただ、エネルギーや石油資源とか、何が、どのくらい、世の中で重要になるか、そういうのを見抜く感覚はあった。でも、それで、ビジネスやって儲けようと思わないし、一生懸命になれない。太田さんも、よく冗談で言ってましたよ。『お前の親父は、とんでもない』って。一億稼いできたから、俺に一億使わせろと。そんなこと言ったって、社員の給料はどうすんだ、税金も払わなきゃ。すると、『それは、君たちが適当にやっておいてくれ』って」

おそらく、会社の利益から、税金と社員の給料を払おうという発想がないのだろう。だが、太田に確認すると、ちょっと話は違うという。

「違うんだよ。一億入る前に、一億使っちゃうんだよ。入ればいいけど、入らなかったら大変ですよ。いろいろ負けてもらったり、パーにしてもらったり、撃たれた時も、随分、借金があった。だから、無茶苦茶ですよ。会社の金だって、どっかへ行っちゃうことがあるし。なるべく、そうならんようにしたがね」

そして、俊太郎は、羽田空港での、ある光景をはっきり覚えていた。海外から戻った父を、迎えに行った際の税関での出来事である。

「当時は、ドイツワインを土産に買ってくると、皆さん、喜ぶ。それで、沢山買い込んできて、税関を通らなきゃいけない。そしたら職員に、『俺は、日本のためにやってきたのに、なぜ税金を取る』って。『別に、俺は商売やってるんじゃない。人にあげて、喜ばれ、それが日本のためになるんだ』と。そんなの、通用しませんよね。結局、太田さんが払ったけど、親父は『住みにくい世の中になった』って、ぼやいてましたよ」

まさに、常軌を逸した経営感覚と言う他はない。

田中が経営していた三幸建設は、一九五五年、四元義隆が社長に就任している。先に述べたように、四元は、戦前からの右翼活動家で、血盟団事件の被告として、田中と同時期、小菅刑務所で過ごした。

この辺の経緯について、田中本人は、こう説明している。

「四元君には玄峰老師を紹介してもらった恩義があった。それからこれは僕の欠点なのだが、非常に気が短い。事業においてもそうなんです。戦争直後の混乱がある程度おさまって、世の中が少し落ち着いてきた頃ですが、そうなると土建の世界では、あらゆることが、例の談合というやつで決まってしまうようになった。全部代議士がらみ、今と一緒ですよ。私はもうダンゴーだ、コンニャクだ（笑）というので、つくづく嫌気がさしてしまった」（前出『田中清玄自伝』）

「ちょうどその頃、エネルギーや食糧の自給が大事だというので、東南アジアに出かけることも多くなり、それで持っていた会社は全部、四元君にやったんです。『これで玄峰老師を紹介してくれたお礼はすんだ。あとどうするかはお前さんの努力次第だぞ』と本人には言った」（同）

これだと、順風満帆な会社を、あえて譲ってやったようなニュアンスだが、元社員らによると、現実は、そんな格好のいいものではない。膨れ上がった借金で、にっちもさっちもいかなくなり、銀行の要請で、社長の座から追い出されていたのだ。

そして、古参の社員を引き連れ、新たに田中開発工業なる会社を興した。その一人が太田であった。

「要するに、金の計算ができないんですね。借りた金と思わず、金があるから使う、コスト計算ができないんだ。三幸建設が潰れた時、銀座の、ちっちゃな民家の二階部屋で、やり直したんです。給料なんか払わないし、皆、失業保険で食いつないで、ついてきた。本人は言わないけど、大変な苦労をしてるんです。神中組だって劇的でしょ、力ずくで追い出されたんだから」

すでに述べた通り、戦争末期、田中は横浜で、土木会社の神中組を興している。GHQの仕事を受注して業績も伸びていたが、数年後、田中は退き、新たに三幸建設を設立した。

この経緯も、自伝で触れていないが、小菅刑務所の元服役囚で、会社のパートナーだった男に乗っ取られたのが真相だ。政治活動に熱中する田中に愛想を尽かし、社員をまとめてクーデターを起こし、ピストルを突きつけ、追い出したという。

神中組と三幸建設、どちらも自分が手塩にかけた会社である。そこから、ある日突然、しかも身内の手で追い出された。その怒り、屈辱感は察するに余りあるが、時代の変化もあったと言えるだろう。

一九五五年と言えば、終戦からすでに一〇年、戦後の混乱も落ち着き、新たな秩序が生まれ始めていた。かつてのように腕力では片付かず、財務諸表を読める会計士や銀行家が闊歩していた。そんな中で、田中の手法は通用せず、気の毒だが、恐竜のような存在になっていたのだ。

これには、太田も同情を寄せる。

「だから、田中に一時、だいぶ問題があったのは、中々、人を信じない。それには、こういう裏切られた経験があった。それを、歯を食いしばって、頑張ってきたんでね。そういう激しさが出る時があるよね、やっぱり」

だが、それだけではなさそうだ。長男の俊太郎も指摘したが、金儲けに熱中できない本人の気質もあったようである。

それを証言したのが、全学連の元財政部長、東原吉伸だった。六〇年安保の後、東原は関西の建設会社で働いたが、田中に、不動産売買を持ちかけたことがあったという。

「何回かね、『社長、これ、安い物件が出てるんだけども、どうしますか』って。すると、『馬鹿野郎！』って、よく怒られましたよ。なぜかというとね、『土地というのは天が預かったものだ。そんなもの、取引の材料にするのは芯が狂っとる。もう、二度と言うな』って。何回か、ありましたよ。『お天道様を売買の対象にするのは、けしからん』と。筋は通ってるんですよ、あの人は」

確かに、筋は通っている。

世は高度成長の真っ只中、工業用地の需要もあり、それに伴い、地価は更なる上昇が見込まれた。労せずして儲けるには早道で、事実、そうやって財を成した者も多い。それを、〈お天道様〉を理由に、むざむざ自分から捨てたのだ。東原は、今でも感極まったような声音で言う。

「この人は、凄い人か、阿呆かのどっちかだなって思ったもん」

そして、田中は、そのゴルフのプレーにも、彼らしさを遺憾なく発揮した。

よくゴルフをやると、その人間の性格が表れるとされる。一緒にコースを回った際のマナーや、ミスをしたり、スコアが悪い時の態度で、人間性まで分かるからだ。

腕力が自慢の田中は、かつて一度のショットで、二五〇ヤードを飛ばしたこともあった。ところが、ボールが林の中に入ると、それをいったん、外に出そうとはしない。そこから、ホール目がけて、一直線に打つ。すると、ボールが木に当たって、カンカンとあらぬ方向に飛ぶ。それでも再び、ホール目がけて、全力で打つ。

まさに男らしく、颯爽としているが、結果としてスコアは恐ろしく悪い。しかし、気にする素振りすらなかったという。

本人曰く、「俺は気が短いから、ラフに入ろうが、どこに入ろうが、真っすぐ打つので有名なの。グリーン目がけて打つの。すると、一〇回に一回は抜ける、シューと。それが気持ち良くてね。まあ、たいがい失敗しますがね」。

まさしく東原の言う通り、「凄い人か、阿呆かのどっちか」だ。

田中の商売下手を指摘した、もう一人の人物がいた。山口組三代目の田岡一雄組長である。

終戦直後に知り合った二人は、六〇年安保や麻薬追放で連携するが、同時にビジネスのパートナーでもあった。三幸建設を退いた後、田中は、丸和産業、田中技術開発、日本共同企業と相次いで会社を設立するが、その一部に、田岡も株主として参加している。

例えば、一九六〇年に設立した丸和産業は、社長の田中の三三〇株に次いで、二〇〇株を保有した。これは丸善石油とつながる石油販売会社で、この他、田岡は、日本共同企業にも関わった。

れっきとした大企業の取引先に、山口組の組長が、株主として名を連ねる。今なら、コンプライアンス担当の役員や総務部長が気絶しそうだが、それが許されたのが、昭和という時代の面白さ、大らかさだ。

太田によると、その社内会議で、こんなやり取りがあったという。

「丸善石油が、千葉に製油所を作ってね。日本共同企業で、構内の警備と製品を積む仕事を請け負った。田岡さんは、神戸港でも仕事してるから、そこから若い衆を引っ張ってね。そしたら、田中が、『一人頭、いくら取れる』って言い出したわけだ。『全部で何百人だから、いくらだ』と。そしたら、田岡さんが笑い出してね。『田中さんみたいに、金儲けの下手な人はいない』って。『今時、一人いくらとか、そんな商売、成り立つわけない。商売というのは、ちゃんと資本をかけて設備を作り、その設備に仕事を持ってきて回す。そしたら、もう仕事は逃げない。今度は、隣の工場の仕事ももらえるじゃないか』と。それが商売だって、笑われちゃった」

田岡は、神戸の甲陽運輸などいくつもの会社を作り、山口組の組員にも、正業を持って食っていくよう促していた。その田岡から見れば、田中の商法は、まるで過去の遺物のように映ったのだろう。

ここで強調すべきなのは、田中の商売下手を話しながら、太田や他の元社員、東原、長男の俊太郎が、それを馬鹿にしたり、蔑《さげす》んだりするような感情を全く見せなかった点だ。

むしろ、そんな彼を面白がり、懐かしんでいる節すら感じさせた。直接会って確認したのではないが、山口組の田岡組長も、おそらくそうだったのではないか。

卑劣な真似はせず、何事にも、全力で正面突破を図る。とかく金に無頓着で、わがままで、子供っぽい面もあった田中、それに翻弄されつつ、周囲が支え続けた理由も、この辺にあったのかもしれない。

太田は、狙撃事件後、聖路加病院の病室で見た光景を、今でも忘れられないという。

たった一人で見舞いに訪れた松永が、田中の枕元に立ち、その顔を凝視していた。十数年前、電源防衛隊を率いて、体を張って電力会社を守ってくれた男、それが、自分の会社を防衛できなかった。さらに身に三発の銃弾を受け、多額の借金を背負って眠る姿は、まさに満身創痍であった。

「あの時、田中は、まだ虫の息に近いんだけど、松永さんが枕元に立ってね、こう言われたんだ。『憂きことのなおこの上に積もれかし限りある身の力試さん』、これを二回、呟いてから帰っていかれた」

これは、江戸時代の儒学者、熊沢蕃山《ばんざん》の作とされ、困難や試練に打ち勝つため、己を叱咤激励するという意味の歌だ。

薄暗い病室で、作務衣姿の松永は、それを、まるで祈るように呟き、去っていく。やがて奇跡的に回復した田中を、久しぶりに見舞った際、ただ一言、「おい、勝ったな」と声をかけたという。

こうして田中は、新たな活動の舞台を求めて、海外へ飛び立っていった。そして、「事業白痴」と笑われた彼が、やがて、世間をあっと言わせるビジネスを達成する。アラブの王族に食い込み、国際石油資本を敵に回し、日本の原油輸入のじつに四分の一を手に入れたのである。

アラブに降り立つ

それは、まるで、魚の群れを誘い集める漁《いさ》り火のようにも見えた。

夕闇が迫った頃、大きく旋回し、着陸態勢に入った機内で、窓の外を見た乗客は、一様に驚いたかもしれない。太陽が地平線の向こうに消え、真っ暗な地表に、ゆらゆらと揺れる二列の灯りが並んでいる。

地上に降りて、それが、缶に入れた石油を燃やし、滑走路の誘導灯代わりにしていたのが分かった。空港ターミナルビルは、ブロック塀の小屋同然で、わびしい裸電球がぶら下がっている。それでも室内は暗く、入国審査官が、懐中電灯で乗客のパスポートを照らし、スタンプを押す。

何とものんびりした光景だが、これが一九六〇年代半ばのアブダビ、後のアラブ首長国連邦の首都の姿だった。

ここは、アラビア半島の東南端、ペルシャ湾の出口とオマーン湾に面し、七つの首長国により構成される。一六世紀のポルトガル以来、オランダ、フランスなど列強が進出し、一八世紀半ばに英国の支配下に置かれた。その後、各首長国は英国と紛争を起こすが、一九世紀に入ると休戦条約を結び、保護領となった。

一部にオアシスもあるが、国土のほとんどは乾燥した砂漠で、人々は、遊牧とささやかな漁業で生計を立てていた。空からアブダビを見ると、かつては街全体が砂を被ったように映ったものだ。

それを一変させたのが、石油である。

一九五〇年代以降、相次いで見つかった巨大油田は、あたかもアッラーの贈り物のように、砂漠の地を変貌させた。莫大なオイルマネーで、今やアブダビやドバイは超高層ビルが建ち、ショッピングモールとリゾートホテルが並ぶ。また、世界中の有力金融機関が進出し、国際金融の一大拠点でもある。

かつて、真っ暗な滑走路でゆらめいていた灯りは、まるで魚を誘う漁り火のように、あらゆる富を呼び寄せた。

そして、この地に、石油を求めてやって来た一人が、田中清玄だった。この頃の自身の行動について、後に本人は、こう語っている。

「日本の石油自主開発、自給を進めるうえで、中東の存在を抜きにしては自分の行動の中心課題が実行できない。それに中東＝アラブ諸国はイスラムの本拠でもある」（田中清玄『世界を行動する』情報センター出版局）

「かくて、私のささやかなイスラム研究が始まった。ことに、中東＝アラブの石油開発はメジャー（国際石油資本）の手に完全に握られており、イスラムの心を理解してアラブと友好関係をつくる以外に、

メジャーの力を脱け出した活動はできるはずがないと、私には思われた」(同)

その糸口として、まず、旧知のインドネシア軍幹部から、クウェートの有力者を紹介してもらったという。

「私はこのクウェートの実力者から、次々と有力者を紹介してもらい、イスラム教とアラビア湾岸の石油開発事情を調べていった。その作業の中で愕然としたのは、ひと口に中東と言っても、石油開発後のアラブ諸国は、メジャーによって勢力がはっきりと区分けされているという事実であった。アラビア湾岸は、イギリスのBP(ブリティッシュ・ペトロリアム)、オランダ系のシェル、そしてサウジアラビアはアメリカのエクソン(エッソ・スタンダード)という抜きさしがたい力をもつ巨大石油会社、いわゆるメジャーの勢力図である」(同)

この田中をして驚愕させた〈メジャーの勢力図〉とは、何か。それは、「セブン・シスターズ(七姉妹)」と呼ばれた、欧米の国際石油資本、彼らによる中東の分割支配だった。

第二次大戦後、中東では、次々に大油田が発見されるが、その生産と流通は、欧米の一握りの石油会社、いわゆるメジャーに牛耳られた。すなわち、米国のエクソン、ガルフ、テキサコ、モービル、ソーカル、英国のブリティッシュ・ペトロリアム(BP)、英国とオランダ系のロイヤル・ダッチ・シェルの七社だ。

彼らは川上から川下、原油埋蔵量の調査から採掘、精製、販売と、事業の流れの全てを握った。

産油国には、一方的に決めた公示価格に基づく利権料、所得税を払う。産油コストが安いので、黙っていても、莫大な儲けが入る。それに不満を抱いても、アラブには、石油を掘って売る人材もノウハウもない。

まさに蹂躙《じゅうりん》と言ってよく、それを見事に象徴したのが、メジャーの作成した中東の地図だった。そこには国の名前や境界線はなく、代わりに、各社の鉱区の区画が示されていた。英国のジャーナリストのアンソニー・サンプソンは、その有様を、著書で的確に描写している。

「中東には二種類の地図があり、一方は各国家の名前と境界線を示す、ほとんどが比較的新しい地図であるのに対し、他方は海岸沿いに地域割りして、各区画ごとに大文字の略語でIPC、KOC、ARAMCO、AOCといった具合に表示した地図で、それらはセブン・シスターズの七社のどれかをまず例外なく含んだ石油会社のコンソーシアムのナワ張りを示している。石油会社にとってはこうした区画割りこそが本当の地図であり、サウジアラビアといえばアラムコ（ARAMCO）の土地、イランといえば七社全部のこと、クウェートといえばガルフとBPを意味していた」（アンソニー・サンプソン『セブン・シスターズ』日本経済新聞社）

その原点が、二〇世紀前半の一九二八年七月、中東の石油開発を巡り、欧米列強が合意した「赤線協定」である。

ベルギーのオステンドで結ばれた合意は、中東での石油事業で、地図の赤線で囲まれた地域は、単独で利権を持つのを禁じた。そこは旧オスマン帝国領内で、サウジアラビアやイラク、クウェート、カタールなど大産油地帯を含む。

いわば、石油権益の山分け、固定化で、赤いクレヨンで引かれた線は、まさに帝国主義そのものを意味していた。

それだけではない。

その後、メジャーは、原油の供給過剰を理由に、公示価格を何度か引き下げた。そのため、原油は安値安定の状態が続き、それを追い風に、日本など消費国は経済成長を遂げる。

だが、それはアラブにとって、生殺与奪の権を握られていることを意味した。

「アラブの政治家たちからみれば、これら石油会社は西側諸国の国家そのものより大きくて不気味な存在であった。なぜなら、これらの会社こそはアラブ各国の経済成長率を国別に決定し、新興アラブ諸国に対し、自社の性格をそのまま押しつけていったからである」（前出『セブン・シスターズ』）

だが、アラブも、みすみす黙っていたわけではない。

一九六〇年九月、イラクの首都バグダッドに、産油国五ヵ国の代表が集まり、会議を開いた。すなわち、サウジアラビア、イラン、イラク、クウェート、ベネズエラで、これだけで当時の世界の原油輸出の八割を占めた。

そのきっかけは、前月に行われた、メジャーの公示価格引き下げである。

世界的な原油のだぶつき、値下げ合戦を理由に、エクソンが引き下げたのだが、アラブには衝撃が走った。と言うのは、中東各国の国家予算は、原油価格を基に編成される。値下げは歳入減少につながり、当然、学校や病院の建設にも波及する。

それを、ニューヨークの役員室で、ろくな説明もなく、一方的に決められた。アラブ指導者の怒りや恐怖、屈辱感を代弁すれば、こういう感じだろうか。

〈人の国に乗り込み、赤のクレヨンで勝手に線引きした。その上、神から贈られた石油を奪い、儲けは仲間で山分けする。そんな真似は、もはや我慢ならん！　今後は、価格も生産量も、口を出させてもらおう。それが嫌なら、とっとと出ていけばいい〉

こうして、バグダッドの会議で設立されたのが石油輸出国機構、ＯＰＥＣで、巨大なメジャーに対して共同行動を取るのが狙いだった。その立役者の一人、ベネズエラのペレス・アルフォンソ石油相は、こう高らかに宣言した。

「今や、われわれは団結した。われわれは歴史を作りつつあるのだ」

このように、石油の裏には、欧米政府と巨大企業、アラブの思惑が複雑に絡み合ってきた。そこには露骨な帝国主義や数々の陰謀、欲望が潜み、その転機となった出来事と、田中の人生が、不思議にシンクロしているのにも気づく。

「赤線協定」が合意されたのは一九二八年七月、東京帝大生の田中が共産党に入った年だ。「ヴ・ナロード」を叫んで、労働者のオルグやストライキに奔走し、それは、血塗られた武装共産党へ発展する。またＯＰＥＣが設立された一九六〇年九月は、安保闘争で岸総理が退陣し、池田内閣が発足した直後だ。全学連に資金援助し、日本を革命前夜に追い込んだ頃、遠い中東でアラブは、まさに、メジャーに反乱の狼煙を上げようとしていた。

その真っ只中へ、導かれるように、田中は飛び込んで行ったのである。

ザーイド首長の前で裸に

国際政治や経済を揺るがし、時に戦争すら起こしてきた黒い液体、石油。その権益を、田中は一体どうやって手に入れたか。

まず、目をつけたのは、米国より早くから中東に進出していた英国だった。

「とりわけ、アラブの歴史を知り抜いているのはイギリスだと思った。イギリスはすでに三〇〇年以上も前からアラブに入り込み、石油との関係でもすでに一〇〇年以上の交流があった」

「イギリスのアラブ統治では、アラビア湾岸諸国はインド総督が、そしてサウジアラビアやヨルダン、シリア、パレスチナはカイロ総督がそれぞれ支配下に治めていたという植民地統治の歴史を持っている。だからこそ、イギリスはこうした歴史の蓄積によって国力が落ちたといわれる今日でも、日本など比較にならないほどの国際的立場を維持していくことが可能になっているのだ」（前出『世界を行動する』）

そして、間もなく、彼の強力な援軍になってくれる人物が現れた。それが、英国の老練な外交官で、中東専門家として知られた、ジョージ・ミドルトンである。

ミドルトンは、田中より三歳年下、オックスフォード大学を卒業後、一九三三年に外務省に入省した。アルゼンチンや米国、イタリアなどで勤務し、戦後はエジプト、レバノン大使を歴任する。この間、イラン駐在時は、民族主義の高まりを受けたモサデグ政権の、アングロ・イラニアン社（ＢＰの前身）国有化に遭遇した。英国とイランが全面対決する中、家族と車で陸路、レバノンに脱出している。

こうした体験を重ねて、中東でのメジャーの思惑や行動に精通するようになる。出会ってすぐに、田中は、意気投合したらしい。

「私はこのサー・ジョージ・ミドルトンに会って、湾岸諸国やメジャーの思想、経営ポリシーについていろいろ勉強した。『アメリカのエクソンもオランダのシェルも、決してみずからが開発の権利を持っている油田を日本やその他第三国の非メジャー系石油企業に分割するようなことはしないよ』ミドルトンはこう教えてくれた。『日本が独自の油田を持とうとすれば、それはアブダビ、オマーンの

一帯しかない』とも教えられた」（同）

実際、サウジアラビアなど大油田地帯は、メジャーが押さえ、後発組が入り込むのは難しそうだ。エクソンの幹部も、田中に、こう言い放ったという。

「日本は、われわれの供給する油を使えばいい。いかに安く購入し、効率よく使用するかが日本の仕事だ。石油の掘削に関与したいのなら、下請けをやれ」

思わず向かっ腹が立ったが、現実は、如何ともし難い。

ミドルトンの助言を胸に、田中はアブダビへ向かう。そして、そこで、権益獲得の突破口となる人物と、運命的な邂逅を果たすのだった。アブダビの首長で、後にアラブ首長国連邦の初代大統領となるザーイドである。

山本玄峰老師や松永安左エ門とのそれと同じく、ザーイドとの出会いも、またドラマ性に満ちていた。

太田によると、日本を発つ前、田中と一緒に、アラビア石油の山下太郎社長に会いに出かけた。すでに山下は、サウジアラビアとクウェートの中立地帯で採掘権を得て、油田発見に成功していた。いわば、先輩にアドバイスをもらいに行ったのである。

「山下太郎が、つくづく言ってたんだが、『昔は、石油の利権は大砲で取った』と。『それができなくなったんで、アラビア石油はいろいろ、人脈を作ったりした』って。結局、政府の色んな人が行ったけど、全部失敗してるんですね」

現地の有力者と、直接パイプを築いて、交渉の糸口を探れ……。この山下の助言を抱き、田中は中東へ飛び立つ。

だが、アブダビに着いても交渉のルートがなく、ホテルで悶々と過ごしていたという。

「後で通訳した南條《なんじょう》から聞いたんだけどね、アブダビの王様に石油の話で会いに行ったが、中々ルートがつかず、ホテルで待っていたと。そこで、たまたま知り合ったシャンデリアの商人に、『明日、王様に会うんだけど一緒に行くか』って言われ、車に乗って行ったんだって。あの頃、王様は、住民を集めて、皆の話を聞いてたんです。そこで、田中は、預かっていった明治天皇の像を渡してね、こう言ったそうだ。『日本には、明治天皇という大変立派な方がおって、これだけの国を作り上げた。あなたも、こうならなくちゃいかん』と」

この南條とは、当時、パリ在住で、中東や欧州での田中の通訳として活躍した南條彰宏を指す。彫りの深い顔立ちと、鷲のような鋭い眼光のザーイド、そこへ商売の話で出かけ、石油でなく、いきなり説教から入ったという。相手もさぞ面食らったと思うが、当時のアブダビの事情を見れば、無理もなかったかもしれない。

元々、ザーイドの一族は、内陸部のアル・アイン周辺に定住したナヒヤーン家の系譜で、一八世紀から代々、アブダビ首長を出してきた。一九二八年、ザーイドの兄シャハブートが、その座に就くが、彼は、国の近代化には関心を向けようとしなかった。急激な開発は、現地の人間を堕落させるとし、莫大な石油からの収入も眠ったままだったという。

次第に苛立ちを募らせた英国は、弟のザーイドに首長を譲らせようとし、六六年八月、シャハブートは宮殿で逮捕、英国に追放された。

この無血クーデターで、ザーイドは、第一四代のアブダビ首長に就任する。兄の時代に発見された油田を使い、一体、どうやって将来の国作りをするか、試行錯誤と葛藤が続いていた。

「それから、田中が狙撃された時の話になってね。体に傷があるでしょ。俺は、日本のテロリストにやられた、と。服を脱いで、ピストルで撃たれた跡を見せたっていうわけ。俺は空手をやるんだ。ここに弾が当たって、こうやって叩いて、相手を押さえて、突き出したと。実演したらしい。そしたら、王様がすっかり喜んじゃってね。王様も刺客に狙われたことがあるらしい。すっかり同志になって、いつでも来てくれってなっちゃった。それが縁です。金とか、商売とかの話じゃないよね。南條も、いや、凄い勢いだったって言ってた」

長男の俊太郎も、この逸話を、南條から聞かされていた。

「ザーイドは、その時、犯人はどうしたんだと。『あなたは、犯人を捕まえて、殺したのか』と。親父は、『いや、とっ捕まえたけど、殺しはしない、それで大手術をした』と。そしたら、すっかりその話になって、もろ肌脱いで傷まで見せて、延々と盛り上がっちゃった。それでザーイドが、『ところで、今日は用事があって来たんでしょ』と」

こうしてザーイドは、田中に、アブダビの海上油田を日本に譲る交渉を始めるのを認めた。信じ難いが、彼がいくつもの石油権益をもたらしたきっかけ、それは、アラブ首長国連邦の初代大統領の前のストリップ、もとい鬼気迫るプレゼンテーションだった。

〈おい、田中さん、確かに自分は、人脈を作れと言った。だが、ストリップまでやれとは言っとらんぞ〉

アラビア石油の山下社長も、それを知ったら絶句したのではないか。

なぜ、こんな突拍子もないような挙に出たのか、もはや本人に確かめる術はない。普通の商談なら、まず、取引のメリットを説くことから入るだろう。日本経済の成長率や石油消費の伸び、産油国の取り分……。ありとあらゆる数字を駆使し、理路整然と説明していたはずだ。だが、商売下手の田中に、そんな真似は、どだい無理だったかもしれない。事実、太田も、こう証言する。

「普段でも田中の話は、あっち行き、こっち行きで支離滅裂なんです。私は、だんだん慣れてきて、こういうことを言いたいんだなって分かるけどね。ある会社の役員が、『今日、田中さんが来て、色んな話をしてったけど、よく分からん。太田さん、いっぺん来てくれ』と。それで行って話すと、『ああ、それなら分かった』って。もう、思ってることが出てくるから、無茶苦茶なんだね」

理路整然としたプレゼンテーションなど、そもそも無理なのだ。

そして、彼にはもう一つ、切羽詰まった事情もあったと思われる。中東で油田の権益交渉をやるため、借金を重ね、一時、世田谷の自宅まで抵当に入っていたのだ。

その頃、俊太郎は、慶應義塾大学の学生で、父から中東行きについて、こう聞かされた。

「日本は、とにかくエネルギーがないと。石油を全部、輸入に頼ってて、メジャーのセブン・シスターズに全部、押さえられてると。これでは、日本の国というのは、アメリカの影響から逃れられない。民族資本の石油会社を持つべきだ、そのため、アラビアに原油の権利を取りに行くんだと」

父は、日本の真の独立のため、強大なメジャーと戦いに行くのである。およそ、一家団欒《だんらん》の場とは思えない会話だが、家族の反応は、どうだったか。

「そんなことができるのかなぁ、と。写真見ても、何もない砂漠の真ん中ですよね、当時のアブダビは。家も何もないところで、とにかく、あそこで試掘をやると。まぁ、夢みたいなことをよくやるな、とは思ってましたけど」

そしてある日、俊太郎は、母からある事実を告げられた。妹の喜代子と弟の愛治はともかく、長男には伝えておこうと思ったらしい。

「家が抵当に入っていると聞きました。僕ももう大学生だから、母は『あなたも知っときなさい』と。『ひょっとしたら、私たちは、この家に住めなくなるかもしれないわよ』って。お父さんが借金して、石油を掘りに行ってるんだからと。だから、覚悟しとけ、大学だって行けるかどうか分からないと。母は、そういう危機感は持ってましたね。あの頃は、大変だったと思いますよ。子供たち三人、どうやって親父は稼いでたのか。三幸の頃は、それなりに建設業やってたから、もちろん収入はあった。それで倒産して、四元さんに代わって、すっからかんになったはずですよね。だから、アブダビに行ってる時、どうやって家族を養ったのか、私も分かりません」

その問いには、太田が答えてくれた。

「これは私の言い方だがね、田中は、会社の調査費で暮らしてきたんです。アラビアに行くとなると、どっかの会社に行って旅費を出してもらう。帰ってきて清算するけど、後は借金ですよ。それで成功すればいいけど、そうでないと、無駄金になっちゃう。その無駄金が多かったんだ」

当時の日本は、原油の供給では、まさに欧米のメジャーに頼り切っていた。商社や石油会社の担当者も、ロンドン、ニューヨークに駐在し、産油国にはほとんどいない。

そこへ各社を回って、活動費を集め、単身、アラブへ乗り込む。金を出す方も、いちかばちか、賭けてみようと思ったのだろう。

共産党時代の敵は、特高警察だったが、今度の相手は債権者である。得意の空手で撃退するわけにもいかない。ひで夫人も覚悟を決めた。狙撃され入院した際の「これで、しばらく借金取りは来ない」という太田の言葉が、妙に説得力を持つ。

それだけに、本人も必死だったはずだ。

〈ここで俺が失敗したら、うちの社員や家族まで路頭に迷う。何が何でも、話をつけなきゃならん。でないと、おめおめ日本に帰れるか。でも、一体どうやって、アブダビ首長を説得したらいいんだ……〉

こう考えた時、頭の中が真っ白になり、無意識のうちに、服を脱ぎ始めたのかもしれない。

ともあれ、ザーイドの言葉を受け、田中は急遽、財界の協力者を見つけるため帰国した。

そして、旧知の日本興業銀行頭取、中山素平と相談し、受け皿作りに取りかかる。その結果、丸善石油、大協石油、日本鉱業の三社で、海上油田の国際入札に参加、落札に成功した。

一九六七年一二月、この三社を代表し、丸善石油の杉本茂前副社長が、アブダビを訪れる。ここで、アブダビ沖合の鉱区の、四五年に亘る採掘、開発の協定に調印、翌年一月、三社は共同で、アブダビ石油を設立した。

そして、六九年九月、ついに試掘第一号井から出油する。日産三千バーレル、しかも硫黄《いおう》分が低い良質な原油で、日本独自の油田は、アラビア石油以来の快挙だった。「ムバラス油田」と名付けられた鉱区は、その後、相次いで出油が確認され、貴重な供給源となっていった。

正確を期すために言えば、当時、アブダビが働きかけていたルートは、田中だけではない。

太田によると、当初、中東で工業化のコンサルタント業務に携わったパシフィックコンサルタンツの河野康雄社長、アブダビの都市計画に関わった建築家の高橋克彦にも、同じ趣旨の話が持ち込まれていた。

その中で、体を張ってザーイドに食い込み、財界をまとめる行動隊長になったのが田中ということだろう。また本人も、ザーイドについて、「アラブ世界でピタリと波長の合った数少ない人物の一人」と最大限の称賛を送っている。

「お付き合いをしてみて、僕はその人柄、識見、判断力、行動力、それらをすべて総合して、彼こそがアラビア人としては最高の英傑だと思った。今でもこの評価は変わりません。彼が偉いのは、自らの部族であるアブダビのことだけを考えているのではなく、同一種族のドバイ、アジマーン、シャルジャ、ウムアルカイワイン、フジャイラ、ラスアルハイマやオマーンなど、アラビア湾岸のアブダビと同一部族全体のことを常に考えている点だった」（前出『田中清玄自伝』）

「このシェイクザイド大統領がいたお蔭で、日本は広大なアブダビ海上油田開発に参加できたんです」（同）

そして後日、中東での油田権益交渉について問われ、こう答えた。

「公式的に高位高官についている人物に接近してもダメなんだ。国や社会にはかならず〝陰の人物〟がいる。そいつを嗅ぎ出して、まず完全に抑えることだ。また、どんなに完璧に見える組織でも、必ずヒビ割れがある。そのヒビを見つけて、そこから入ってゆくと、組織の内側に立ってモノが見られるようになる」（「文藝春秋」一九六九年一〇月号）

この陰の人物の一人が、ザーイド首長の側近で宮内庁長官、アハマド・スウェイディだったと思われる。

公式には、アブダビで石油を担当したのは、オタイバ石油大臣である。バグダッド大学やカイロ大学で学び、二〇代前半で大臣に就任、後にＯＰＥＣ議長も務めた。絵に描いたようなエリートだが、田中は、ザーイドと腹を割って話せるのはスウェイディ、と気づいた。

一九七〇年三月、スウェイディ長官は、日本に招かれ、佐藤総理や興銀の中山ら財界の要人に歓待された。そのレセプションの写真にも、グラスを持つ田中の姿がある。これ以降、アブダビとの交渉は、オタイバを通さず、スウェイディ―ザーイドの線で行われていった。

そして、もう一人は、先に登場した英国のジョージ・ミドルトンである。

表向き、引退生活を送る元外交官だが、それまで築いた中東の指導者とのパイプ、分析力は群を抜いていた。退官後は、ロンドンでブリティッシュ・インダストリアル・トラストという会社を経営したが、このミドルトンを、田中はアドバイザーにした。

こうして、アブダビと英国の両方に強力な援軍を得たのだが、では、ヒビ割れとは何か。それは、世界の石油を支配するメジャーの内部対立だった。

元々、メジャー七社を指す言葉、「セブン・シスターズ」は、ギリシャ神話に由来する。巨人アトラスの七人の娘は、その美しさと仲の良さで知られたが、時には互いに嫉妬し、猜疑《さいぎ》心と憎しみの炎を燃やした。

石油会社とて、例外ではない。

それを示唆するのが、一九七〇年二月一三日付、田中から、ＢＰのフレーザー副会長宛ての書簡だ。これは、ムバラス油田に続いて、田中の仲介で日本が獲得したエル・ブンドク油田権益の交渉記録で、そこに、「日本への原油販売」という項目があった。

「すでに市場シェアを確立した外国の石油会社は、（取引先への）値下げや融資、硫黄分の脱硫《だつりゅう》施設の提供で、シェア維持を図ってきました。日本人は、人的交流や人間関係を重視する気質があり、後発組には相当な努力が求められます」

そして、ＢＰが日本で販売を伸ばすには、まず、エル・ブンドクなどを共同開発し、その後、市場シェアを増やす方策を考えるのが賢明とした。

これに対し、一〇日後、フレーザーが返信を送っている。

「日本市場への参入の難しさは理解しました。ですが、当社にとり、（市場シェアの増加は）基本的要件で、それが実現しないと、取引自体が崩壊する恐れがあります。どうか、もう一度、あなた方で数字を検討するよう強く要請いたします」

かつての大英帝国の象徴で、メジャーの中で最も誇り高いとされるＢＰ。それが、焦りを露わにしている。

理由は、二二年前、競合するメジャーの一社、ロイヤル・ダッチ・シェルと結んだ「極東協定」にあった。

第二次大戦が終った直後、ＢＰとシェルは、極東での石油事業について、ある合意を締結した。それによると、ＢＰは、イランのアバダンに持つ製油所からシェルに製品を供給する。日本やタイ、フィリピン、インドシナ向けで、総量はシェルの販売の半分に達し、その代わり、一部を除いてＢＰは、この地域の小売り部門に進出しない。

いわば、二社による極東市場の棲み分けで、一九四八年に発効した協定は、二〇年間は維持されるはずだった。だが、この目論見は、さっそく狂ってしまう。

五一年、イランのモサデグ政権は、BPの前身、アングロ・イラニアン社を国有化、アバダンの製油所が止まってしまった。その結果、シェルに製品を供給できなくなり、協定も有名無実になる。そして、ここでBPは、重大な過ちを犯していたのに気づいた。

戦後の日本は奇跡の復興を遂げ、それに伴って原油需要も急増する。だが、シェルやエクソンと違い、BPは、小売り部門に進出していなかった。石油会社とのパイプも小さく、これでは、商売の機会をみすみす逃がしてしまう。高度成長期に入った日本で、彼らは焦りを募らせ、仲間に嫉妬の炎を燃やす。

そして、これこそ、田中が見つけたメジャーのヒビ割れ、つけ込む隙であった。


本人の弁は、こうだ。

「私はアブダビの石油開発について、メジャーの中で手を組む相手があるとすれば、それはBPだと述べた。それは、BPが日本市場については直接卸売りしたりする小売りのユーザーを持ってはおらず、シェルやエクソンなど他の六大メジャーを通じて日本へ原油を売り込んでいたからである。ということは、BPのほうでもみずから日本市場との直接的なつながりを持ちたいと考えていたのである」

(前出『世界を行動する』)

「そこで私は、お互いに忌憚《きたん》のない意見を交換できる状況にある前述のサー・ジョージ・ミドルトンの紹介でBPの会長サー・エリック・ドレークと会うことになった。『君は、アブダビの国王に信頼されているようだな』サー・エリックはこう言って、最初から胸襟を開いてくれた」(同)

言い換えれば、こうなるだろうか。

〈気の毒だが、おたくは、日本で完全に出遅れてしまった。今から先発のシェルやエクソンを追うのは、容易ではない。だが、うまく石油会社をまとめれば、挽回できるかもしれん。この俺が、助太刀する。その代わり、あなた方が持つエル・ブンドクの海上油田、これに一枚、嚙ませてほしい〉

強大なメジャーの一角、英国のＢＰに食い込もうという。

だが、いくら田中でも、国内の石油会社を動かすのは難しい。そこでパートナーになったのが、アブダビ石油の時と同様、日本興業銀行の中山素平だった。

太田によると、田中と中山の親交は戦争直後に遡るという。

「昔、田中は『無名会』っていう戦後復興の勉強会をやっておったんです。八幡製鉄、日本鋼管、興業銀行とかの人が、復興のため、利害関係なしで集まってね。まだ皆、四〇歳になるかならん頃でしょ。それが元ですよ。田中は、石油の話は全部、中山さんに相談してるんです。中山さんは資源派で、全部受けてくれたわけです。そういう人脈があったから、田中もやれたんでね」

この頃、興銀の中山や日本精工の今里広記らは、「資源派財界人」とも呼ばれた。石油やウラン、天然ガスなどエネルギー、また穀物の確保で積極的に提言し、自らも事業活動に乗り出す。そして、海外で田中が行う油田権益交渉、それを国内で支援したのが、中山であった。

「やっぱり、石油ってのは、田中みたいに無茶苦茶でないとね。普通の商売人が行ったんじゃ、窓口に行ってくれとなるでしょ。王様と直に話せるから、田中の出番もあるわけですよ。また、それを、うまく利用したグループがおったということだね」

日本の財界の切り込み隊長、とでも言おうか。

面白いのは、この中山の兄、中山俊夫は、かつての日本発送電の猪苗代支社長なのだ。そう、あの会津での電源防衛、そこで共産党に甘過ぎるとして、田中が退陣に追いやった人物だ。その実弟と出会い、生涯の友情を誓って、海外の油田獲得工作に乗り出した。

単なる偶然とも言えるが、人知を超えた不思議な縁、運命的なものも感じさせる。

こうして、BPとアブダビ首長国、日本の交渉は水面下で進んだ。そして、この頃、田中の存在に気づき、密かに彼の動きを追っている組織があった。その百年前から中東に乗り込み、メジャーの覇権を作り上げた立役者、英国政府である。

かつての大英帝国を象徴する巨大企業のBP、たとえ一部といえ、その中東権益を外国に譲渡するのだ。しかも、その相手の交渉人が、政治家でも外交官でもない一民間人という。彼らが警戒したのは、ごく当然だったろう。

一九七〇年三月、アブダビ駐在の英国政務官、チャールズ・トレッドウェルが来日し、田中と会談している。

そこに田中は、日本の原油輸入量のデータを持参し、交渉の最新状況を説明した。BPとの話し合いは順調で、四月初めにロンドンで覚書に署名し、その後、再び、アブダビへ向かうという。

当時、英国政府はBPの株主でもあり、取締役も送り込んでいた。いくら首脳陣が賛成しても、土壇場で横やりが入るかもしれない。念のため、根回ししておきたかったのかもしれない。

トレッドウェルの報告によると、田中は extremely volatile（きわめて興奮しやすく）、何を言ってるか聞き取れない場面もあったという。おそらく、太田の言う、「あっち行き、こっち行きで支離滅裂」

だったのだろう。口角泡を飛ばし、英語で捲《まく》し立てているのが目に浮かぶ。

そして、それは見事に功を奏した。

八月二八日、英外務省は、日本へのエル・ブンドク油田の権益譲渡について見解をまとめた。

「この合意は、相応に大きな利益をもたらすものと考えられる。日本政府は独自の原油供給源を求め、それをBPは、急成長する市場でのシェア拡大の一歩と位置付けている」

「BPにとっては、小売りや精製部門に投資をせず、日本市場に足掛かりを築ける。また、ミドルトンに紹介された日本側の交渉人、田中は、その地位や背景に若干の疑念も残る。だが、日本側のグループは彼を支持しており、それに、BPも満足しているようだ」

幸運なのは、当時の英国の外交戦略も追い風になったことである。

その二年前、ハロルド・ウィルソン政権は、七一年末までに、ペルシャ湾岸の英駐留軍を引き揚げる方針を発表した。シンガポールなど極東も含め、「スエズ運河以東」から英軍を撤退させるもので、これらは、三百年以上に亘り、英国が権益を築いた地域でもある。

世界的にも大きな衝撃を与えたが、それでも押し切った理由、それは国防費削減という深刻な事情だった。

すでに英国の財政は危機的で、通貨ポンドも慢性的な切り下げに晒されていた。ペルシャ湾岸からの撤退も緊縮財政の一環だが、それは同時に、力の真空地帯を生む。ソ連が進出すれば目も当てられないが、そこに日本が権益を持てば、安定装置として期待できた。

その見方は、大西洋を挟んだ米国政府も同じだったらしい。

田中がエル・ブンドクの交渉で奔走していた頃、一九七〇年六月五日、ホワイトハウスで国家安全保障会議が開かれた。出席者は、国家安全保障担当補佐官のヘンリー・キッシンジャー、国務省や国防省、CIAの代表で、議題は、ずばり「ペルシャ湾」である。

議事録では、英国が「スエズ以東」から撤退した場合の取るべきオプションを検討し、ここで日本に言及している。日本は、この地域から原油の九〇パーセントを輸入し、今後、一定の役割を担うのが望ましいという。東西冷戦の中、その油田権益が、ソ連を抑制する効果もあると見たらしい。

こうした動きを、田中が、どこまで把握していたかは不明である。

だが、英米政府が、権益獲得を支持しないまでも、反対しなかったのは僥倖《ぎょうこう》だった。メジャーだけでも厄介なのに、その上、両政府まで敵に回せば、さすがに成算はなかったはずだ。

ともあれ、これで、東京とロンドン、アブダビを舞台にした根回しは終わった。

九月三〇日、来日したBPのドレーク会長は、日本の石油会社四社と、エル・ブンドク油田を共同開発し、日本向け原油、年間五四〇〇万キロリットルを販売する協定に調印した。

日本側はカタール石油、アラスカ石油、ノーススロープ石油、アブダビ石油で、BPがイランやクウェートで生産する原油を、国内の精製会社に斡旋《あっせん》する。これにより、BPは、出遅れた日本でのシェアを確実に増やすことができた。

その二ヵ月後、エル・ブンドクを共同開発するための会社、合同石油開発が設立された。日本がアブダビで独自に持ち、田中を通じて手に入れた二つ目の油田である。

そして、協定に調印した日の夕方、都内のホテル・オークラで、記念のパーティが開かれた。宴会場「平安の間」には、日英の国旗が掲げられ、BPのドレーク会長、興銀の中山相談役が招待客を迎えた。

そのすぐ横には、交渉役を担った田中が立っている。

一年以上、中東や欧州を駆けずり回り、メジャーの一角に食い込んだ瞬間、田中はグラスを手に、感情が高ぶった顔で、パーティ会場を見つめていた。

共産党時代のノウハウ

だが、それでも素朴な疑問が残る。

ろくに金の計算もできず、「事業白痴」と揶揄された田中、その彼が、なぜ、商社や石油会社もできなかった油田獲得に成功したか。しかも彼の会社、田中技術開発は、社員約二〇名の個人商店、零細企業なのだ。

むろん、アブダビのザーイド首長との個人的関係、興銀の中山のバックアップもあっただろう。が、それだけでは説明がつかない。

また、エル・ブンドクの前年、彼はカタールとの権益交渉にも関わり、一九六九年三月、東京電力、関西電力、富士石油、関西石油が調印にこぎ着けた。これにより、四社は共同でカタール石油を設立するが、徒手空拳の男が、なぜ、これほどの成果を挙げられたか。

その答えを示すエピソードがある。

田中が、石油会社の首脳らとカタールを訪れ、協定に調印した時だ。ホテルに戻って、緊張が解けた一行は、「祝杯を挙げよう」という話になった。

それを、田中は血相を変えて怒鳴りつけ、止めさせたという。アブダビもカタールも禁酒国だ、下手をすると国外追放になる、という理由であった。

「どこにスパイの眼が光っているか分からない。たとえビールでも、アルコールはアルコールだ。明日、向こうから『契約は取り消す』と言ってきたら、それまでだぞ」

同行した富士石油の岡次郎社長が、感心したように訊いた。

「君の、その戦術は、どうして身につけたのかね」

田中が、当然だと言わんばかりに答える。

「共産党の地下活動をやってる間中、周囲の気配に目を光らせ、耳を尖らせ続けた。スパイ活動もやったし、こちらも探られた。その経験が、僕に、人間と組織を見る眼を養わせたんだ」

世界を牛耳るメジャーを敵に回し、いくつもの油田をもたらした秘密、それは何と、若き日の左翼運動だったという。

確かに戦前の共産党で、田中は、特高警察と熾烈《しれつ》な戦いを続けてきた。党内にスパイが暗躍し、たった一つの判断ミスが、悲劇的な結末を生んだ。多くの党員、シンパが芋づる式に捕まり、拷問で命を落とした者もいる。

誰が本当の敵で、味方か、一瞬で見抜き、判断しなければならない。そうした修羅場をくぐった警戒心は、そっくり油田権益の交渉に応用できた。

実際、メジャーが世界に張り巡らせた情報網は、各国の情報機関顔負けとも言える。

例えば、七〇年代初め、シェルは、ウィーンのOPEC本部に監視員を置き、出入りする人間を調べさせた。いつ、どんな分野の専門家が訪れたかで、今、どんな議題を協議しているか把握できるからだ。当然、ホテルの受付やボーイも油断ならない。

かつて青春時代、特高と血みどろの戦いをした田中にとり、メジャーのやり方は手に取るように分かったのだろう。いわば、共産党は、最高のトレーニングの場でもあった。

また治安維持法違反で逮捕され、一一年を獄中で過ごしたのも、プラスに働いた。

田中が世田谷のアジトで捕まったのは一九三〇年、そして小菅刑務所を出たのが四一年、太平洋戦争の直前である。その後は、三島の山本玄峰老師の下で修行したが、これは、すなわち、戦前から戦中の日本の軍国主義、侵略行為に加担していない証しでもあった。

関東軍の陰謀による満州事変から、クーデター未遂の五・一五、二・二六事件、そして日中戦争と、三〇年代の日本では軍部の力が一気に増した。それは、次第に国民を熱狂状態にさせ、やがて英米との全面戦争に突入する。

まさにその期間、田中は、刑務所で完全な隔離状態に置かれていたのだ。

相手はメジャーの中で、最も用心深いとされるBP、そして老練な英国政府である。当然、田中の経歴も調べ上げたはずだ。いわば、小菅刑務所は、彼らに最高の推薦状を送ってくれたのだった。

「人間万事塞翁が馬」というが、過去のあらゆる苦難も、いつ幸運をもたらしてくれるか分からない。その意味で、あの狙撃事件の傷跡さえ、大きな武器になってくれた。

それだけではない。

俊太郎は、中東に足繁く通っていた頃の父の姿を覚えている。

「親父は、その土地に行くと、土地のものを食べるんです。『郷に入っては、郷に従えだ』と。タイでも、インドネシアでも、アブダビでもそうで、羊の生肉みたいなのも、皆と一緒になって食べたりした。そうしないと、本音が聞けないと。本当の付き合いは、その土地のものを食べることだと、それは強い信念でしたね」

田中家のアルバムには、アブダビやカタール、レバノンなどでのスナップ写真が、数多く残っている。ある時は、摂氏五〇度近い炎天下の砂漠で、ある時は、タイルの床に車座になって、国境警備の兵士と語り、羊の料理を口にする。

現地の人間の中に飛び込もうとしているのが、はっきり伝わる。

だが、それは、時に予想もしないリスクも伴った。砂漠の中で飲んだ水が原因で、サルモネラ菌に冒されたのだ。高熱に見舞われた田中は、ホテルのベッドで、身動きも取れなくなってしまったという。

「スコットランド出身という医者に診せたら、大腸カタルだから、ブランデーでも飲んで寝てろと言う。それだけで一〇〇ドル取られたことがある。一九六八年のことだ。この医者は私をだまそうとしていると直感したので、俺が伝染病でない証明を書けと言ったら、そんなものいくらでも書く、と平然として書いた。実際その時は体も動かせないほどの高熱で、アブダビの王も心配して自分の侍医を寄こしてくれた。その医者はとにかく日本へ帰れと言う」(前出『世界を行動する』)

航空機にベッドを用意してもらい、帰国すると、羽田から、救急車で東大病院に直行した。そこで入院して、検査を受けた結果、サルモネラ菌と判明したという。担当した医師が、よくぞ生きて帰った、と感嘆する有様であった。

そして、これには後日談がある。

「後日、その自称スコットランド出身というドクターに飛行機の中で出くわした。『おい、ドクター、俺はサルモネラだったぞ』と言うと、『そうか、サルモネラだったのか、おまえよく生きてたな。あれは九〇パーセント死ぬんだがな』とぬかす。全く開いた口がふさがらぬとはこのことだろう。とにかく、こうして何回となく死線を超えてやってきたのだが、今、人間とはどういうものだ、と問われれば、『このとおりだ』と自分に指を一本突き立てるのみ」（同）

だが、やはり、無理が祟《たた》ったのだろう。中東との往復を繰り返した一九七〇年、体調不良を訴え、検査の結果、ひどい胃潰瘍と初期の胃癌が見つかる。やむなく、その年末、胃の三分の二を切除する羽目になった。

そうした田中を、ザーイドやスウェイディら、アラブの指導者は、じっと観察していたはずだ。それまでも欧米の石油会社は、油欲しさに中東詣でし、揉《も》み手で擦り寄ってきていた。だが、美辞麗句を並べ、産油国のメリットを説いても、所詮、彼らは〈お客〉でしかない。

サウジアラビアでは、砂漠に、石油会社の社員と家族のための町まで作られた。そこには、米国の郊外住宅のような平屋が並び、野球場やプール、映画館まで完備された。それを、有刺鉄線付きの高い塀が囲み、そこだけ、まるで別世界である。彼らは、石油を取りにやって来た客で、〈同志〉ではないのだ。

だが、田中の場合は違った。

まず、アラブを、イスラムを、そこに住む人間を知ろうとし、命を落としかねない体験もしてくれた。

〈この日本人は、単に石油目当てでやって来たんじゃない……〉

その象徴が、アブダビでの海洋微生物蛋白《たんぱく》資源開発だった。

七〇年代半ば、田中はザーイドに、アブダビ沖の海水から、太陽熱で蛋白質を作るプロジェクトを提案した。これから、飼料や食料を生産する狙いだ。今は豊富な石油資源も、いずれは枯渇する。その時、如何にして国家の命を保つか、それには、無限のエネルギーの太陽と汚染されてない海水を使うべきだ、という。

結局、これは技術的問題で頓挫するが、会談記録を読むと、田中技術開発が初期の準備費用を負担した。石油と何の関係もない事業に、私費を投じていたのだ。

さらに、太田が証言する。

「その後の田中の発想が面白いんですよ。空手の連中を連れてって、アブダビの軍隊に空手を教えたんです。向うの陸軍将校の待遇でね。それで、ずっと教えておった」

建国直後のアラブ首長国連邦は、まだ軍も整備の途中だった。そこへ空手の指導者を送り、将来を担う若者を鍛え直した。やがて要職に就く彼らは、生涯、その恩を忘れなかったはずだ。

六〇年安保で、全学連の学生に空手を教えたのと重なる。

「王様と会ってる時、石油大臣のオタイバがいてね、『デビル（悪魔）』って嫌な顔をしたらしい。でも、田中は、石油の話でオタイバなんて、全然相手にしてないから。何かあると、王様のところに行って、直に話をする。ああいう国だから、分かった、すぐにサインしろって。今はとてもできないけど、当時は、それができたんだね」

こうした手法は、共産党の非合法時代のオルグのやり方と、そっくり同じなのに気づく。

東大の学生時代、共産党に入党した田中は、京浜工業地帯の労働者の勧誘、オルグを任された。官憲の目を欺き、党員やシンパを獲得するのだが、港湾の荒くれ男は、マルクスの「資本論」など読んでない。そもそも興味すらなく、青白いインテリが来ても、鼻先で笑って追い返したはずだ。

そこで、田中は、日雇い労働者として潜り込み、連日、汗と油まみれで働いた。一緒に博打もやり、喧嘩があれば、得意の空手で助太刀した。いつしか、荒くれ男から「兄貴」と呼ばれるようになる。そして、機を見て、党の機関紙「無産者新聞」を一気にばら撒く。だが、警戒はされない。

〈こいつが言うんなら、共産主義ってのも悪くはねぇかも……〉

そうやって一人、また一人と、シンパを増やしていったのだった。本人曰く、「一に度胸、二に腕節、三、四がなくて、五にイデオロギー」だ。

今、振り返ると、田中は同じやり方で、アラブ指導者にシンパを築いていったのが分かる。三、四がなくて、五に商売、石油なのだ。だからこそ、ザーイドらは胸襟を開いて、付き合ってくれた。

母アイを自殺させ、一一年を獄中で過ごす運命につながった左翼活動、だが、その峻烈な体験があってこそ、いくつもの油田を手にできた。元日本共産党委員長として、田中は、日本の財界、いや、資本主義を救ったのである。

そして、中東での成功は、交渉人を務めた彼に、巨額の報酬をもたらした。それは、まさしく起死回生の一手であった。

だが、それは、同時に「政商」「石油利権屋」のイメージを植えつけ、猛烈な攻撃を噴出させる。

「悪名高い」利権屋

京都生まれの市川正一は、若い頃から、物静かな関西弁の語り口で知られた。神戸の高等工業学校を経て、国鉄に入り、労働組合に関わりながら、政界入りを決意する。一九七七年の参議院選挙に、共産党から出馬し、初当選を果たした。一年生議員ながら党本部の期待は大きく、国会で所属したのは商工委員会である。

その柔らかい物腰の市川が、珍しく気色ばみ、責め立てる声を上げたのは、七八年六月、商工委員会での審議だった。

出席したのは、福田赳夫《たけお》総理を始め、通産や外務など主要閣僚、壁際に、参考人の石油開発公団、会計検査院の幹部が緊張した面持ちで控える。この日、市川が質問したのは、アラブ首長国連邦の海上油田、アドマ鉱区についてであった。

市川正一　「膨大な国民の血税がそこへみんな行っているんですよ。だから田中内閣が挙げて取り組んだこの石油開発プロジェクトというものは見るも無残な失敗じゃないですか。一体これはどういうことですか。この七億八千万ドルという巨額のＡＤＭＡ利権の話を持ち込んできたのは一体そもそもだれなんですか。はっきり聞かしてください、公団総裁」

石油開発公団理事　「当初の経緯を申し上げますと……」

市川正一　「いや、結論でいいんです。わからなかったらわからぬ、わかっているんやったらわかっているという、経過じゃなしに、だれが持ち込んだんやと」
「有名なこの悪名高い田中清玄、これが持ち込んだということは、自分でちゃんと自分自身の言動として言明しているわけですね。また多くの傍証もあります。そこでそれを裏づけるものとして話を進めていきますが、この国際エネルギーコンサルタント、すなわち田中清玄に当然コンサルタント料が支払われているはずでありますが、石油開発公団は御存じですか」

（参議院商工委員会、一九七八年六月一三日）

「巨額利権」「悪名高い」「コンサルタント料」、短いやり取りの中に、禍々《まがまが》しい言葉が、次々と登場する。議事録を読むと、石油公団の幹部は、時折、言葉に詰まり、明らかに狼狽している。それを、福田総理らが、苦虫を嚙み潰したように眺めやるのが想像できた。

話は、一九七二年に遡る。

その年の暮れ、一二月二六日、東京丸の内のパレスホテルで、ある石油権益の譲渡契約が調印された。署名したのは、海外石油開発の今里広記社長と、ＢＰの代表。ＢＰが持つアブダビ海洋鉱区会社、アドマ（ＡＤＭＡ）の株式の一部を売却するものである。

日本側は、アドマ株全体の三〇パーセントを、ＢＰから取得し、その後の探鉱開発費の一部も負担する。その見返りに、アドマ鉱区で生産される原油の三〇パーセントを引き取る権利を持つ。それは、ついに日本が、欧米のメジャーと肩を並べて、中東に本格的権益を持つことを意味した。

元々、ここは五〇年代の初め、ＢＰがアブダビ首長国から取得した鉱区で、フランス石油（ＣＦＰ）と共同出資で、アドマを設立した。その全域で探鉱を進めた結果、六〇年代までに、ウムシャイフとザクムの二つの海上油田を発見、生産を開始し、埋蔵量は世界屈指とされた。

この一部を英国側が手離す話が出たのは、一九七〇年である。

当時、アドマの株式はBPが三分の二、フランスのCFPが三分の一を持っていた。そのBPの持ち分の一部を売却するという。当時、BPはスコットランド沖の北海油田を開発したかったが、それには巨額の資金がいる。中東のアドマの権益を売った金で、本国の油田に注力するというのが狙いだった。

当初、有力な譲渡先に浮上したのが、西ドイツの国策石油開発会社、デミネックスだった。戦後の復興を遂げた西ドイツも石油の需要は伸び、しかも中東に油田権益を持っていなかった。この辺の事情は、日本ともよく似ている。

交渉は順調に進んで、七一年九月、基本合意に達し、BPのドレーク会長が、エドワード・ヒース英首相に報告した。BP所有分の二〇パーセントを、一億八千万ドルでデミネックスに売り、英国政府も歓迎するという。

ところが、その後、話はこじれた。

金額の大きさに加え、ペルシャ湾岸の政治情勢が不透明で、出資に見合うかとの声が、西ドイツで出始めたのだ。結局、紆余曲折を経て、翌年の夏、両者の交渉は決裂してしまう。

そして、それを見計らったようにBPに接触してきたのが、田中清玄だった。

本人によると、アドマに目をつけたのは、前述のエル・ブンドク油田を獲得する以前からという。その巨大な埋蔵量は、必ずや将来、日本のエネルギー供給に寄与する。何としても、手に入れたい。だが、いきなり、よこせでは相手にもされない。

そこで、まず、エル・ブンドクでBPと手を握り、タイミングを探り始めた。また、アブダビのザーイドにも根回しし、支持を取り付けていた。が、ここで、西ドイツのデミネックスという、思わぬライバルが登場してしまう。

一時は合意に達したのが決裂したのを知り、再び、交渉を開始した。

そして、その年の一一月一日、来日したBP幹部らが、皇居の濠沿いの駐日英国大使館を訪ねてきた。フレッド・ワーナー大使に、状況を説明するためだ。

日本との協議は順調で、年内にも合意したい。この件は、田中角栄総理も承知しているが、当面、機密扱いにしてほしい。また、最終交渉は近く、ロンドンで行われるという。

その仲介役だった田中は、自伝で当時の経緯に触れていた。

「とにかくイギリスの国営の油田ですからね。それを回してくれるという交渉のとき、いよいよ話がまとまったので、我々は『記録を取ってサインしよう』と提案したら、いらないっていうんだよ。『ノット　ネセサリー、ウィ　アー　ザ　スコティッシュ』つまり『サインはいらない。我々はスコットランド人だ』と言うんだよ。これはもう最高の確証ですよ。我々が、『俺は侍だ』と言うのと同じだ。判証文はいらんというのだからね。それで俺も、『アイ　アム　ア　サムライ』って言ってやった(笑)」

(前出『田中清玄自伝』)

このスコットランド人が、日本へのアドマ権益譲渡に署名した、クレア・アースキン副社長である。

太田によると、アブダビのザーイドがそうだったように、彼も、田中とぴたりと波長が合ったという。

「アースキンさんは、スコットランドの名門貴族の出でね、田中とは意気投合したみたいです。それにアースキンさんは、戦争中、ドイツの捕虜になったそうで、ドイツが大嫌いなんです。だから、デミネックスにやりたくないって。二人は油の問題だけでなく、人生観から何から合ったみたいだね」

こうしてペルシャ湾の巨大油田、アドマ鉱区売却は、スコットランドの貴族と会津武士の末裔の手で進むのだが、ここで、思わぬ勢力が介入してきた。

と言っても、それは、部外者の油田獲得を妨害しようとする欧米のメジャーではない。日本政府の官僚だった。

BPとの交渉には、彼らも同席したが、次第に田中は苛立っていったらしい。

「向こうはいっぺん決めたら、何日たとうが言うことは寸分違いません。ところが日本の役人ときたら言うことが毎日のようにくるくる変わる。恥ずかしくてねえ。最後に言ってやった。『お前さんのような定見のない者を引っ張っていくんで、俺はもう立場がない』だいたい日本の官僚は平気で嘘をつく。都合が悪くなれば『言わなかった』なんて言い出すんだ。こっちの信用に関わるからね。外務も通産も大蔵もみな一緒だ。揚げ句の果てはどう言うか。『田中清玄、いらんことをする。金さえ出せば石油はいくらでも買える』と、これだ。買えもせんくせにだ。腹が立ったから、部屋には入れなかった。『我々がネゴシエーションはやる。君らが入るとこじゃねえ』と言って、指一本触らせなかった。交渉はBPの会長室でやったんです」（前出『田中清玄自伝』）

優等生然とした役人を怒鳴りつけるのが目に浮かぶが、それにしても、なぜ、政府が交渉に首を突っ込んできたか。

それは、売却に調印する当日に行われる閣議了解にあった。

一九七二年一二月二六日、田中内閣は、アドマ権益の取得と開発をナショナル・プロジェクト、国家的事業にすることを閣議了解した。緊迫する石油情勢の中、アブダビ沖の油田は、わが国への石油供給に重要であるとの理由からだ。
その二ヵ月後、海外石油開発を中心に石油会社九社が出資し、ジャパン石油開発を設立、アドマ権益の受け皿となる。ＢＰに支払う金額は七億八千万ドル、当時の為替レートで二一八〇億円、その資金調達の七割が、石油開発公団、日本輸出入銀行の出資や融資、すなわち政府資金だ。
早い話が、国民の血税である。そして、これこそ、共産党の市川正一が槍玉に挙げた点だった。
「とにかく二千百八十億という金が動いているわけです、利権が。仮に一％としても二十一億、とにかく数十億の単位の金がコンサルタント料として動いているということは予想されますし、またこれは国民の前に明らかにさるべき問題である」（参議院商工委員会、一九七八年六月一三日）
「このプロジェクトに田中清玄が中心的な人物として介入しておる。莫大なコンサルタント料が流れている。公団は知らぬと言うけれども、会計検査院の方はちゃんと承知してるんですよ。そこで田中清玄は、海外石油開発あるいはジャパン石油開発だけでなしに、売り手のＢＰ社からも受け取っている疑いがある。そしてまた、その重要な一因となった利権料が七億八千万ドルというべらぼうな高値、そこにまた大きな疑惑が持たれています。会計検査院は、この利権料が妥当なものか、徹底的な調査をなすったんか」（同）
要は、国民の血税を投入したアドマ権益、そこから、フィクサーの田中に、巨額報酬が流れているとの告発である。何とも禍々しい指摘だが、これには伏線があった。
その前年の春、「現代の眼」という月刊誌に、海外の石油開発についてのレポートが掲載された。そこに、アドマ取得に絡み、ジャパン石油開発から田中に、現金で二億三千万円のフィクサー料が渡ったとの記述がある。その領収書が、会計検査院の検査官の目に留まり、コピーが保管された。これは、アドマを巡る〈黒い金〉の一部だという。

このレポートを国会で取り上げたのが、社会党の衆議院議員、北山愛郎《あいろう》だった。

「これは、私は本質的な意味では、開発じゃないと思うのです。すでにアブダビで開発をされて、イギリスのBPと、それからフランスの会社でもって開発をした企業があって、その利権に参加をした、株を三〇%か何か買って参加をしたということにすぎない。そしてその三〇%の株の持ち分を取るために七億八千万ドルという莫大な金を出した。その大半を国がめんどうを見たということで、その成立の過程で、いろいろ密室の中で進められた一つのプロジェクトというか、そういうものですから、疑問が投げかけられておるのです」（衆議院決算委員会、一九七七年四月二二日）

またBPとの合意直後、アブダビの国営石油会社が、突如、アドマ権益の一部を取得してしまった。これにより、当初三〇パーセントだった日本の取り分は、二二・五パーセントに下がってしまう。これでは、高い金を払った甲斐がないという。

そして、北山の質問に、会計検査院の幹部も、田中とのコンサルタント契約の存在を認めた。

こうした国会のやり取りを、当の田中は、歯ぎしりしながら見ていたようだ。後に、著書の中で、猛然と反論している。

「この買収には、日本国内でいろんな中傷がなされた。特に、共産党や社会党左派の連中からの事実を知らないイデオロギー攻撃は、毎度のことながらその無知さに呆れ返り、彼らの議会での横柄さには私もすっかり憤激した。彼らは全く勉強が足りない落第生としか言いようがない。

買収価格にしても、最初は一二億ドルが相手側からの提示であった。それを四億二五〇〇万ドルも下げさせたのである。

しかもアドマは油の出ている鉱区である。最高年間一〇〇〇万トンの出油を見、当時は世界的な減産ということだったが、それでも約八〇〇万トンの量を生産していた。それに、契約して一年目の翌一九七三年、第一船が早くも日本に入港し、年間八〇〇万トンもの原油を運んでくれたのである。

普通なら、最低五年はかかるというのに、契約して翌年には油を手にした——こういうケースが世界のどこにあるか。まったく、自分ではなんにもしないくせに、しかも石油についてのなんの知識もなく、モスクワの指示だろうと思うが、私に中傷、非難を浴びせた共産党（特に同党の市川正一代議士輩）や社会党の左派、既得の利益が減ると心配する商社、一部の官僚には憤りを超えて、哀れみさえ感じる」（前出『世界を行動する』）

まるで殴りかからんばかりだが、このBPの言い値を値切ったという主張は、正しいのか。

一九七二年一一月、来日したBP幹部とワーナー英大使の会談記録を読むと、希望金額は「約一〇億ドル」とある。また、エル・ブンドクと同様、アドマ取得には、興銀の中山素平も関わっていた。

その中山を、BP幹部に同行して訪れた太田は、こんな場面を目撃したという。

「向こうからストラスディという部長が来たんです。石油公団や今里さんの海外石油開発と交渉した。それで中山さんに挨拶して、驚いたのは、『お互いに綺麗な球を投げ合って、やりましょう』と。『これから交渉するんだけど、汚い球を投げたら、駄目ですよ』と、冒頭に言うんだね。向こうは挨拶に来てんのに、変な駆け引きはするなよ、と。そういうのをぬけぬけと言うんだ。普通の銀行家は、そんなこと言わんですよ。あの人も桁違いだったね」

これらを見ると、日本側がぎりぎりまで値切ろうとしたのは、事実のようだ。そして太田は、田中の狙いを、こう説明する。

「イギリスが金がなくなって、ペルシャ湾から撤収する、基地を引き揚げるという話があった。後を埋めるのにどうするか、田中の考えは、こっちなんです。ペルシャ湾が危機だと、ロシアが入ってきたら……。これは、何とかせにゃならんと。それで、アースキンさんとも一致したみたいだね。そこへたまたま、ああいう話があった」

ペルシャ湾の油田権益への参加、それは、世界的な反共活動の一環でもあったという。が、それでも、アドマの取得金額は高過ぎるという批判があった。

「高いっていう批判は、一つは、油の業界は全部、反対したわけですよ。要するに、商売、油のルートはできてるんです、メジャーから。そこから買ってるわけだから、特に商社連中は。金を出せば、いくらでも油は買えるんだと。そんな高い金を払ってやる必要はないと。当時は、総反対ですよね。通産省の役人も、業者と一緒だから。でも田中は、すでに油が出てる油田だ、持ってれば、油の値段に左右されないって言ってましたね」

確かに、戦後、大手商社や石油会社は、メジャーとのパイプで商売を続けてきた。油も情報もメジャーに頼り、精製会社も次々と系列に入った。厳然たる業界の秩序、というものが存在してきた。

そこへ、門外漢の田中が乗り込み、新たな輸入ルートを築こうとする。

しかも、アラブの王族に食い込み、権益の仲介で荒稼ぎしているという。業界にとっては、好まざる乱入者、新たな商売敵に映ったはずだ。

だが、一つだけ、野党の批判にも納得できる部分があった。

巨額の政府資金を投じたペルシャ湾の海上油田、そこに、エネルギーの安定供給という純粋な目的があったのは間違いない。だが、政治家でも官僚でもない民間人が、交渉の中核を担う。そして、BPとの話し合いから、政府の人間を追い出してしまう。

それは、議論の過程が、ブラックボックス、公文書に残らないことを意味した。その権益の買い値がどうやって決まったか、投資に見合っていたのか、後世の人間が検証できないのだ。

幸い、エル・ブンドクやアドマは、相手のBPが、株主である英国政府に詳細な報告をしていた。それは、ロンドンの国立公文書館に送られ、約三〇年後、機密解除され、こうして内幕を知ることができた。

その意味で、社会党の北山議員の、「密室の中で進められた」という指摘は正しい。

そして、こうした田中の行動が、世間の好奇心と想像力を刺激しないはずがない。かくして、映画や小説で、明らかに彼をモデルにした人物が登場するようになる。山崎豊子の小説『不毛地帯』も、その一つである。

主人公は、元大本営参謀、終戦時に満州でソ連の捕虜となり、シベリアに抑留された。帰国後、参謀としての経歴を買われ、大手商社に入り、次期戦闘機の売り込み、自動車メーカーの外資との提携、海外の油田開発に取り組む。その前に現れたのが、政財界で暗躍する、謎の石油利権屋だった。

元左翼の転向組で、六〇代とは思えぬ鍛え抜いた体、中東の王族や英国のメジャーBPにコネを持つ。彼は、アブダビ沖にある海上油田を売り込もうと画策する。BPが持つ株式の一部で、価格は七億八千万ドル、その利権屋の名前は、竹中完爾……。これ以上、説明の必要はないだろう。

誰がどう見ても、田中清玄がモデルである。

竹中は、大手町のビルに豪華なサロンのような事務所を構え、その界隈は、ダーティー・マネー・ゾーンと呼ばれる。そこには、眼付きの鋭い社員が控え、アブダビ国王らとの写真を飾り、原油生産量に応じ、莫大なリベートが転がり込む……。

だが、〈眼付きの鋭い社員〉にされた太田によると、ちょっと話は違うという。

「だいぶ、言われましたよ。田中が、金を何億も取ったと。でも、コンサルタント料は、国際慣習からすれば少ない方でね。それに、それまで使ってるわけですよ、アラビアに行って。決まれば、成功報酬である程度もらうけど、そうでないと、無駄金になっちゃう。借金も多かったし、だから、あまり残らないんです。それに、でき上がった会社に、田中は入ってないでしょ。経営できないんだから、そんなの。あんな人が中に入ったら、会社は滅茶苦茶になっちゃいますよ」

実際、自ら誕生に関わったアブダビ石油、カタール石油、合同石油開発、そしてジャパン石油開発、いずれも、田中の名前は見当たらない。借金してまで中東や欧州を駆け、サルモネラ菌で生死をさまよい、胃の三分の二を切除した功労者が、だ。

また、この種のビジネスで、仲介者が相応の手数料を取るのは、国際的に認められている。

その代わり、都内の青山のマンションで設立したのが、「国際エネルギー・コンサルタンツ」だった。これは、石油や電力業界に助言し、海外でのロビイング活動を行う会社で、田中が社長に就任した。

「従来は、まとめて何億円もらうとかしてたが、私は、『そんなのは駄目だ』って止めた。そういう金は、使い方も雑になる。一億入っても、ばら撒いて、借金が二億できたりね。そこで、各社に月百万円単位でコンサルタントし、回るようにしたんです。何か問題が起きれば、田中が動いて、その分の経費ももらってね。私が、そういう風にした」

客観的に見て、これは賢明な判断だったと言える。

かつて三幸建設で、田中が、政治活動に湯水のように金を使ったのは、先に述べた。皇居で共産党がデモをやれば、荒くれ男を送って、殴り倒す。また全学連に資金援助し、敵対する右翼に、空手部員や港湾労働者で反撃した。

そんな男が、石油会社の役員になったら、どうなるか。売り上げを政治活動に回し、会社は大混乱に陥ったはずだ。

終戦直後から本人の性格を熟知する、太田らしい判断であった。

そして、この田中の政治好きは、時に想像を超える展開を見せる。それは、海外の政変、クーデターすら起こし、やがて思いもよらぬ形で、新たな権益をもたらしてくれた。

「革命」に首を突っ込む

袖ヶ浦東小学校は、千葉県の習志野市、東京湾沿いの京葉道路近くに位置した。袖ヶ浦団地の中にある、石とコンクリートに囲まれた新設校である。

この日、一九七一年六月二八日の正午過ぎ、中村栄吉校長は、窓の外を見て、ぎょっとして目を見開いた。校庭の空が、突然、黒ずんだかと思うと、やがて無数の物体が、校舎の周りの植木や芝に舞い降りてきた。教師が窓を開けると、一斉に、室内に飛び込んでくる。トンボだった。

数千匹はいるだろうか、今まで、こんな大群は見たこともない。校庭にいた児童たちが、「トンボだ！」と叫んで、騒いでいる。普段、コンクリートに囲まれた環境で、思わぬ生物が来訪したのだ。片っ端から手で捕まえて、はしゃぎ回っている。

それを眺めながら、中村校長は、顔をこわばらせた。

「あれほどの大群が飛べなくなる……。それぐらい、今日のオキシダント濃度は高い。そこで、子供たちを遊ばせて大丈夫だろうか」

咄嗟に頭をよぎったのは、つい半時間前に出された光化学スモッグ注意報である。この日、東京都内のオキシダント濃度は、今年最高の〇・二九九ｐｐｍ、埼玉や千葉、神奈川を、すっぽり覆った。遠くの景色が霞んだように見え、目の痛みを訴える人が相次ぐ。

光化学スモッグと、飛べなくなったトンボ、それは、まさに高度経済成長の歪み、深刻な大気汚染と「公害列島」を象徴した。

その同時刻、東京湾を挟み、約二五キロ離れた品川の大井埠頭に、真新しい発電所が聳えていた。東京電力の大井火力発電所で、巨大な貯油タンクの近くに、出力三五万キロワットの一号機、その横には建設中の二、三号機が並ぶ。

二ヵ月後に営業運転を始めるのだが、考えれば、計画途上から、これほど注目された発電所というのも珍しい。

火力発電は、「白いスモッグ」亜硫酸ガスを排出し、その量が増えると、人間の呼吸器を痛め、喘《ぜん》息《そく》などの症状を起こす。そのため、東京都は、これまで首都圏の大井埠頭での建設を認めてこなかった。流れが変わるのは三年前、都と東京電力が公害防止協定に調印してからだ。

美濃部亮吉知事と木川田一隆社長が署名した覚書には、ここでは硫黄分が少ないミナス系の原油だけを使用するとあった。ミナス系とは、インドネシア産の原油で、含まれる硫黄分が極めて少ないことで知られる。普通、中東産が二、三パーセントなのに対し、インドネシアのミナスは、わずか〇・一パーセント、その専焼火力として建てられたのが、大井発電所だ。

これにより、排出する亜硫酸ガスは削減され、首都の公害対策に大きく貢献できる。問題は、ただ一つ、この期待の無公害原油を、一体、どうやって大量に確保するかであった。

その翌年、一九七二年五月一四日、あるニュースが、国内外の石油業界に波紋を広げる。来日していたインドネシアのスハルト大統領が、佐藤総理と会談し、共同声明を発表した。その文面の中の、ある記述が目を引いた。

日本政府は、インドネシアの石油分野の開発のため、新たに六二〇億円の借款を供与する。この見返りに、インドネシアは日本に、向こう一〇年間で低硫黄原油、五千八百万キロリットルを供給する。喉から手が出るように欲しい無公害原油、それを日本向けに、追加で回してくれるという。国内の大気汚染を軽減できる、まさに朗報であった。

ところが、この声明の中身が漏れ伝わった途端、疑念や批判の声が噴出し始めた。

その年度のインドネシアへの経済援助は、すでに決定し、しかも対前年比で増えていた。なぜ、今、新たな借款が必要なのか。また、同国への支援は、西側先進国から成る債権国会議を通じてやるのが、不文律だった。その枠から外れてまで行う理由は、何か。

また、共同声明の作成のプロセスも疑問視された。

「まず不可解なのは、政府ベースの話し合いといっても、問題はわが国の石油確保全般に大きく関連しているのに石油関係者がほとんど何も知らぬうちに事が運ばれたことである。また、実際の開発はインドネシア国営石油会社のプルタミナが受け持つことになるようであるが、その際開発対象とすべきプロジェクトの選定はまだ決まっていない。インドネシア側が供給する原油の購入者、価格なども今後の課題として残されている」（「日本経済新聞」一九七二年五月一四日）

そもそも、スハルト大統領の来日決定からして、怪しかった。

当初は、日本の外務省も詳細は知らず、「健康診断のため」と聞かされていた。ところが、本人は至って元気で、滞在中、ゴルフまで楽しんでいるではないか。

「この間、外務省事務当局もほとんど関知しなかったというからこの訪日計画は普通の外交チャンネルではなく、首相周辺の特別な政治ルートで進められていたのではないだろうか」（「朝日新聞」一九七二年五月一六日）

確かに、インドネシアの無公害原油が手に入るのは喜ばしい。だが、その過程が、余りに不透明過ぎる。借款にしても、政治レベルで突然決まったのでは、というわけだ。

その二ヵ月後の七月四日、今度は、もう一つの波紋が広がった。佐藤・スハルト会談で決まった低硫黄原油の輸入で、新会社が設立されるという。

発表したのは興銀の中山素平相談役、トヨタ自動車販売の神谷正太郎社長で、名称は「ジャパン・インドネシア・オイル」、トヨタ自販が中心になって設立し、引き取った油は、電力業界に重点配分される。

火力発電は、燃料に含まれる硫黄分が亜硫酸ガスを出し、大気汚染の元凶でもある。重点配分は結構なはずだが、またもや、疑念の声が出た。

「石油業界を中心に様々な疑惑の目を投げかける向きがふえてきた。『インドネシア原油の輸入については、専門商社ファーイースト・オイル・トレーディング社がすでにあるのに、なぜわざわざ、新しいチャンネルを作るのか』というわけだ。しかし、新会社をつくることまでが、両首脳会談で合意されていた、とあって、『裏に何かあるのではないか』という不信の声が石油業界や電力業界に広がったのも無理はない」（「朝日新聞」一九七二年七月五日）

ファーイースト・オイル・トレーディングは、一九六五年に設立、インドネシアの国営石油会社プルタミナから原油を輸入してきた。事業内容も、資本構成も、新会社とほぼ同じで、真っ向からぶつかるのは目に見えている。それなのに、なぜ、ライバルを作るような真似をするのか。

それだけではない。

会社設立の根拠にされたのが、五月一四日の共同声明である。ここで、スハルト大統領は佐藤総理に、既存の会社とは別ルートで、油を供給するのに同意したとされた。

「大統領は、さらに、日本国が、経済及び社会の各種の分野において調和のとれた発展をするために努力しており、深刻化しつつある公害問題に対処するためには低硫黄石油が必要であることに留意した。これらの点に鑑み、大統領は、現存の商業チャンネルを通じる供給とは別個に、一〇年間に五八〇〇万キロリットルの低硫黄石油を日本国に供給することにつき、インドネシア政府が必要な措置をとることを確認した」（佐藤・スハルト共同声明、傍点筆者）

ところが、この「別個に」の箇所が、声明の英文では、in excess of（上回って）となっている。これは、「ある一定の量を超えて」という意味で、必ずしも別会社を作ることを指さない。むしろ、既存のルートへの供給を増やすとも解釈できる。

明らかに意図的な誤訳で、国内向けに全く違うメッセージを送っていた。それに、外務省が気づかぬはずがない。

スハルト大統領の来日決定のミステリーといい、共同声明のトリックといい、全てに、強力な政治工作の跡がある。両国を結ぶ誰かが、強引に無公害原油を持ち込もうと策動しているに違いない。

そして、ここで名前が隠見したのが、またもや、あの男、田中清玄だった。

本人も晩年に、舞台裏の一端に触れている。
「一九七〇年暮れに、私は胃ガンの手術を受けましてね。その時、スハルト大統領はわざわざ腹心のアラムシャ中将を、東京まで見舞いに差し向けてくれました。それでその年の四月、術後の経過も順調だったものですから、そのお礼にとインドネシアを訪問したんです。その時、スハルト大統領から『日本の助力に対して何かお礼をしたい』という話があった。スカルノ一派の容共分子と対抗し、インドネシアの完全独立とスハルト大統領の実現に協力してきた我々へのお礼というわけです。
僕は即座に『それは石油です。保守勢力を助け、日本を安定させるには、石油が絶対に必要です。とりわけ貴国の石油のようにサルファ分（筆者注・硫黄分）の少ない石油が、公害対策上も日本には必要なのです』と申し上げた。大統領はそれに対し『それではインドネシアの残った取り分がある。それを全部日本のあなた方に回そう』と言われ、プルタミナ（インドネシア国営石油公社）の石油を我々に売ってくれることになったんです」（前出『田中清玄自伝』）
つまり、インドネシアからの無公害原油の輸入、それをスハルトと直談判し、仕掛けたのは田中だった。帰国した彼は、すぐに友人で興銀相談役の中山、佐藤総理と協議する。そして、受け皿の中心人物に推されたのが、トヨタ自販の神谷社長だったという。

しかし、日本を安定させるのに、低硫黄原油が必要とは、どういう意味か。

その裏には、各地で深刻化する大気汚染、それに乗じて続々と誕生した革新首長、そして、野党連合政権の可能性があった。

かつて戦後には、工場の煙突から立ち上る黒煙は、復興と繁栄の象徴とも呼ばれた。太平洋沿岸の港湾に、鉄鋼や化学、石油精製のコンビナートが作られ、火力発電も大都市近郊に誘致された。それが、六〇年代後半から、深刻な公害を発生させる。

光化学スモッグや喘息などの被害が相次ぎ、激しい住民運動が起き、それに伴って伸びたのが、社会党、共産党の支援を受ける革新首長だった。

すなわち、横浜の飛鳥田《あすかた》一雄《いちお》市長、神奈川の長州《ながす》一二《かずじ》知事、京都の蜷川《にながわ》虎三知事らで、最も有名なのが、東京の美濃部亮吉知事だ。共産党などの推薦で、六七年に初当選するのだが、選挙期間中、自民党の凄まじいネガティブ・キャンペーンに晒された。

曰く、「美濃部が当選したら、暴力デモで国会は占拠される。自動車は焼き打ちに遭い、偏向教育で、子供たちは、中国の紅衛兵みたくなる。また株価は暴落し、知事公館は労組幹部の宴会場になる」

所謂、〈都庁赤旗論〉で、さすがに自民党の都議も、「あれは、田舎の年寄り相手の選挙戦術だ」と呆れる始末だった。

これらを見て、田中は、大きな危機感を抱いたようだ。

このまま与党がもたもたすれば、革新首長誕生が続き、いずれ、国政に波及する。国会の議席で保革逆転、反自民の革新連合政権が樹立されるかも。そうなれば、あの御方の立場をも危うくする。自分は、あの日の約束を破ってしまう。

あの御方、それは終戦の年、皇居で極秘に拝謁し、「命に懸けて陛下並びに日本の天皇制をお守り申し上げます」と誓った、昭和天皇であった。

当時、田中は定期的に、海外の友人宛てに、日本の政情情勢のレポートを送っていた。その一つのタイトルは、「日本共産党の戦略的予定表」、二年以内に、共産党と社会党、公明党の連合政権ができるかもしれないという。

信頼できる筋からの情報によると、計画は、こうだ。

まず、七三年の年明けと同時に、米軍基地問題を抱える沖縄などで、党の宣伝活動を活発化させる。春から夏にかけては、名古屋市長、宮城県知事、横須賀市長などの選挙があり、それに注力する。また、春闘でストライキの圧力をかけ、年後半に、連合政権の綱領作りに取りかかるという。

また、いかにも田中らしいのだが、「私が日共委員長なら、こうして政権を奪取する」との一文も発表している。

まず、革新勢力の結集へ、社会党と公明党を引きずり込む。それには、社会党をがんじがらめにする労組、総評に大量に党員を入れ、そこから圧力をかける。また、公明党を誘うため、内閣人事は思い切って譲歩する。例えば、総理大臣は、あの創価学会の池田大作でもいい。

「池田は創価学会の会長で政治的経験の何もない男で、理想を語る単なる観念主義者にすぎない。年に何回か世界各地を歩きながら、〝中・ソ戦争〟の危機が切迫している現実を、何一つ認識できない男で政治感覚が乏しいから、かえって御しやすい。だから池田大作首相、結構だ。

しかし、そのかわりに共産党としては警察と自衛隊と法務省だけはガッチリ戴く。公安委員会はわが共産党と社会党左派が握る。警察特に機動隊はその組織をそのまま利用して、その隊員は鍛えあげたわが若い党員をもって充てる。自衛隊の司令官も反共分子は切り、党に忠実な分子に置き換える」（「週刊ポスト」一九七四年四月一二日号）

また、検察も共産党員で固め、こうした手法は、東欧のチェコスロバキアやハンガリーで実験済みだ。必要なら選挙協力して、候補者を絞り、リモートコントロールできる社会党員を推す。こうして、国会の議席で保革逆転を成功させ、政権を奪う。

「このような『人民戦線政権』が続く間は、私たちは企業の自由も許す。なぜなら現在、銀行や商社を通じて七十パーセントほども企業の系列化が進行しているからである。系列化は独占化でもある。と、いうことは首脳部を交替させさえすれば企業の国有化が完成するということである。いま、資本家たちは私たちのために、せっせと準備を整えてくれているというわけだ」（同）

「以上が私の『われ、もし日共委員長なりせば』だが、さて、宮本顕治君自身はどう考えているのだろうか」（同）

さぞ、日本共産党の宮本委員長も、「よけいなお世話だ」と憮然《ぶぜん》としたろう。

〈今、俺が委員長なら、間違いなく革命を起こしてみせる。こんな好機は二度とないのに、後輩どもは、何をもたもたしてる〉

元武装共産党の首領として、そんな衝動を抑えきれなかったのだろう。

反共なのに革命好き、この相矛盾するものを体現したのが田中らしいが、それが、インドネシアとの付き合いを生むきっかけになる。その発端も、本人が語っていた。

「エネルギーです。タイを食糧供給地とすれば、インドネシアは東南アジアで最大の産油国でしたから。この国は戦後ずうっと、民族独立のシンボルとしてスカルノ大統領が支配してきましたが、実態は自己に都合のいい独裁政治で、しかも容共政権でした。このスカルノと組んで利権を漁っていたのが、岸信介、河野一郎、児玉誉士夫といった連中だった。彼等はスカルノが容共であろうが、そうでなかろうが、当座の利益さえ漁れればよかったんです。私は反スカルノ、反共、それからオランダからの完全な独立を目指して運動してきたインドネシアの人々と、密かに連絡を取り合い、出来ることは精一杯支援してきました」(『田中清玄自伝』)

そして、スカルノ体制で逮捕状の出た者を、バンコクやシンガポール、香港などで匿うが、太田によると、それは戦後間もない頃に遡るという。

「田中のところに、蓮田辰夫っていう、戦争中、インドネシア義勇軍を養成した男がおった。三幸建設の事務所の一角に、机を置いて、細々と貿易をやってた。海藻を輸入したりね。それと、F機関の藤原岩市ね、スハルトなんかも昔の部下なんです。彼らが相談しに来て、亡命したのを匿ってくれと。それで、田中も随分応援しましたよ。蓮田は真面目で、しっかりした男ですよ、インドネシア語も上手いしね」

田中とスハルトを結んだ者、それは戦争中、日本占領下のインドネシアで活躍した旧軍人たちだった。彼らは、現地の人間を集めて義勇軍を組織し、一部は戦後、オランダからの独立戦争にも加わる。また藤原は、インド、スマトラで秘密工作を行う「F機関」を率いたことで知られる。

こうした旧軍人を通じ、反スカルノ運動に関わっていくが、その転機が、一九六五年の軍事クーデターだった。

九月三〇日、ジャカルタで軍幹部六人が殺され、これを機に、陸軍司令官のスハルトは、インドネシア共産党の大弾圧を始める。この結果、社会主義国以外で最大だった党は消滅、容共とされたスカルノも権力を失い、三年後、スハルトが大統領に就いた。

東南アジアの政治地図、近代史を塗り替えた事件として語り継がれる。

「スカルノに追われた連中が革命を起こすのを、助けた。それで、クーデターが成功した後、食糧問題が起こったわけですよ。インドネシアを、どうやって食わすか。米が大事だってんで、ビルマの米を斡旋したり、色んなことをやってましたね。最初は自宅を担保にして借金したけど、次第に仲間もできましたから。ただ、田中は、昔から革命家でしょ。身についちゃってるんです。ナスティオンという陸軍の司令官がおったけど、これが、ちょっとぐらぐらしてる。革命の時に、中途半端なのはいらんから処刑しちまえ、とか凄い手紙を書いとる。もう、はらはらですよ」

かつて六〇年安保の全学連に対してそうだったように、インドネシアのクーデターも、自腹を切って支援する。一見、支離滅裂に映るが、どちらも、革命家の血が騒いで仕方なかったのだろう。

そして、その田中に、スハルトが深い感謝の念を抱いたのは、間違いない。クーデターで自分が最も苦しかった時、借金しても応援してくれた。低硫黄原油の供給は、せめてもの彼の御礼だったのだろう。が、ここで大きな障害が立ち塞がる。

インドネシアの国営石油会社プルタミナのイブン・ストウ総裁、そして、彼が相談役を務めたファーイースト・オイル・トレーディングであった。

岸への遺恨

その内幕を、田中は、こう明かす。

「岸一派はすでにスカルノ大統領時代にコネをつけて、インドネシアから石油を輸入していました。『ファー・イースト・オイル・トレーディング』という合弁会社で、これは完全に岸一派の資金稼ぎのための利権会社だった。ですから彼等はそれを根底から壊される気配を察知して、我々の仕事をことごとく妨害してきたのです。プルタミナの総裁だったイブン・ストウ中将は、すっかり日本の岸信介一派と組んでおりましたから、大統領の決定を潰しにかかった」（前出『田中清玄自伝』）

太田も、ストウが最大の障害だったと認める。

「最初はストウが窓口になったんだが、ファーイーストがあるから、新しいのは必要ない、油もそんなにない、とか言った。色んな反対があって、潰れそうになったんです。そしたら、ストウが日本に来て、交渉の席で、『スハルトは、油のことは何も分からん』と言った。それは事実で、ストウは油の利権を握り、影の大統領と言われたんです。それを聞いた田中が、また凄い手紙を書いた、スハルトに。『あいつは、こういう男だぞ』って。それを、蓮田と私で持ってきましたよ」

ジャカルタに着いた太田は、スハルトの腹心のアラムシャに手紙を託した。後でアラムシャから聞くと、一読したスハルトは、顔を真っ赤にして激怒したという。

「すごく汚い、えげつない言葉で怒ったそうだね。『あの野郎』って。それで、ストウは交渉から外されちゃった。で、彼の持ってた油の利権は、全部、スハルトが押さえたんです。だから、向こう側の事情も大きかったんだね」

インドネシアの石油の生産と輸出を担うプルタミナは、金の成る木である。それを、スカルノ時代から牛耳るストウは、スハルトにも煙たい存在だった。

だが、それを追い落とすには、何らかの口実、真っ当な理由が必要だ。その点、東京の田中からの情報は、格好の武器になってくれた。クーデター後の権力闘争を見抜いた、巧妙な政治工作だった。

それが恨みを買ったのか、後に、田中と太田がジャカルタ滞在中、軍の一部が二人を拘束しようとする一幕もあったという。

こうなると慌てたのは、ファーイースト・オイル・トレーディングである。

元々、インドネシア原油の総代理店として設立され、将来の増産に応じ、事業規模を拡大できると見込んでいた。それが、別会社に油が回れば、前提条件が狂ってしまう。下手をすると取扱量が減るかもしれず、まさに会社存亡の危機であった。

大体、日本の外務省も、当初、追加の石油供給は、既存のルートを通じるものと想定していた。ところが、来日したスハルトが佐藤総理と会談した際、新会社の設立を強く要望した。それが、あの奇怪な共同声明につながる。

当然、彼らも必死で、思い余った東澄夫社長は、ついに田中と直談判しようとしてきた。何とか、計画を断念させようとしたのだろう。

「ある人の紹介で、うちの事務所に来ましたよ。『一度、話を聞いてやってくれ』って。でも、田中にぶつけたら、何やるか分からんから、私が会った。全然、嚙み合わなかったね。要するに、ファーイーストは独占しとったんでしょ、インドネシアの油を。そこへ、とんでもないのが出てきたんだから。でも、田中は信念を持ってましたから。油の問題というより、公害で日本の政権がぶっ倒れてはいかんと。発想は、それなんです」

結局、紆余曲折を経て、一九七二年一二月、ジャパン・インドネシア・オイルは発足した。

その五ヵ月前には、三重県四日市市の住民が、石油コンビナートの大気汚染で健康被害を受けたと訴えた裁判の判決が下りた。いわゆる「四日市喘息訴訟」で、被告の企業六社の共同不法行為を認め、原告が勝訴する。

もはや、公害は無視できず、低硫黄原油の輸入には最高のタイミングだった。

その立役者が田中なのだが、そもそも、なぜ彼は、別会社設立に拘《こだわ》ったのだろう。単に原油の輸入なら、あそこまで敵対する必要はない。ファーイースト側に、余分に回してもらえば済む話だ。それとも、そのバックにいる岸信介に、何か、個人的感情でもあったのか。

この問いに、太田は、深く頷く。

「それは、ありますね。一つは、戦争を起こした張本人じゃねえか、岸は、というのがある。それに、もう一つは、長州ですよ。ファーイーストの裏にいる岸は長州、田中は会津だからね。これは、私も長く会津におったけど、凄いですね。会津と長州の関係ってのは。我々にはとても分からんけど、人間には、そういう分からんところがあるんだね」

インドネシアの原油を巡る、ファーイースト・オイル・トレーディングとジャパン・インドネシア・オイルの戦い、それは何と、長州、もとい山口県出身の岸と、会津ゆかりの田中の〈第二次戊辰戦争〉であった。

田中が、会津藩家老の家系という出自を強く意識していたのは、事実だ。

先祖の会津藩家老、田中土佐玄清は、幕末の戊辰戦争で官軍と戦い、若松城下で自刃している。この戦では、籠城の足手まといにならぬよう多くの婦女子も自害し、会津の悲劇と語り継がれる。

こうした影響かどうか分からないが、本人も自伝の中で、こう述べた。

「戊辰戦争当時の話は物心がついてから、ずうっと聞かされて育ちましたので、自分としては北海道生まれではあるが、もちろん生粋の会津人だと思っています」（前出『田中清玄自伝』）

「私がいま自分の一生を振り返って思うのは、自分が会津藩の筆頭家老の家柄に生まれたという自覚があったことで、いいかげんな連中と妥協をしなくてすんだということなんです。これはもちろん一歩間違うと、鼻持ちならん面にもなるんですが、半面、よかった点でもあると、自分では思っているんです」（同）

今の時代、こんな発言をすればアナクロニズムと、家老の家柄を持ち出すこと自体、笑われるかもしれない。だが、これらは田中が、過去と現在、先祖と自分を結ぶ、強い自意識を持っていたことを示す。

そして、官軍の攻撃で会津が戦火に包まれて約百年後、それぞれの子孫が、インドネシアの無公害原油を巡って対峙した。その意義を自覚したからこそ、異常なまで執念を燃やしたのだろう。

ジャパン・インドネシア・オイルが発足した翌年、一九七三年七月一七日、田中の会社「国際エネルギー・コンサルタンツ」の創立一周年の祝賀会が開かれた。

場所は、ホテル・オークラの大宴会場「平安の間」、その三年前、ＢＰのエル・ブンドク油田譲渡の祝賀会をやったところだ。太田によると、石油業界の関係者や個人的な友人など、約五百人を招いたという。

「田中としては、晴れの舞台ですよね。いよいよ黒幕が表に出るのかって、いろいろ言われたけど、そうじゃなくてね。田中も、いい年になったし、ようやく成功したわけですよ、石油の仕事でいくらか。だから、いっぺん、お祝いしようじゃないかと。それだけですよ」

会場には、日本人と外国人の招待客が溢れ、田中角栄総理からの花輪が飾られた。女性スタッフから胸の記章をつけてもらい、喜色満面の田中と、着物姿のひで夫人がいた。

自宅を担保に借金をし、世界を駆けた田中も六七歳、確かに、人生の晴れ舞台だったに違いない。そして、挨拶でも、またもや彼らしさを遺憾なく発揮した。

当初、支援者への神妙な感謝で始まったスピーチは、途中から俄然、熱を帯び始める。最近、欧州を訪れた際、現地の友人たちから、日本の政権交代について訊かれたという。

「さて、我々は、これをどう受け止めておるんだ。私が言いたいのは、所謂、革新野党連合内閣ができた時、はたして産油諸国、特にアラビア、インドネシア、あるいは米英の大会社からエネルギーを供給してもらえるか。外国との協調なしに、反米、あるいは反ソ、反中共という対立で、はたして人民戦線内閣は維持できるかどうか。これを、私は、共産党、社会党の連中にお聞きしたい。共産党、社会党の諸君は、公害問題と言いながら、一トンでも無公害の油を海外から持ってきたか。我々は、持ってきてます。言葉でなくて、常に我々は、現実を行動で解決する。これが一番、大事だと思うんです。もう、言葉での宣伝には飽き飽きしておる」

言い換えれば、こんな感じだろうか。

〈政権交代、結構。野党連合内閣、大いに結構だ。だが諸君は、日本のためにエネルギーを持ってく

る覚悟が、本当にあるのか〉

会社創立の祝賀会なのに、社長から業績や事業計画といった話は、一切、出ない。まるで民族決起運動、政治集会のようなスピーチであった。

毀誉褒貶はあるが、石油獲得で田中清玄が、怪腕と呼べる活躍をしたのは、事実だ。

アブダビ首長との出会いで手にしたペルシャ湾の海上油田、インドネシアも含め、日本の原油の年間輸入量の約四分の一を占める。そのコンサルタントとして、巨額の報酬をもらい、批判を浴びたのも、事実だ。また、他国のクーデターを支援し、今の常識では考えられない荒業を使ったのも、事実だった。

しかし、油は持ってきた。その手法の是非はともかく、間違いなく、油は持ってきた。それによって、恩恵を受けたのは、誰か。

火力発電の燃料枯渇に怯える電力会社、大気汚染に苦しむ大都市の市民、公害問題を機に勢力を伸ばす野党、そして、政権交代を危惧する自民党、右翼も左翼も、保守もリベラルも、皆が、平等に恩恵を受けていたのだった。

〈反米だとか、反中だとか、イデオロギーなんかで、石油を取ってこれるか。命懸けで、その土地に入って、そこの指導者と付き合う。俺は、言葉でなく、行動で現実を解決する。がたがた言うなら、お前らも、やってみろ〉

やはり、敏腕とか辣腕という言葉を通り越し、怪腕という表現がぴたりと合う。

その田中が、あっさりと石油ビジネスに見切りをつけた。そして、老境を迎えた彼が、最後に選んだ舞台が、再び、世間を唖然とさせる。それは、地球環境問題、再生可能エネルギー、そして、〈新しい資本主義〉だった。

第六章　環境活動家

～オイルショックと人類の未来～

ハイエクが不遇であった時代から
田中は物心両面で面倒を見続けた。
三〇年に及ぶ親交は、
田中の思想をさらに高みへと
誘った。
そして田中は、バブルに狂奔する
資本主義に容赦ない怒りを見せる。

スタンフォード大学フーバー研究所提供

シンポジウムのため来日したハイエク教授と田中

「京都の山はまろまろしゅうて、やさしいですやろ。ヨーロッパでは、山がとげとげしゅうてあきまへんなあ」

顔を合わせるなり、今西はハイエクに、何気なく、こう語りかけた。

それは、おそらく、史上最も奇妙な対談の一つだったに違いない。二人も、なぜ自分がここへ呼ばれたか、よく呑み込めてなかったのではないか。お互い、実績と名声はあるが、国籍も分野も違い、およそ共通する点などない。普段なら、相まみえることはなかっただろう。

京都の妙心寺は、禅宗の一つ、臨済宗妙心寺派の大本山である。創建から六〇〇年以上、敷石が広がる境内には、静寂な空気が漂う。この日、一九七八年九月二五日、その庭を望む部屋で、彼らは正装で対峙していた。

この時、フリードリヒ・フォン・ハイエクは七〇代後半、穏やかな物腰と知的な顔立ちが、貴族然とした印象を与える。オーストリアのウィーン出身で、その四年前、ノーベル経済学賞を受賞した。戦前から社会主義を批判し、独自の自由主義を唱え、その学説は、八〇年代以降、世界各国の市場重視路線を支えた。

そして、もう一人は、ハイエクと同年代の今西錦司《きんじ》、スリムな体格で、正面から相手を見据える目差しは、古武士を連想させた。京都生まれで、ニホンザルなどの研究で知られる生物学者である。カゲロウの観察から、種の変化は、共存による棲《す》み分けから発生するという「棲み分け理論」を唱え、自然淘汰《とうた》や優勝劣敗の進化論を真っ向から批判した。

片や、自由主義経済の思想的基盤を作った経済学者、片や、独自の進化論で種の共存を唱える生物学者、この奇想天外な対談を仕掛けたのは、「総合人間科学研究会」なる組織だった。

これは、その二年前に誕生したばかりの組織で、「各界の指導者諸氏に訴える」と題した設立趣意書がある。「高度経済成長の明暗」「人心の全世界的荒廃」と見出しがあり、まるで檄文と言ってもいい。

「人類は、日本人をも勿論含めて、今や、自分等がこのまま生存し得るか或いは衰滅の道を転落して行くかの、人類生存史上空前とでも云うべき根本的な転換期に差しかかり、人類と云う自分自身の社会生活根底からの見直しと再生を迫られて居ります」

「確かに、人類は今世紀に入って、特に一九六〇年代から、驚異的に発展した科学技術を全産業分野に適用して高度経済成長政策を強行し、大量生産、大量消費の経済体制を築き上げ、物質文明未曽有の発達と欧米・日本等一部の高度成長国家群に於ける人間生活の物質面を此上もなく豊かなものにしました」

だが、それは反面、限りある資源とエネルギーの浪費、将来の枯渇を招き、食糧不足や大気汚染、そして、地球環境の変動さえもたらしかねない。

また、戦後に君臨した米国の国力は低下し、もはや昔日の面影はない。台頭するソ連、中国と熾烈な抗争を続け、その谷間で、日本は生存せねばならないという。

「此の日本の国運を双肩に担う指導的政治家や経済人・言論界人・学者等の任務は並大抵のものではありません。我が国の指導的地位の人々は絶えず激動する世界と国内の諸情勢から寸時と雖《いえど》も眼を離さず、世界と日本の底流として盛り上がる人心の動向と実相を的確に逸早く読み取り、その現実に立って明確な我が国の前進の方向づけを具体的に確立し、巨視的視座に立つ個々の生きた現実の方策を樹立し、強力に推進すべきことは、云うまでもありません」

過去にも、この研究会はハイエクを日本に招いている。その際、支援者に送られた案内文に、こうあった。

「これは、自由資本主義体制、独占資本主義体制、社会主義体制あるいは共産主義体制等の如何を問わず、人類が一様に直面している根本的な生存の危機の問題であります。したがって我々は、人類の生活を単に経済あるいは政治面、社会体制面、人類生命科学面等に極限してみるような狭隘《きょうあい》な経済学説や諸学説では解決できないということをよく知っております」

いささか時代がかった文面で、二酸化炭素の濃度上昇と温暖化、地球環境の危機が指摘される今なら、まだ自然に聞こえるかもしれない。だが、高度成長の余韻が残る七〇年代、ここまで危機感を露わにするのは、奇人扱いされる恐れもあった。

「ハイエク・今西対談」も、その解決の糸口を探る試みらしいが、それを仕掛けた「総合人間科学研究会」、その趣意書を書いた理事長の名前を見た時、世間は驚いた。あの、田中清玄ではないか。

右翼の黒幕が、今度は地球環境問題、人類の未来などと言い始めた。それに再生可能エネルギー、資本主義の見直しも主張しているらしい。とても、額面通りに取れない。ひょっとして、石油に続いて、新しい利権でも見つけたか。

一部では、そう勘繰る向きもあったようだが、本人は至って真剣であった。晩年の自伝でも、当時の心境をこう語っている。

「実際のところ油はもう限界です。埋蔵量に限界があるし、大気を汚染する。地球温暖化の問題もある。だから太陽エネルギーに切り替えるべきなんです。私はそのことを石油危機以来ずっと主張してきたのです。この二十年間、その研究を日本や欧米の各会社が本気でやっていたら、多分、湾岸戦争なんか起きなかったでしょうな。これは世界の指導階級の重大な過失ですよ。石油の次に天然ガスといわれたけど、これだって化石燃料で、埋蔵量には限界があるし、害は免れ得ない。根本的な公害対策がいまのところないんです」（前出『田中清玄自伝』）

それでも、田中の真意を訝《いぶか》る向きは消えなかったようだ。考えてみれば、無理もない。私財を投じて海外を駆け、命の危険も冒し、石油権益を手にしたのだ。中東やインドネシアの指導者、メジャーとのコネクションもできた。普通なら、そこで石油ビジネスに専念し、金儲けする。それをなぜ、あっさり捨てるような挙に出るのか。

それどころか、全く脈絡のない事業に、手を染め始めた。周囲が戸惑うのも当然だが、この裏には、五年前、田中が自身で体験した中東の戦火、アラブの蜂起、そして、世界を揺るがした石油危機があった。

オイルショックを予言

グロブナー・ハウスは、ロンドンの中心部、メイフェア地区に聳える格式あるホテルである。二〇世紀の初め、ウェストミンスター公爵邸の跡地に建てられ、隣にハイド・パークの広大な芝生が広がる。かつて、この一帯は大地主の屋敷が並んでいたが、今ではホテルに改装されたものが多い。

その一角で、一際目立つ煉瓦造りのグロブナー・ハウス、ここが、ロンドンでの田中の常宿だった。

一九七三年九月一四日の午後、英外務省のスタッフが、滞在中の彼のもとを訪ねて来た。BPのクレア・アースキンから、ぜひ会いに行き、話を聞いてくるよう依頼された。出迎えた田中は、挨拶もそこそこに、英文でタイプされた三枚の文書を手渡してきたという。

「複数の信頼できる情報に基づき、エネルギー問題、特に中東産油国の緊迫する情勢についてお知らせしたい」

この文句で始まるレポートは、英外務省内で、少なからぬ波紋を巻き起こした。

それによると、今春、ワシントンで米ソ首脳、ニクソン大統領とブレジネフ書記長が会談した際、中東の石油が議題に上がった。そこで、中東で合同の軍事行動を起こし、油田地帯を米ソで分割する合意がなされたという。

目下、アラブは、油田を国有化し、供給削減をちらつかせる急進的態度を取っている。そのことに米ソは不満を募らせ、共同戦線で対抗する構えだ。カリフォルニアの砂漠で、米海兵隊の部隊が、大規模かつ長期の演習を行ってきた。その後、彼らは、地中海の第六艦隊に回され、リビア沿岸を睨んでいる。

また、ソ連海軍も、インド洋と地中海で大演習を行い、イラン国境沿いに部隊を置いた。こちらも、中央アジアのウズベキスタン、トルクメニスタンの砂漠で訓練してきた。

「こうした中東での米ソの企ては、あのヒトラーとスターリンによるポーランド分割を思い起こさせる。そうなれば、中東に石油権益を持つ英国や、輸入の八〇パーセントを同地域に依存する日本に、最も深刻な危機をもたらす。日英両国の首脳は、こうした状況を認識し、断固として対応していただきたい」

このレポートは、早速、英外務省の幹部の間で回覧された。もし、これが事実なら、大変な話である。東西冷戦下、対立しているはずの米ソが、じつは裏で結託していた。まさに、第二次大戦前の独ソ不可侵条約、ヒトラーとスターリンの密約に匹敵する。至急、英国政府として対処しなければならない。

だが、同時に、その信憑性を疑う者もいたようだ。

そもそも、田中なる日本人は、政治家でも外交官でもなく、一実業家に過ぎない。それが、なぜ、米ソの密約など機微に触れる情報を取れるのか。確かにアラブに人脈を持つようだが、おそらく、誇大妄想だろう。まともに相手するだけ、時間の無駄だ。

そう思った者も多かったらしい。実際、省内で回覧されたメモに、「この男は危険だ！」と走り書きする幹部までいた。

ブレジネフのソ連が米国と手を結んで中東を分割するという部分は別として（ただし、それがあながち荒唐無稽なものでもなかったことは次章で述べる）、機密解除された米政府文書によると、以前から米ソが共に中東情勢が危機的であるとして注視していたのは、事実なのだ。例えば、一九七一年一月一八日、国家安全保障担当補佐官のヘンリー・キッシンジャーは、ニクソン大統領に、「国際石油情勢」というメモを送った。

「米国が大勢を占める国際石油資本と、中東産油国の対立は、近く、世界的な石油危機を起こす恐れがあります。その場合、われわれが石油会社を支持すれば、アラブとイスラエルの紛争に波及する政治的意味合いを孕《はら》んでいます」

「中でもリビアは、要求内容を吊り上げ、石油会社の資産没収や生産停止を求めてきました」

「リビアが成功すれば、他のＯＰＥＣ加盟国も、更に高い要求を出すでしょう。そうなれば、中東に大きく依存する欧州、日本を直撃し、原油不足と大幅値上げにつながります」

ドイツ生まれのキッシンジャーは、戦争直前にナチスの手を逃れ、一家と共に米国へ渡ってきた。ハーバード大学の大学院を経て、同校で国際政治を教え、核兵器と外交戦略の論文で注目される。その後、ホワイトハウス入りし、ベトナム戦争の和平交渉、ニクソン大統領訪中など米外交を一手に担った。

ずんぐりした体型と分厚い眼鏡、ドイツなまりの英語がトレードマークで、どことなくユーモラスな雰囲気を醸している。

このキッシンジャーが恐れたアラブ急進派、その筆頭が、六〇年代末にクーデターで政権を奪った、リビアのムアンマル・カダフィ大佐だった。後に国際テロリズムの黒幕とされ、「中東の狂犬」と呼ばれた男だ。メジャーに対し、最も戦闘的で、原油の公示価格とメジャーがリビア政府に対して納める所得税率の引き上げを勝ち取っている。

こうした思想が、中東全域に広がるのを、キッシンジャーは危惧したのだった。

そして、この大統領へのメモの翌月、二月一四日、イランの首都テヘランでの交渉で、OPECとメジャーは、公示価格と所得税率の引き上げに合意した。いわゆる「テヘラン協定」で、その後起きる事態に比べれば、取るに足らない値上げではある。

だが、もはや、産油国の同意なしで重要な決定はできず、七社の国際石油資本「セブン・シスターズ」が君臨した頃には、考えられない光景だった。それは、イランのパーレビ国王が、英BBCのインタビューで語った言葉に象徴される。

「全ての産油国は、石油会社に騙されているのを知っている……。全能のシックス、またはセブン・

シスターズは、目を開いて、今が一九四八、四九年でなく、一九七一年であるのに気づくべきだ」

この直前、ホワイトハウスの国家安全保障会議に出された分析報告がある。

「北アフリカと中東の産油国は、明らかに石油供給を支配し、収入を増やして、政治的譲歩を狙っている。このＯＰＥＣとの交渉の問題は、今後も続くと見なければばならない」

「一ヵ国または複数の主要産油国が、政治的、経済的理由で禁輸に踏み切る場合、その危機管理計画を作っておく必要がある」

今度、中東で緊張が高まれば、アラブは間違いなく、石油をカードに使う。下手をすれば、禁輸と値上げで、先進国は破壊的な影響を受ける。その前に手を打っておくべき、という趣旨だ。

このテヘラン協定から二年、中東が異様なきな臭さを増すのを、田中も察知したようだ。そして、彼のレポートから三週間後、英外務省幹部はこぞって、それを思い出す羽目になる。中東で突如、戦端が開かれたのだ。

一九七三年一〇月六日、ユダヤ教の祭日「ヨム・キプール」の日、アラブの軍勢がイスラエルに対し、奇襲攻撃をかけてきた。

エジプト軍は、スエズ運河を渡ってシナイ半島へ、シリア軍は、ゴラン高原に侵攻、南北から挟み撃ちにした形だ。不意をつかれたイスラエルは、緒戦で敗北を喫し、奇襲は成功したかに見えた。第四次中東戦争である。

だが、態勢を整えたイスラエルは反撃に転じ、国連の停戦決議も受け、約半月後に戦いは終わる。そして、本当の危機は、その直後から始まったのだった。

開戦から一〇日後の一〇月一六日、ＯＰＥＣは、原油価格の大幅引き上げを決定した。公示価格をじつに七〇パーセント引き上げ、その翌日、イスラエルが、前回の中東戦争で占領した土地から撤退するまで、生産を毎月五パーセント減らすと決める。

だが、これはまだ、序の口に過ぎなかった。

一一月四日には、アラブの友好国以外に、原油生産を、九月比で二五パーセント減らし、その後も、毎月五パーセントずつ削減すると発表した。つまり、アラブの要求を支持しないと、半年後に半分、一年後には八割の油が入ってこない計算になる。これに震え上がったのが、日本の電力会社だった。

と言うのは、当時、九電力会社は、火力発電に五千万キロリットル以上の燃料を使い、しかも、備蓄は二五日分しかなかった。禁輸はすなわち発電停止を意味し、真っ青になった九社は、慌てて節電を呼びかける。通産省も、大口需要先に電気使用の抑制を要請したが、所詮、焼け石に水であった。

あの松永安左エ門が恐れた事態が、ついにやって来た。業界のリーダー、東京電力も事情は深刻で、木川田一隆会長はあるインタビューで、こう漏らしている。

「量的確保の問題に加え、予想をはるかに上回る値上げ幅なので、最近の中東原油の動きには驚いている。こんなコストの上昇ではもはや経営合理化の限界をはるかに超えており、現行料金水準の維持は明らかに限度に近づいている」（「電気新聞」一九七三年一〇月二九日付）

「例えば、一バレルで一ドル値上げとなった場合でも、油の質にもよるが、ざっと三百億円の支出増となる。これは当社の資本金（三千億円）に対する一割配当分に相当するものだ。これでは経営努力も何もかもふっ飛んでしまう」（同）

そして決定打は、一二月二三日、テヘランで開かれたＯＰＥＣ会議だった。

この席で、彼らは、翌月から公示価格を一一ドル六五セントにすると決定した。それまでの水準のじつに倍で、日本の輸入量を当てはめると、一年で外貨保有がなくなってしまうとされた。

この頃、国内では洗剤やトイレットペーパーが不足するとの噂が流れ、スーパーマーケットに客が殺到する。こうした買い占めがさらに物価を押し上げ、一二月の卸売物価指数は、前年同月比で、何と二九パーセント上昇した。

それは、パニック的様相を呈し、高度経済成長を謳歌してきた日本にとり、まさに戦後最大の危機であった。

この中東戦争勃発から石油危機まで、田中は、ちょうど欧州にいた。その間、国内の混乱を半ば呆れ、苦虫を嚙み潰したような顔で眺めていたようだ。

後年、著書の中で、あるエピソードに触れている。

「一九七三年の石油危機の際の国民大衆の周章狼狽ぶりは、今日なお笑い話になっているくらいだ。あるいはトイレットペーパー買い集めに殺到したり、あるいはベイルートに日本から商社と石油会社、それにブローカーが二〇〇組も雲集してホテルを長期独占しては、石油の値段を吊り上げての買い占めに狂奔するなど、当時西欧・中近東の人々の顰蹙《ひんしゅく》をかった。この時、私はロンドン滞在中だったので、BP（ブリティッシュ・ペトロリアム）のデビッド・アースキン卿から、『日本の石油業者や商人の勝手な暗躍は、石油価格の高騰を呼び、各国の経済に多大の不安と破壊をもたらすから、なんとか止めることはできぬか』との抗議を持ちかけられ、当時の田中角栄首相に電話をしてこの旨を伝えた苦い記憶がいまなお鮮明に残っている」（田中清玄『統治者の条件』情報センター出版局）

この意味を理解するには、若干、説明がいるだろう。

石油危機の最中、国内は輸入途絶の恐怖で、いくら金を払っても、油を手に入れろという空気だった。そして、日本の商社が取った行動が、世界に波紋を広げる。一二月上旬、テヘランで行われたイラン原油の入札で、日商岩井と住友商事が、一バレル一七ドル四セント（油種はイラニアン・ライト）、一六ドル四セント（同イラニアン・ヘビー）の超高値で落札してしまったのだ。

開戦直後、ＯＰＥＣが値上げした公示価格の、さらに三倍以上で、これが原油市場に大混乱をもたらした。他の産油国も値上げを言い出し、消費国から「みすみすアラブの罠に嵌《は》まるようなものだ。日本人は、何を考えてる」と怨嗟《えんさ》の声が湧く。トイレットペーパーを買い占めるように、国ぐるみで、油のパニック買いをしていたのだった。

そして、これには、重大な後日談がある。

翌年の一月下旬、通産省は、石油統計速報で前月分の原油輸入量を発表した。それによると、一九七三年一二月は、前月比で七パーセント増えていた。インドネシアなど南方からは一六・九パーセント、供給を減らしたはずの中東でさえ一・三パーセント増えた。

これは、一体、どういうことか。

じつは危機の間、通産省は、原油供給のシュミレーションをしたが、洋上のタンカーの輸送量を間違っていた。また海上保安庁も、入港したタンカーの積み荷を把握しつつ、それが報告されていなかった。何と、油は足りていた。日本はパニックになる必要などなく、幻の危機に踊っていたのだった。

こうした展開を、メジャーも丹念に追っていたようだ。日商岩井がイラン原油を落札した同日、ロンドンの英首相官邸に、日本勢の動きが報告された。ＢＰのエリック・ドレーク会長からの情報という。

また、シェルのフランク・マクファーディン社長も、東京の資源エネルギー庁、山形英治長官にメッセージを送った。ＯＰＥＣは今や、生産と価格を独占してしまった。それに対抗するには、消費国が結束し、油の争奪を控えるべきだという。中東を勝手に線引きし、散々、利益を独占してきたのは誰か、と突っ込みたくなるが、それだけメジャーも追い込まれたようだ。

その点、日本の政財界とパイプのある田中は、格好のバック・チャンネル、非公式の連絡ルートだった。ＢＰが頼ったのも、無理はない。その後も、産油国との交渉の内幕を彼に伝え、日本が高値買いに走らぬよう、注意喚起を依頼している。

田中の商社批判は、それだけではなかった。

「よく、外務省は駄目だが商社の情報網はすごいとしたり顔に言う人がいる。しかし、現象面については外務省よりましかもしれないが、本質については、外務省も商社もあまり変わらない。利害が絡んでいたのでは駄目なのだ。その典型的な例が、三井系企業のイランの石油化学プラントにかかわる一〇〇〇億円にものぼる損失である。あれなどは、私が何回もこの時期のイランへの投資は危ないと言っていた。欲に目がくらんだとしか言いようがない」（前出『世界を行動する』）

このイランでの三井の失敗は、ＩＪＰＣプロジェクトを指すと思われる。

七〇年代、三井物産を中心とする三井グループは、イランと共同で、ペルシャ湾岸のバンダル・シャプールに石油化学コンビナートを建設した。石油採掘で出るガスを活用し、イランとの関係も強化でき、これがイラン・ジャパン石油化学、ＩＪＰＣである。誘致の交換条件とされた油田の採掘権も魅力だったが、完成直前の一九七九年、イスラム革命が起きてしまう。

第二次大戦後、イランでは、米国の支持を受けたパーレビ国王が君臨したが、経済政策の失敗で、不満が高まっていた。やがて、反政府運動が激化し、パーレビは国外に脱出、フランスに亡命していた宗教指導者ホメイニ師が帰国し、イスラム共和国を宣言した。

これで工事が中断した上、今度は、隣国イラクとの戦争が始まり、事態は泥沼化する。結局、巨額の損失を抱えて、プロジェクトは断念、中東の宗教と政治に翻弄された末の撤退劇であった。

それを、以前から「欲に目がくらんだ」と警告していたのが、田中だという。

巷の財界人が、彼を「商売下手」「事業白痴」と笑っていたのは先に触れたが、こうなると、それはどっちだ、という話になる。

名門財閥さえ見通しを誤ったイラン情勢、それをなぜ、一匹狼の田中が予見できたか。その理由も、後年、こう冷静に振り返っていた。

「よく『政経分離』などと言うが、これも無知からきた幻想である。人間の生活は、ここまでが政治、ここまでが経済、この部分は精神面だ、などと分けることはできない。人間の生活はすべて不可分の一体なのである。にもかかわらず、部分に分けることが科学だと錯覚して、精神面は精神面だけ、物は物の面だけで議論しようとするから、正確に物事を把握するという、本源への追求力が出てこない」(同)

これまた禅問答のように聞こえるが、別のインタビューでは、こう語っている。

「困ったことに、人間を物や機能としてしか見ない似非合理主義者がハンランしている。経済専門家という欠陥人間は、アラブならアラブを油という観点からしか見ない。軍事評論家は軍事力だけで中東問題を、ベトナム問題を見る。そこに住んで、食い、眠り、祈っている人たちのことは念頭にない。

私は違う。人間として、人間の生活としてアラブを見る。日本を見る、アメリカを見る。これが、私の見通しが比較的正しく当たるゆえんです」(「月刊プレイボーイ」一九八一年三月号)

すでに述べたが、それまで商社や石油会社の担当者は、ロンドンやニューヨークに駐在し、中東にほとんどいなかった。油も情報もメジャーからもらい、そうして日々の商売に専念してきた。三井も、原油価格の動向、コンビナートの利益率を計算し、イラン進出を決めたはずだ。

それに対し、田中は現地へ入り、体を張って、あらゆる階層と付き合った。

食べ物はもちろん、イスラム教、メジャーに蹂躙された歴史、アラブの人間を理解しようとした。おまけに、かつて武装共産党を率い、インドネシアではクーデターを支援した過去もある。そうした体験の蓄積が、決定打になったということだろう。

本人は、「全心身で感じる」と言っていたが、要は自分の肌で感じるか、数字、活字で判断するかの違いである。

こうして、第四次中東戦争と石油危機は終わったが、この体験は、日本の政府と電力会社に強烈なトラウマを残した。

今回は運よく乗り切ったが、また将来、禁輸のカードを出されるかもしれない。そうなれば、今度こそ、本当に発電停止に追い込まれる。そうなる前に、至急、アラブに頼らない電源が必要だ。

そして、彼らは、従来の火力に代わる期待のエネルギーに飛びつく。これなら、もう中東に振り回されることもなくなる。原子力発電だった。

「ウラン馬鹿」を批判

一方、この頃、東京の田中の家庭でも、一つの大きな変化を迎えていた。と言っても、それは戦争でも、クーデターでもなく、長男の俊太郎の就職である。

慶應大学の理工学部を卒業した俊太郎は、一九六九年の春、大手電機メーカーの東芝に入社した。かねて日本のエネルギーに関わる仕事をしたいと思い、日立や三菱も検討したが、結局、東芝を志望した。その際、父の清玄に、全く相談しなかったという。

当時の東芝社長は、後に経団連会長を務め、父と親交のある土光敏夫なのに、だ。しかも、そもそも理系を選んだ理由が、面白かった。

「自分は、親父と同じ分野に行ったら、上から押さえつけられると思ってましたから。例えば政治とか、経済とか、頭が上がらないと分かってた。それで、絶対、技術の方に行こうと。うちの親父は技術オンチで、そういうところは口出せないし。で、工学部にいたから、会社の様子も多少、先輩から聞いて、東芝が合いそうだなと。あれは、親父とは、全く関係ないんですよ。相談したら、変なことになると分かってましたから。口を利いてやるとか、もう、そういうのが好きなんです。だから言ったら、絶対、変なことになると。それで受かってから、親父に言ったんです」

大体、この頃の田中は、油田権益の交渉で海外を飛び回り、ろくに自宅にいなかった。しかも、ひで夫人によると、やっと帰ったかと思えば、家族との団欒も、話題はもっぱら、国際情勢や国のあり方である。

ひで夫人も「この人は、家のことなど念頭にないのかしら」と思ったほどで、俊太郎が相談しなかったのも、無理はない。

「で、言ったら、さっそく土光さんに会いに行って、『うちの息子が、今度、おたくの会社に入ったから、よろしく頼む』。そしたら、土光さんが、『田中さん、私は、東芝の社長だよ。あんたより先に知ってますよ』って。多分、勤労部が報告したんですね。もちろん、面接もあったし、ちゃんと履歴書も出してますから。でも、そういうのは、会社で全く質問されませんでしたけど」

確かに、新入社員の採用に、家族構成や父親の職業など関係ない。ただ、この場合は、何しろ、あの田中清玄である。それを知った時の、人事担当者の驚愕ぶりは想像できる。俊太郎の履歴書を握って、役員室に飛び込むのが目に浮かぶようだ。

ともあれ、こうして無事に入社したのだが、配属されたのは、火力発電所の制御システムを扱う部署であった。

「元々、自分は大学でコンピュータ制御をやってたんで、入った時に、制御をやりたいと言った。そしたら、『これから物凄く忙しくなる分野がある、コンピュータ制御だ。君はそこだ』と。それで、東京電力の火力発電所は、横浜とか、ほとんど知ってますし、九州電力の唐津や佐世保、北九州とかも行きましたね」

こうして、日本各地の発電所を訪ねて回る日が続き、後に発電用計算機システム部長なども務めた。父の清玄が海外からもたらした原油、それを燃やす発電所を、息子の俊太郎が担当するのも、不思議な縁ではある。

いわば、親子二代で、日本のエネルギー確保に携わった形だった。

「それは、親父も喜んだと思いますよ。しかも、土光さんの会社だと。でも、東芝に入って、そういうのをやったのは影響を受けてないんです。たまたま、自分で選んだだけで」

そして、この頃、電力業界も大きな転換期を迎えていく。中東産油国やメジャーに左右されない期待のエネルギー、原子力発電の導入である。

戦後の日本の原発は、一九六三年、茨城県東海村の日本原子力研究所が、動力試験炉で初めて発電を行った。これに東芝は、タービン発電機を納入し、原子炉の制御系を担当した。そして、米国の原発メーカー、ゼネラル・エレクトリックから軽水炉、その沸騰水型原発の技術を導入していく。

やがて、東京電力の福島第一原発の一号機で、圧力容器などを担当し、続く二号機でも周辺機器を納入した。特に二号機は、石油危機の最中、七三年のクリスマス・イブに発送電に成功、「救世主」と呼ばれた。

これらが、二〇一一年の東日本大震災による津波で、冷却機能を失い、史上最悪レベルのメルトダウン事故を起こしたのは、歴史が示す通りだ。だが、初めは父の清玄も、原子力をごく自然に受け入れていたという。

「私が東芝に入った頃は、原子力発電所建設の初期で、これから盛り上がっていく時でしたね。その社長の土光さんも、発電所をぼんぼん作ると。うちの親父も、水力のダム建設とかやって、日本には石油がないから、やっぱり、原子力だと。『おい、俊太郎、お前も、しっかりやれ』って。一時期、しきりにそう言ってたのが、晩年は変わりましたね。要するに、危ないと、非常に危険だと」

自分の息子が就職した会社、そこが関わる原発に懐疑的になり、やがて真っ向から反対するようになった。しかもそれは、福島第一やソ連のチェルノブイリ原発事故の前、八〇年代の初めからだ。
この転向の理由についても、晩年の田中は語っていた。
「私は原爆ばかりではなく、平和利用という名の下での原子力そのもののエネルギーへの転用にも反対である。というのは、それは根本的に有機体組織を壊滅させるものであることと、放射能もれというものは現代の科学では防ぎようがないからである。それが継続すると、地球上の生命を支え合っているバランス、生物、微生物を含めて二〇〇万種とも言われる種社会、つまり生物全体のバランスをこわしてしまうのだ」（前出『世界を行動する』）
また、ある対談では、原子力に夢中になる者を、「ウラン馬鹿」と罵っていた。
「ところがバカな人間がいるもので、エネルギー問題というと原子力発電さえやればいいと思って、ウラン、ウランと騒いでいる。ウランだけでは電力の解決にもならないんですよ」（前出「問題小説増刊」）
「おまけに、最も重要なことを見落としている。小型、中型の内燃機関に、現在ではウランは使えないということ。移動用内燃機関に使えるような原子炉の開発は、一世紀かかりますよ」（同）
「ウラン一本槍のやつが、『じゃ、バッテリー作ればいい』っていうから、『笑わせるな。平地を走る自動車はそれでいいかもしれない。飛行機はどうなんだ。バッテリーのパワーと飛行機の重量を計算して、ノーベル賞でももらうんだな』っていってやると、黙っちまった。本当に『ウラン馬鹿』だ。自分のセクションだけを絶対だと思っている」（同）
これも、福島の事故の後では、まだ違和感なく響くかもしれない。
だが、当時、石油危機のトラウマで、原子力は夢のエネルギーとされた。政府も、原発の立地地域に交付金を回す電源開発促進税法などを制定、全面支援を打ち出した。

他の業界と違い、発電所は、油がないからと店仕舞いできない。何としても稼働しないと、国が潰れてしまう。それには、もう、原発しかないじゃない。これが、エネルギーの自立への唯一の道だ。それでも反対するなら、対案を出せ。

これが、政財界に流れていた空気で、そこへ水を差せば、どうなるか。下手をすれば、国賊扱い、つまはじきにされる恐れもあった。

それでも、田中が反原発に転じた理由、そこには、原子力専門家への不信、言いようのない警戒心もあったようだ。これは、原発と直接関係ないが、俊太郎は学生時代から、あることでよく父に叱られたという。

「『絶対』という言葉を使うのを嫌がってましたね。僕らが、うっかり、絶対大丈夫だとか、正しいとか言うと、まぁ、怒られました。何で、そんなことが分かる。絶対なんて、世の中にないんだ、よく見てみろと。確かに物理学でも、そうなんです。昔、真理だと言っていたのも、変わってくる。思想とかも、そうですよね。時が経てば、状況次第で変わっていく。絶対というのを信じちゃいけない、それは、よく言ってましたね」

その田中が知っていたかは不明だが、石油危機の時、東京電力のある幹部が発した言葉が残っている。OPECの禁輸と値上げで、国中がパニックになった頃、原子力開発本部長の田中直治郎副社長の言葉だ。

「確かに原子力発電には安全性の問題があり、これを徹底的に研究し解明する必要があるが、しかし、現在の軽水炉は絶対に安全だ。二重、三重に安全装置を設計してあるし、大きな事故は考えられない」

(「電気新聞」一九七三年一二月六日、傍点筆者)

「賛成、反対の両者が理論的な争いだけを戦わして平行線を辿っていては日本のエネルギー問題は解決しないだろう」（同）

今、この副社長の言葉を振り返ると、様々な感情が胸に浮かぶ。むろん私たちは、一一年前、福島で、絶対安全な軽水炉に何が起きたか知っている。後知恵で責めるつもりはないが、重要なのは、当時、電力業界内に生じた変化である。それは、恐怖が生んだ強烈な使命感とでも言おうか。

この使命感が、やがて驕《おご》りに変わり、あのメルトダウン事故の遠因になっていく。そして、田中が原発に反対した理由は、これだけではなかった。

俊太郎が東芝に入社してから二年後、一九七一年二月二二日、ホワイトハウスのニクソン大統領に、一通のメモが提出された。

作成したのは、国家安全保障担当補佐官のキッシンジャー、冒頭に「原子力エネルギーの平和利用政策の再検討」とある。タイトルこそ、ごく事務的な響きがあるが、その中身は、日本の電力業界にとり、重大な意味を含んでいた。

「わが国の原子力の平和利用政策は、一九五四年、アイゼンハワー政権のアトムズ・フォー・ピース計画以来、見直されておらず、この間、種々の問題が浮上しました。世界的に原発用の濃縮ウランの需要が増加する中、唯一の大供給源のわが国は、生産能力を増強していません。国家安全保障会議の委員会で、以下の問題に対処するよう命じました。①他国へ、濃縮ウラン供給を続けるべきかどうか、②そうであれば、どのような条件を付けるべきか」

そもそも、原発を動かすには核燃料を使うが、単に天然ウランを入れただけでは用をなさない。そこに含まれる「ウラン二三五」の濃度を高めた濃縮ウランが必要で、米国はその最大の供給国だ。これは、そのまま外交交渉のカードになるのを意味した。

そして、キッシンジャーの外交哲学は、徹底した現実主義、リンケージ戦略である。一見、外交と関係ないもの、食糧やエネルギーを絡め、相手を揺さぶり、主導権を取ってしまう。このウランを使う考えも、早速、米政府内で共有されたらしい。

三年後の七四年一一月、国務省が作った対日政策文書に、こうある。

「日本は、石油輸入への依存を減らすため、原子力発電を推進する姿勢を取っている」

「ある程度、日本が濃縮ウランの供給源を多様化するのは、避けられない。しかし、今後も、米国が主要な供給源であり続け、その役割を強化することが、わが国の利益に資する。直接の経済的利益に加え、政治的関係を深め、産油国からの圧力に耐えさせ、国際エネルギー問題での米国支持も促せる」

言い換えれば、こういう趣旨である。

〈幻の石油危機だろうが、何だろうが、日本は原発推進に舵を切った。今後、彼らは、国策として原発を作り続ける。われわれが与えた軽水炉を。そして、それは、対日外交にとって朗報でもある。原発を動かすのに必要な濃縮ウラン、その大半を、日本は米国に依存する。つまり、原発を作れば作るほど、われわれの重要性は増す。ウラン欲しさに、言いなりになるしかない〉

この国務省文書の二ヵ月前には、DIA（国防情報局）も、日本の原発について報告をまとめた。

原子力産業が生まれた経緯、業界の構造を記述し、そこに、一枚の航空写真が添付されていた。海岸沿いに真新しい原発が並び、その下に「FUKUSHIMA」というキャプションがある。誕生間もない、東京電力の福島第一原発である。

そして、日本の原発推進を歓迎したのは、世界のウラン鉱山を押さえるウラン・メジャーも同じだった。

これは英国、フランス、豪州、そして南アフリカの巨大企業で、天然ウランを採掘、提供する彼らなしに、原発は動かない。日本の電力会社も上客だったが、じつは、このメジャーの格好のカモにされていたことが発覚する。

一九七七年六月、米議会の下院商業委員会は、「国際ウラン・カルテル」の存在を示す秘密文書を入手したと発表した。これは、豪州の会社、メアリー・キャスリーン・ウラニウムから流出し、メモ、議事録など数百の文書は、石油のメジャーと同じ、いや、それ以上のカルテルを示していた。

それによると、秘密クラブが結成されたのは七二年二月、会合場所はパリ、メンバーは主要な生産国の業界代表だった。リオ・ティント・ジンク、デニソン・マインズなど、彼らだけで、当時の世界のウラン供給の七割を占める凄まじさだ。

その後も、同年五月のヨハネスブルク、翌七三年一〇月のロンドンで会合を重ね、ウランの価格操作、販売市場の分割を取り決めていった。

当然、日本も得意先だが、内部文書を読むと、何と、欧米の顧客より、価格が割高に設定されている。明らかな価格差別で、石油に代わるウランでも、高値を摑まされたのだった。

こうした裏の構図を、田中も強烈に意識していたらしい。

「では原子力はどうか。これまたチェルノブイリを見れば分かる通り、いったん事故を起こしたら、その惨害は甚大だし、核燃料はみなアメリカのメジャーカンパニーが握っている。ウラニウム鉱を採掘しようと、新しい会社を興そうとしても、参入できん。今世界で一番ウラン鉱石があるのは、アフリカ南部のナミビアです。あそこにはそのほかモリブデンなどのレアメタル（希少金属）が豊富に埋蔵されている。その埋蔵量は世界一です。もともと南ア問題というのはそこからきている。アメリカはこれを自分らのものとして、コントロールしようとしている。これを握れば世界の支配も簡単でしょうな」（前出『田中清玄自伝』）

田中の言わんとするのは、東京電力の福島第一原発を見れば、一目瞭然だ。

七一年に営業運転を始めた一号機は、燃料のウラン調達から濃縮、成型加工まで、一切を米ゼネラル・エレクトリックに依頼した。その後の燃料も、ウラン・カルテルの有力メンバー、カナダのデニソン・マインズ社と長期契約を結び、その濃縮も、米国で行われた。

つまり、欧米の国際石油資本、それがウラン・メジャーに替わっただけで、生殺与奪の権を握られるのは同じだ。これでは、とてもエネルギー自立どころではない。石油で散々メジャーとやり合ってきただけに、それが何を意味するか、見抜けたのだろう。

そして、田中は、強大なメジャーも手をつけていない、有望なエネルギーが存在するのに気づいた。石油やウランと違い、こればかりは、彼らも独占したり、分割したりするような真似はできない。しかも無公害、無尽蔵ではないか。太陽エネルギーである。

ドン・キホーテ

田中が、石油に代わるエネルギーを唱え始めたのは、七〇年代半ばだが、その頃の周囲の反応は、よくて黙殺、または奇人、ドン・キホーテ扱いだったようだ。

八〇年代に入ってからだが、あるインタビューで、田中は、脱炭素化と再生可能エネルギーの導入について、熱弁をふるっている。

「新エネルギーの開発、これはもう焦眉の急だ。その意味でも防衛力の増強なんてやってるときじゃないんだ。おれが、油がなくなるから太陽エネルギーへの転換を考えなくちゃいかんと説いてまわったのは、もう一〇年も前だよ」（「月刊プレイボーイ」一九八一年三月号）

「そのころは何も聞きもしないで、いまごろになって前から言ってたような顔をしてるから、新聞記者でも自民党の方でもおもしろいね。むろん太陽熱そのものだけでは、人類の文明、生活を維持するところの、油に代るエネルギーたり得ない。多面的にいろいろやらなくては。つなぎのエネルギーとしては、石炭の微粒子化、あるいは無公害液化、これは私たちも提携していますが、イギリスのナショナル・コール・ボード社でやっています。

それから、ジェット燃料およびガソリンは、交通手段であり、コミュニケーションの手段として欠かせない。これに代るものといったら、海水です。そのものずばりでいうならば、海水から液体水素を抽出する。これを燃焼させると水になるから、リサイクリングはきくし、無公害ですよ。これをコストを安く大量にやるには、太陽エネルギーの利用ですよね。これは実験室でもみんなできているのに、パイロットプラントを作れなかった。石炭石油でどうにかなるという甘い考えだと思うんだけどね、そういう犠牲は払いたくない。それはその日暮らしの日本の欠点でもあるし、ひとつは、石炭石油のあとはウラン原子力でいこうというのがメジャー・カンパニーの戦略で、ウラン鉱を開発したから、それで、田中清玄、いらんことをするな、というようなことになった」（同）

実際、この頃の田中は、英国のナショナル・コール・ボード（石炭省）首脳と連絡を取り、日英共同の石炭開発事業を話し合っている。石炭の液化、低公害化技術を導入し、石油を補完するためで、来日した石炭省と電力会社、経団連の会談を仲介した。

ポスト石油時代に、原発のみに依存するのは危険で、第一、内燃機関に原子力は使えない。石炭の無公害化で対応すべきという。また、地熱発電や水素エネルギーの資料、論文を集め、専門家から直接、意見を聞き取っている。

さらに同じ原発でも、ウランを使う軽水炉でなく、トリウムを用いた溶融塩炉に関心を寄せた。レアアースの副産物、トリウムを溶融塩に溶かし、燃料にするもので、これならメルトダウンも起きない。そのため、総合人間科学研究会に専門家を呼び、勉強会まで開いた。

この頃の田中は、すでに古希を過ぎ、七〇代に差し掛かっていた。

だが、本人が残した書簡や記録を読むと、右翼の黒幕と言うより、まるで環境活動家だ。かつて電源防衛隊で、共産党と血みどろの戦いをした彼が、今や、地球環境防衛隊を率いていたのだった。

そして、面白いことに、昭和から平成を経て、令和を迎え、太陽光と水素エネルギーの実用化が進んでいる。

国内はむろん、世界中でソーラーパネルが設置され、発電事業への新規参入が進む。日本の自動車会社は、ガソリンの代わりに、水素を燃やす「水素エンジン」に取り組み、欧州の航空機メーカーも、ジェット燃料ではなく、水素を燃焼させる旅客機の構想を発表した。また、太陽光の発電で海水から水素を作り、燃料電池に使う船舶まで現れた。

いずれも四〇年以上も前、ドン・キホーテ扱いされつつ、田中が、熱っぽく説いていたプロジェクトだ。温暖化の原因となる二酸化炭素も出ず、それがやっと、ＥＳＧ（環境・社会・ガバナンス）、Ｓ

DGs（持続可能な開発目標）の掛け声で、現実になろうとしている。

基本的に商売は下手で、金儲け自体に興味がない。が、今後、世の中で何が必要になるか、それを見抜く力は、ずば抜けている。俊太郎が見た父親像は、まさに正鵠《せいこく》を得ていたと言える。

だが、再生可能エネルギーだけでは、地球環境問題は解決できない。それには、まず大量生産、大量消費の経済体制、いや、資本主義そのものを見直さなければ。

そう考えた田中は、長年親交を温めてきた、ある経済学者に助言を求めることにした。彼なら、破滅に向かいかねない資本主義を超える、何かを見出せるかも。この人物こそ、田中を世界に開眼させた恩人、フリードリヒ・フォン・ハイエクだった。

ハイエクとの長い親交

そのアルバムの写真を見ただけでは、それがどういう会合か、咄嗟には分からなかっただろう。

洋風のリビングルームに置かれたソファで、四、五人の男たちが話し込んでいる。正客として招かれたらしい欧米人、彼を囲むように、日本人が話に聞き入っていた。白黒写真の横に書かれた日付は、一九六五年一〇月二〇日、田中邸での夕食会とある。

一同の中心にいるのは、来日中の西ドイツのフライブルク大学教授、フリードリヒ・ハイエク、一緒に写ってるのは、日本興業銀行頭取の中山素平、富士銀行頭取の岩佐凱実、東京電力社長の木川田一隆である。いずれも当時の財界の重鎮で、それが、まるで生徒のように聞き耳を立てていた。

この日、世田谷の自宅の夕食会に、田中は、わざわざ老舗の天ぷら店から料理人を呼んだ。それが、

東京大学近代日本法政史料センター提供

ハイエク（左から4人目）夫妻を自宅に招きてんぷらをご馳走。左から2人目が田中。最後列がひで夫人。

よほど口に合ったのだろう。ハイエク夫妻と料理人の記念写真も、アルバムに残っている。完全に肩の力を抜き、寛《くつろ》いでいる感じだ。

そして、大学生らしい若者が、一同に挨拶し、握手していた。慶應大学に在学中の俊太郎で、父の清玄が自慢げに紹介している。そのすぐ横には、側近の太田義人の姿もあった。

この夕食会から九年後、ハイエクは、ノーベル経済学賞を授与され、一躍時の人となる。それ以前から日本に招き、家族ぐるみで交際してきたのが、田中だ。

資本主義の殿堂入りした経済学者と武装共産党の元委員長、本来、不倶戴天の敵であるはずの二人が、終生の友情を結ぶ。この信じられない出会いを生んだのは、戦後の世界を席巻した巨大な思想、マルクス主義、ケインズ主義との戦いだった。

ハイエクは、一九世紀末の一八九九年、オーストリア・ハンガリー帝国の首都ウィーンに生まれた。父親は、地方政府の保健省に勤める医者で、母方は、保守的な大地主の家系だったという。成長したハイエクは、第一次世界大戦で歩兵連隊に入隊、将校としてイタリア戦線で従軍した。

捕虜になりかけ、頭に爆弾の破片を受けた戦争が終わり、戻ってきたウィーンは様変わりしていた。食糧や燃料不足、感染症、猛烈なインフレが襲い、オーストリア・ハンガリー帝国は崩壊、かつての領土からいくつもの国が誕生した。こうした秩序の激変が、ハイエクに、社会科学への関心を芽生えさせたという。

ウィーン大学に入学すると、経済学や法律、心理学を学び、やがて法学と政治学で博士号を取得した。一九二三年から約一年、ニューヨーク大学に留学し、ウィーンに戻ってから、新設されたオーストリア景気循環研究所の所長に就任する。

そして、ハイエクが注目を浴びたのは、三一年、ロンドン・スクール・オブ・エコノミクスの教授に就任してからだった。ここで彼は、英国の経済学者のジョン・メイナード・ケインズと大論争を繰り広げる。ちょうど大恐慌が世界を襲い、失業と倒産が蔓延し、その処方箋が渇望されていた時期だ。

ケインズは、政府が積極的に介入し、公共事業などで総需要を創出すべきだと主張した。財政政策と金融政策を両輪に、自由市場と政府介入を混合させ、経済を成長させるべきだという。

この理論は、不況に喘ぐ米国で、ニューディール政策として採用され、彼の著書、『雇用、利子および貨幣の一般理論』はベストセラーとなり、各国の、特に若手の経済学者を魅了していく。

これに対し、ハイエクは、政府による介入は、かえって不況とインフレを招くと警告した。いくら計画を立てても、社会を構成する無数の個人の意思は、完全に把握できないという。

また、経済を中央から指示するのは、社会主義と同根とし、それを精緻に述べたのが、第二次大戦中の著書、『隷属への道』だ。社会主義は、経済効率の上で欠点があるだけでなく、自由や権利と相容れず、全体主義につながるという。

これらは経済学史に残る論争となったが、戦後、米国などがケインズ主義を採用、順調な経済成長を遂げた。それは、まるでケインズ革命のように世界に広まり、次第にハイエクの名は忘れられる。そんな中、友人の一人として、終始一貫して支持したのが、田中だった。

田中がハイエクと知り合ったのは、一九六〇年頃、ハプスブルク家の当主、オットー大公の紹介だったという。

ハイエクの自由主義の思想に共鳴した田中は、六〇年代初めから、日本に招くようになる。滞在中は自民党や財界の要人、アカデミアに加え、全学連の元活動家との会合も設定した。

その交際は、二人が亡くなる九〇年代初めまで続くが、交わされた書簡を読むと、田中が、必ずしも教授の経済理論だけに関心を持っていなかったのが分かる。

その一つが、一九六三年一二月、東京會舘で狙撃された直後のハイエクへの手紙だ。児玉誉士夫の息のかかった暴力団員に撃たれ、生死の境をさまよった後である。やっと回復し、入院した聖路加病院のベッドから、こう書き送っていた。

「この事件で、私は、二つの過激主義と戦う決意を新たにしました。すなわち、左の共産主義、右のファシズムであります。わがモンペルラン協会の精神である新自由主義、その大義のため、これまでの百倍も戦う覚悟です。そのためなら、この命も喜んで捧げましょう。決して命を粗末にはしませんが、大義のため全力を尽くす覚悟です。今の自分は、闘志に満ち溢れております」

東声会組員から、三発の銃弾を撃ち込まれたのは、その一ヵ月半前だ。弾は内臓を回り、左の腎臓は摘出され、生還したのは全くの奇跡とされた。その入院先のベッドで、両手の拳を握り締めるのが想像できる。

そして、翌年の夏の書簡では、日本のリベラリズムの脆弱さを、切々と訴えていた。確かに日本は、戦後、目覚ましい復興を遂げ、経済も順調に伸びている。だが、まだ戦前の思想統制の影響が残り、いつ全体主義に戻るか、分からないという。

「この思想教育は、あらゆる分野を政府が統制した戦前に蔓延し、一九三〇年代の大恐慌時、勢いを増しました。それが、リベラルとされる者も含め、日本人が全体主義に抵抗しなかった理由だと確信します」

「過去の戦争体験を踏まえ、リベラリズムとは戦うべき価値があると信じる知識人、実業家は、ごく一部でしょう。経済は成長しても、リベラリズムという点で、まだ日本は精神的に強くないと危惧します。将来、経済が失速すれば、その時、国民は全体主義に抵抗しないかもしれません」

そして、この精神的脆弱さを克服するため、モンペルラン協会の日本支部を設立すべきという。

これは、第二次大戦後の一九四七年、スイスの保養地モンペルランで設立された自由主義者の団体で、初代会長にハイエクが就任した。共産主義への反対を打ち出し、欧米の経済学、政治哲学、歴史の専門家など多彩なメンバーを擁していた。

この田中の提言を受けてか、さっそく日本支部が発足する。

会員には、田中の他、富士銀行の岩佐頭取、興銀の中山頭取、東京電力の木川田社長、また世界経済調査会の木内信胤《のぶたね》理事長らが名を連ね、富士銀行調査部に事務局が置かれた。

これから分かるのは、当初、田中がハイエクに、反共活動の理論的支柱を期待していたことだ。

六四年といえば、核戦争の瀬戸際に追い込まれたキューバ危機から二年、世界中で共産圏と自由主義圏が対峙していた。日本でも共産党、社会党が勢力を増し、アカデミアや労働組合もマルクス主義の影響が強かった。そうした中、精緻な理論で、共産主義の矛盾を指摘し、破綻を予見したハイエクは、この上なく心強かったはずだ。

だが、それだけではない。

左翼だけでなく、田中は、狂信的な右翼活動にも警戒を高めていた。

今は経済が順調だから、それほど目立たない。だが、もし昭和の初めのように、恐慌が襲ってきたら、どうなるか。言いようのない閉塞感が漂い、強い指導者を求め、再び、全体主義が台頭するかも。その時、リベラルを自称する連中は、体を張って戦えるだろうか。

あの児玉誉士夫への態度からも、それは心許ない。総会屋や暴力団を抱える彼に、唯々諾々とへつらっているではないか。

〈土手っ腹に風穴、開けたいか〉

その一言で、震え上がってしまってる。

「本当の自由主義者というものは、暴力に対して決して尻込みしない。ヨーロッパの自由主義者たちは、ファシズムの暴力に対しても、コミュニズムの暴力に対しても正面から堂々と闘ってきた。自由主義者とは戦う人なのだ」

六〇年安保の時の田中の言葉である。

彼が、児玉や右翼団体に対抗し、大学の空手部員や港湾労働者を動員したことには、すでに触れた。

本当に自由主義経済を言うなら、財界の面々も、それぐらいの覚悟を決めろということだろう。その第一歩に、モンペルラン協会の日本支部を作り、皆を鍛え直そうとした。

右翼の黒幕の彼が、日本のリベラリズムの行方を、心から憂いていたのだった。

さらに反共運動だけが、二人を結びつけたわけでもない。付き合ううちに、田中は、ハイエクの孤高とも言える生き様に魅せられていったようだ。

「ハイエク教授の一生はマルクス主義者からも、ケインズ学派の学者たちからも、攻撃され続けた一生でした。でも教授は一歩もひるみませんでした。もう半世紀も昔のことですが、教授は学生に向かって、『経済学者たらんとする者は、自らに対する評価や名声を求めるべきではなく、知的探求のためなら、あえて不遇も厭《いと》うべきではない』と講義したことがあったそうです。教授と三十年間以上にわたってお付き合いいただいて、この信念は一生を貫いたものであったことが、実によく分かります」

（前出『田中清玄自伝』）

事実、ハイエクの生涯を見ると、田中が言わんとするところも頷ける。

ケインズとの論争で注目されたものの、一九三〇年代後半には、経済学者として忘れられてしまったのだ。大恐慌への処方箋を与えたケインズは、各国の、それも若手の学者を引きつけ、その著作は広く受け入れられた。特に米国では、計量経済学者や統計学者が理論を裏づけ、神格化される勢いだった。

それに呼応するように、ハイエクの教えを受けていた人々は、続々とケインズ派に転向していった。

ロンドンの大学では、学生たちが彼の理論を「中級の経済学」と呼び、ドイツなまりの英語をからかう有様だった。経済誌に論文が引用される回数も減り、六〇年代、シカゴ大学から西ドイツのフライブルク大学に移る頃、深刻なうつ病を患うようになる。

聴力も低下し、ふさぎ込むことが多くなり、仕事も手につかなくなった。人生を捧げてきた研究は、結局、無意味だったか。そんな思いに囚われた上、経済的な苦境も追い打ちをかけた。

蓄えや定年後の年金も少なく、著書の印税も振るわず、六九年、オーストリアのザルツブルク大学に移っている。規模の小さい大学だが、そこの図書館が彼の蔵書を買い取り、引き続き利用するのを認めてくれた。

そんな日々の中、七〇年九月、ハイエクは、東京の田中に書簡を送っている。

せっかくの誘いだが、体調が優れず、今秋の訪日は見送りたい。年金不足を補うため働かざるを得ないが、健康状態から無理だ。医者によると、どうも心理的な要因らしい、という。まさしく、満身創痍である。

そして、その年のクリスマス直前、一二月二一日、彼の銀行口座に、突如、田中から三千ドルが振り込まれた。このプレゼントへのハイエクの、丁重な感謝の書簡が残っている。

「この寛大な贈り物には、大いに感激しました。あなたのように、共通の理想を抱く人でなければ、あり得ないでしょう」

「この贈り物を受けるべきかどうか、最初は躊躇いました。ですが、自分が力を取り戻し、仕事を進めるための援助として、受け取らせていただきたいと思います」

学界で忘れられ、本人も「燃え尽きた年寄り」と言うほど、人生の底でもがいていた時、日本から助けの手を差し伸べた。それは、あの六〇年安保で、資金難に苦しむ全学連を支援したこととも重なる。

だが、なぜ田中は、世の風潮に逆らってまで、一貫してハイエクを支持したのか。その理由も、晩年の自伝で述べていた。

「教授の偉かったのは、何といっても秀徹した洞察力の確かさでした。こんにちソ連、東欧が崩壊して、自由主義経済の確立が世界的課題になっていますが、教授はそのことをすでに戦前から主張しておられた。社会主義計画経済なるものがいかにいんちきで、人間を抑圧するものであるか、そのことを世界で最も早く、しかももっとも精緻な経済学理論によって証明して見せた人でした。すでに一九三〇年代の初めに『計画経済は必ず自滅する』と予言しているんですよ。今になってロシアや東欧諸国が市場経済だなんていって大騒ぎしているが、教授は計画経済の破綻など、とうの昔からお見通しで、そのように主張されておったのです。

さらにハイエク教授の立派なところは、戦後、四十年近くにわたって世界中の資本主義国を席巻したケインズ理論を、これまた戦前から批判し、約三十年の長きにわたって、ケインズ学派との論戦を続けてきたことです。ハイエク教授の主張の核心は、『人為的な信用を作り出すことで、一時的に景気を上昇させることはできても、それによって起きる相対的価格体系の混乱は、やがて景気を反転させ、不況を招かざるをえなくなる』ということでした。ケインズ学派が全盛時代は、教授のこの学説は一顧だにされなかったのですが、七〇年代中期に起こった世界的な大インフレと、その後の不況は、これまた教授の理論が正しかったことを実証してみせたのです」（前出『田中清玄自伝』）

この言葉の通り、論争の転機は、七〇年代半ば、世界を襲った不況だった。

ケインズによると、政府が財政出動し、公共事業で総需要を補えば、自然に景気は回復する。事実、その効果は、六〇年代にかけて、各国政府によって実証された。ところが、経済は成長しないのに、インフレが進む、「スタグフレーション」が起きてしまった。理論と現実が食い違ってきたのだ。

要因の一つは、七三年の秋に勃発した第四次中東戦争と石油危機である。OPECの原油値上げで、物価が上昇し、経済成長に急ブレーキがかかってしまった。国際政治・経済の地殻変動で、それまであり得ないとされた現象が起き、経済学者は狼狽する事態になったのだった。

田中の見立ては、こうである。

「これは当然のことで、ケインズ学説には、『人間とは何か』が欠落している。穴を掘ってまた埋めるだけの、無意味な仕事でもいい。それに財政を投資すれば需要が創造され、景気が刺激される。これでは人心は荒廃しますよ。ハイエク教授は——私は経済学的にはハイエク教授の弟子だが、経済学はハイエク教授の学問の一部です。言語学、人類学、比較動物学、哲学——要するに、『人間とは何か』がハイエク教授の学問だ」(「月刊プレイボーイ」一九八一年三月号)

世間では、一応、ハイエクを経済学者に分類するが、その学問の領域は、およそその範疇《はんちゅう》を超えていた。ウィーン大学で最初、主に専攻したのは心理学だが、法学部でも友人と私的勉強会を主催している。そのテーマも、法律の他に文学、音楽史、歴史、哲学などで、発表者は、自分の専攻以外の分野を回された。

二〇世紀初頭のウィーンの知的風土とも言え、そこから幅広い文化的視点が生まれていく。一部の経済学者の如く、数学だけで全ての現象を理解するのとは、どだいアプローチが違った。

〈経済専門家という欠陥人間は、アラブを油という観点からしか見ない。そこに住んで、食い、眠り、祈っている人たちのことは念頭にない。私は違う。人間として、人間の生活としてアラブを見る。これが、私の見通しが比較的正しく当たるゆえんです〉

中東情勢を見抜いた田中の言葉は、ハイエクのそれと共通すると言えなくもない。

こうして、忘れられていたハイエクは、見事に復活し、そのクライマックスが、七四年一二月、スウェーデンのストックホルムでのノーベル経済学賞の授与だった。

「貨幣理論と景気変動に関する先駆的研究」が認められ、「見せかけの知」と題した受賞講演では、多くの経済学者が推奨した政策を大失敗と指摘した。そして、この授賞式後の晩餐《ばんさん》会に、友人として日本から唯一、メインテーブルに招かれたのが、田中だった。

ノーベル経済学者の祝いの席に、武装共産党の元委員長が、ゲストとして顔を見せる。しかも、その場には、文学賞を受賞したソ連の反体制作家、ソルジェニーツィンもいた。マルクスやケインズが生きていたら、顔を見合わせ、苦笑するのではないか。

だが、ハイエクにとり、彼は人生の晴れ舞台に、何としても招きたい同志だったはずだ。マルクス、ケインズ主義者との論争で孤立し、冷笑や侮蔑に晒され、うつ病すら患った時期、決して彼のもとを離れず、励まし続けたのが、田中だった。

そして、ノーベル賞の授与は、ハイエクの周辺に、あらゆる面での変化をもたらした。「昨日の異端は、今日の正統」ではないが、世の関心が一斉に向かい始める。世界中から講演依頼が寄せられ、その理論について書籍が出され、政治家も注目するようになった。

ハイエクの伝記を執筆した米国人ジャーナリスト、ラニー・エーベンシュタインは、こう表現している。

「一九八〇年代初め、ハイエクは一部で崇められるほどの存在となった。ケインズについても、インフレについても、福祉国家についても、彼の見解は正しかったと評価された。少し後には、社会主義や共産主義の集産主義的な、生産手段と土地の国有化は不経済で、独裁的であるという彼の指摘も正しかったとされるようになる。(ごく)一部の知識人の間では常に、ハイエクは真に深遠な思想家と見られていた。だが、一九八〇年代初めにはその評価がさらに上がる。誰よりも早く社会主義の行く末を見通した予言者とさえ言われるようになった」(ラニー・エーベンシュタイン『フリードリヒ・ハイエク』春秋社)

世界中で、ケインズからハイエクへの転向が起きていた。

そして、数多の講演依頼を横目に、七八年九月、ハイエクはヘレーネ夫人を伴い、一ヵ月に亘って来日する。招いたのは、総合人間科学研究会の田中で、滞在中、京都である人物と対談させるためだ。その相手とは、名だたる経済学者でも、経営者でも、また政治家でもなく、生物学者だった。

この対談に、田中が並々ならぬ情熱を傾けていたのは、日程表からも伝わる。その年の秋、ハイエク夫妻は、モンペルラン協会の年次大会に出席するため、香港を訪れた。その帰路に、彼の「個人的ゲスト」として、日本まで足を延ばすことになった。

九月一七日、日曜日の夕刻、成田空港に着いた夫妻は、都内のホテル・オークラに宿泊、田中や俊太郎ら家族との夕食会に臨んだ。翌日は、田中自らハイエクに、今西の経歴や人となり、学問上の業績について、ブリーフィングを行う。

二十日の午後、新幹線で京都へ移動し、都ホテルに宿泊したが、その際も、総合人間科学研究会のスタッフが随行した。そして、今西との対談は、第一回目が都ホテル、第二回、第三回目は妙心寺の春光院で、それぞれ「自然」「人類」「文明」のテーマで行われた。もちろんその間も、仕掛け人である田中が、ぴたりと付き添う。

だが、そもそも、ノーベル経済学賞の受賞者と京都の生物学者、なぜ、彼は、こんな突拍子もない対談を思いついたのだろう。

今西錦司は、一九〇二年、京都の西陣有数の織元「錦屋」の長男として生まれた。実家は、家族と奉公人を含め、三〇人もの大所帯で、何不自由のない少年時代を過ごしたという。

大正時代の好景気で財産も増えたが、祖父が亡くなると、商売を止めてしまう。そして、小さい頃から昆虫採集が好きだった彼は、京都帝国大学の農学部に進学した。

戦後は、京大の教授となるが、精力的な登山家であり、ヒマラヤなどへと調査隊を率いた。ニホンザルやチンパンジーの研究でも知られ、京大の霊長類研究所の創設に関わる。また退官後は、岐阜大学学長や日本山岳会の会長も務めている。

そして、有名なのは、自宅近くの鴨川で、水生昆虫カゲロウの幼虫を観察し、「棲み分け」理論を唱えたことだ。数種類のカゲロウは、川の中でただばらばらにいるのでなく、流れの遅い川岸から速い流心へ、ある秩序を持って分布していた。

これが、それぞれの環境に適応し、生物が住む場所を分かち合う「棲み分け」理論につながる。そして、自然淘汰、適者生存を重視する英国の科学者、ダーウィンの進化論への批判に発展していった。

「下鴨の家へ移った後、一九三三年に私は〝棲み分け〟の発見をするが、このことはまた私にとっては『種社会の発見』であったといってもよい。つまり棲み分けとは、Aという種の社会とBという種の社会とが棲み分けているということにほかならないからである。しかし、この発見も〝読書百遍意自ら通ず〟のことわざ通り、何回も何回もカゲロウの採集に行っていながら気づかずにいたのに、ある日突然気がついた。気がついてみると、何ということか、どこでもここでもちゃんと棲み分けしているのである」（今西錦司『私の履歴書』日本経済新聞社）

「この地上に生物の種類がいくらあろうとも、それらはみな種ごとにそれぞれ自分に最も適した生活の場というものを持っていて、その場所に関するかぎりは、その種がそこの主人公なのである。言い換えるならば生物の種類がいくらあろうとも、それらはそれぞれにこの地上を棲み分けている。進化とは、この棲み分けの密度が高くなることである。このように種と種は棲み分けを通して共存している。しかるに種と種が抗争することによってこの棲み分けを破壊するようなことが許されてよいものだろうか」（同）

つまり、競争原理を軸とするダーウィンに対し、今西のそれは、共存原理に立つとも言える。これを、ハイエクの自由主義理論にぶつけてみようというのが、田中の狙いだった。

「わたしはこうした今西理論の背後には、アジア独特の自然観、宗教観などに代表される東洋文明が色濃く反映していると思っている。学問領域の違いはあっても、今西さんのような東洋の学問と、西洋文明を極め尽くし、西洋合理主義の限界もよくご存じで、東洋文明にも比較的理解のあるハイエク教授なら、十分に対話は成立し、混迷する人類の危機を救うための端緒がつかめるのではないかと思ったのですが、そうはいかなかった」（前出『田中清玄自伝』）

実現に奔走した京都での対談は、残念ながら、全く嚙み合わなかったという。二人の話題は、東西文明論から市場経済、進化論と広がったが、ハイエクは最後まで、今西理論を完全には理解できなかったようだ。

それは、〈壮大なすれ違い〉と形容されたが、仕掛けた田中自身は、落胆する様子も見せなかった。

「二人の学問の方法論にそう大きな違いがあったわけではありません。学問をふくめその社会そのものを成り立たせている風土の違いということです。例えば日本では四季が画然と分かれており、湿潤な気候、そして自然のすべてに神が宿るといった自然観、宗教観をもち、共存と和を何よりも重んずる日本古来のありようと、唯一絶対神をもち、論理性と合理性をどこまでも求めて止まない西洋文明の違いであると思う」（同）

「しかし、私はお二人の対話が噛み合わなかったことこそ、今日もっと検証されるべきではないかと思っているんです。なぜなら、東西両文明の相互理解と融合こそ、人類社会が直面している危機を乗り越えるために、今もなお最も緊急の課題だと思うからです」（同）

そして、田中は、八〇年、八一年にもハイエクを日本に招き、今西と対談させた。また、中央公論社から出版された今西の著書、『ダーウィン論』の一部を英訳させ、届けている。

壮大なすれ違いとされても、ここまで二人の対話に拘る。しかも、それは、「西洋合理主義の限界」「人類の危機」を突破するための一歩だ、という。これまた、周囲を困惑させたが、本人は至って大真面目である。

その意図を知る鍵は、全く同時期、欧米で起きていた、ある「革命」にあった。

「サッチャー革命」

一九七〇年代の英国は、灰色の雲が垂れ込めた冬と形容するのが相応しい。それも、低落とか、衰弱とかいう生やさしいものでなく、崩壊寸前という言葉が当てはまった。

インフレ率は二〇パーセントを超え、庶民の生活を直撃し、強大な労働組合は、事あるごとにストライキを頻発させた。公共交通機関はおろか、病院やゴミ収集人、果ては墓掘りの作業人までストライキを起こし、人々の不満は頂点に達していた。

おまけに、所得税の最高税率は九〇パーセントを超え、勤労意欲を破壊し、海外移住を考える者まで出た。経済は窒息し、国全体が身動きの取れない、灰色に覆い尽くされた時代、それは、自嘲気味に「英国病」とも揶揄された。

その最中の七五年二月、野党保守党の党首選挙で、四九歳の女性が、ライバルを破って当選する。英国東部リンカンシャー州の食糧雑貨商の家に生まれ、倹約と勤勉さを旨に育ち、オックスフォード大学で化学を学んだ後、政界入りした。やがて、強固な意志と卓越した雄弁で、七九年の総選挙に勝利し、英国初の女性宰相となったマーガレット・サッチャーである。

そして、英国経済の再生に向け、サッチャーが教典にしたのが、フリードリヒ・ハイエクの著作だった。

すでにオックスフォード大学時代、『隷属への道』は読み、卓越した社会主義批判に感銘を受けた。保守党の党首になって間もなく、サッチャーは、党の経済政策の会議で話を遮り、ブリーフケースから、一冊の本を取り出す。ハイエクの『自由の条件』である。

「これが、私の信じる理論です」

それをテーブルの上に置くと、英国病の処方箋について、滔々《とうとう》と話し始めた。

それと同時期、サッチャーは、ロンドンの経済問題研究所を訪ね、初めてハイエクと面談した。理事会室で、二人きりの、約三〇分に及ぶ話し合いの後、彼女は帰っていった。

残されたハイエクは、感想を聞きたがる研究所の職員に囲まれる。いつになく物思いに沈んでいた彼は、長い沈黙の後で、たった一言、呟いたという。

「本当に、美しい女性だ」

その四年後、宰相となったサッチャーは、革命とも呼ぶべき政策を、次々と実行に移し始めた。

すなわち、水道や電気、ガス、鉄道、航空など国営事業の売却、民営化だ。また各分野で規制緩和を進め、労働組合の力を制限する法律を成立させる。その結果、八〇年代に入る頃には、ストライキの数も激減していく。

元々、戦後の英国は、ケインズ主義に基づき、政府の介入が進み、「ゆりかごから墓場まで」という福祉国家が誕生した。だが、それは同時に、国際競争力を低下させ、社会の沈滞を生んだ。思い切った民営化と規制緩和で、「小さな政府」を目指し、経済を活性化させようというものだった。

それには、まず国民、特に若者の意識を変えなくてはならない。サッチャー政権の幹部は、積極的に大学などで講演し、メッセージを発していく。

「戦後に取られてきた経済政策は、全て誤っていた」

「責任を負い、リスクを取り、金を儲ける人たちは、社会の役に立つ」

「英国には、大金持ちがもっと必要で、倒産ももっと必要である」

自己責任、市場原理、小さな政府……。それまで耳にしなかった言葉が広まり、社会の秩序を変えた。閣僚の中には、「ハイエク教授流の経済の自由主義は、余りに厳しく、社会の一体感を生み出せない」との声もあったが、断行された。

それは、ケインズ主義からの転向、まさに「サッチャー革命」と言ってもよかった。

当時、年に数回はロンドンを訪れていた田中も、当然、こうした変化を目撃したはずだ。ひょっとしたら、かねて親交のあるハイエクから、内幕を聞いていたかもしれない。

かつてアブダビの海上油田権益を譲ってくれたＢＰも、例外ではない。首相就任後、サッチャーは、政府が保有してきたＢＰの株式を売却した。一九世紀以来、日の沈まぬ大英帝国の象徴だった巨大石油会社、それすらも売却の対象にされたのだ。

〈今、この国では、とてつもない革命が起きてるぞ〉

田中が、そう感じたとしてもおかしくなかったろう。

そして、こうした潮流は、同じ頃、大西洋を挟んだ米国でも現れ始めていた。

ハイエクが音頭を取って、一九四七年に創設されたモンペルラン協会、その初会合の約四〇名の参加者に、米国人の若い経済学者がいた。後に事務局長、会長となるシカゴ大学のミルトン・フリードマン、「シカゴ学派」と呼ばれた一群の中心人物だ。

その哲学も自由放任、市場原理で、政府の介入に反対するのは共通していた。資本主義の歴史を俯瞰した、ダニエル・ヤーギンとジョゼフ・スタニスローの共著『市場対国家』は、シカゴ大学教授のゲーリー・ベッカーの言葉を紹介している。

「シカゴには市場の力を信じる強い伝統がある。シカゴ大学が寄与した点は、市場の力、人びとの選択の力を、公共政策の面でも経済学の面でも示したことにある。指導力がきわめて強い点も、経済学部の特徴だった。自分たちは正しい答えを知っており、自分たち以外の経済学者は間違っているのだという強い自信があった」

そして、ヤーギンとスタニスローは、シカゴ学派の思想を、こう説明する。

「市場は信頼でき、競争の有効性は信頼できる。市場に任せておけば、最高の結果が生まれる。資源配分の仕組みとしては、価格がもっとも優れている。市場に任せておけば達成される点に介入してその結果を変えようとするのは、非生産的である。このように考えるシカゴ学派にとって、政府の政策に関していえる点はあきらかである。可能なかぎり、政府の活動を民間の活動に置き換えていくべきなのだ。政府は小さいほどいい」

その中核を担ったフリードマンも、ハイエクから遅れて二年、七六年のノーベル経済学賞を受賞した。その後も、ゲーリー・ベッカーを含め、シカゴ大学の関係者が続々と受賞していく。

完全に流れが変わった。

そして、八一年一月、彼らの理想を現実にしてくれる、強力な政治家が登場した。第四〇代合衆国大統領に就任したロナルド・レーガンである。その規制緩和と市場原理を重視した経済政策は、「レーガノミクス」と呼ばれ、日本など各国に拡散していく。それは、あたかも世界に連鎖する革命のようであった。

その先駆けと言えるのが、南米のチリである。

ここは七〇年に、サルバドル・アジェンデ大統領の社会主義政権が生まれ、主要産業の国有化などを進めた。これに対し、七三年九月、アウグスト・ピノチェト将軍を中心とする軍が、クーデターを起こし、政権は崩壊した。大統領官邸も砲撃を受け、炎上した廃墟の中から、アジェンデの死体が発見される。

だが、ピノチェトの軍事政権は、政変後の経済運営を全く準備していなかった。国営企業や政府の介入を減らす政策が、至急、必要だ。そこで頼ったのが、左翼思想に染まってない、米国帰りの若い経済学者ら、「シカゴ・ボーイズ」だった。

彼らの多くは、ハーバード、イェール、シカゴなど米国の名門大学に留学、経済政策を叩き込まれる。特にシカゴ大学は、チリと交換留学制度があり、多くの学生が在籍した。そこで、大きな影響を与えたのが、人気教授のフリードマンである。帰国後、その教え子は、いずれも財務省など政府の要職に就く。そして、米国で学んだ自由主義経済を実行に移していったのだった。

それは、まるでキリスト教の宣教師の布教のようにも映る。

そして、本来なら、それを最も歓迎していいのは、田中だったはずだ。

二〇年以上も前からハイエクの正しさを信じ、不遇の時も寄り添い、経済的支援までやってきた。それが、ノーベル賞受賞を機に、ようやく報われたのだ。しかも、サッチャーとレーガンという自由主義圏のリーダーが後押ししている。

ところが、そうした風潮には、一歩距離を置いて眺めていたようだ。

「教授の尊敬すべきところはまだありますよ。それだけ自由や個人、さらには民主主義ということに高い価値を置いた教授ですが、それらをア・プリオリには信じなかったことです。人類は進歩もすれば、愚かしいこともする。いいことだからといって、怠けていればいつまた人類はそのしっぺ返しを受けるか分からないということですよ。まさに『真の自由人』としての面目躍如たるものがあります」（前出『田中清玄自伝』）

戦後、血みどろの反共活動をした田中だが、その彼も、決して資本主義が完璧などとは思ってなかった。ある思想を絶対と信奉すれば、いつか必ず、しっぺ返しを食らう。あの共産主義と同じだ。

そして、七〇年代以降、行き過ぎた資本主義、企業の歪な利益重視、貧富の差の拡大を激烈に批判していたのだった。

資本主義への怒り

七三年の秋の中東戦争と石油危機が、猛烈なインフレを引き起こしたのは、先に触れた。その際、日本の大企業は、続々と便乗値上げに走り、それが大きな社会問題になった。

特にひどかったのが石油業界で、大手の幹部クラスによる委員会を作り、価格カルテルを結んでいたのが発覚する。

国会では、石油危機を「千載一遇のチャンス」とし、値上げを指示したゼネラル石油の内部文書を、共産党が暴露した。また共同石油も、あろうことか通産省の減産指示を捏造し、値上げを促す文書まで作成していた。いずれも、冬の灯油やプロパンガスが値上がりし、国民生活を直撃した時期だ。

これについて田中は、雑誌の「財界」に、こう寄稿している。

「石油問題なども現地に行って調査すれば、日本に何万トン納入して、日本がどのくらい備蓄しているかといったことがわかるはず。それをせずに石油会社は売りびかえる。価格が上がる。上がった段階で、以前に安く購入した石油を売り出す。高いものを押しつけられ泣くのは国民だ。聞くところによると石油会社にはもうけすぎて臨時配当をするというところがあるらしいが、これが企業の社会的責任かね。

中山素平さん（日本興業銀行相談役）もたまりかねて、『大企業値上げ自粛』を提唱した。このとき日産自動車会長の川又克二氏がなんと答えたと思う？『値上げしなければ株主に対して責任がもてない』とうそぶいたのだ。それでは国民に対する責任はどうなのか。それとも日産自動車は国民なくして存在できるというのか。株主だけでやれるならやってみたらいい」（「財界」七四年三月一日号）

「それが資本主義の原則なら、私は資本主義を否定する」（同）

自分が体を張って持ってきた油、それが暴利を貪る道具にされ、怒り心頭に発したようだ。こんな「略奪的資本主義」なら、法律でどんどん縛るべき、という。

そうした憤りは、後に、バブルに踊る日本に向けられた。

八〇年代後半、株式と不動産の高騰が空前の好景気を生み、地上げ屋が暗躍、リゾートやゴルフ場の開発が過熱する。企業はおろか、庶民まで財テクに夢中になり、まさに浮かれた空気、バブルが充満していた。

そんな中で、八七年九月、田中は都内で講演し、こう訴えた。

「そこで問題を入れたい。金が万能ですか。日本において商社なんかにおいて、一番大事なのは儲けるということでしょう。赤字を作らない、半期、半期に決算していく。儲けのためにあらゆる努力をする。中小企業も犠牲にするだろうし、首切りもやるだろうし、技術開発もやるだろう。儲けないものは悪、儲けられるものは善、一番これの典型的なのはアメリカですね」

「私は儲けのために仕事をやらなかったし、儲けることは大事だが、国のためになる事業、つまり食糧増産、エネルギー、それに限ってやってきた。土地問題に手をつけなかった。土地を値上がりさせて儲けて何になる。自分はいいかしらんが、うちも持てない人も出てくるし、土地は投機の対象じゃないですよ」

「日本は儲けのために狂奔する。俺は会社のためにやるんだ、儲けなきゃいかん、と言う。しかし、もっと大事なものがあるんじゃないか。国のためになってるか、その前に社会のためになってるか考えたことあるか。まず考えたことないですね。だから、価値観念、根底から違っている」

それから三年後の九〇年、史上最高値をつけていた株式は暴落に転じ、やがて不動産も下落、ついにバブルは崩壊した。それ以前から、日本人の変質、儲け至上主義を痛烈に批判していたのだ。

そして、その九〇年の夏に起きたのが、イラクによるクウェート侵攻だった。

即時撤退を求め、米軍主体の多国籍軍が編成され、翌年の湾岸戦争につながる。巡航ミサイルなど、米軍のハイテク兵器はイラクを圧倒し、クウェートは解放された。

その時の田中の発言は、こうだ。

「ブッシュ大統領が自由主義・正義を守るといっても、一体自由主義・正義とは何なのだ。米英オランダの石油メジャー会社はアラビア半島、湾岸、そしてペルシア湾内の石油利権をサウジアラビアのサウド家、クウェートのサバハ家などアラブの王家と堅く組んで独占し、いまアラブの大国を支配している。アメリカの要求しているることは、結局そうした自己の独占支配体制を維持したいというだけではないのか」（「経済往来」九一年三月号、四月号）

「ジャーナリストにしても今はアメリカ追従という輩がほとんどだが、そのアメリカは一体何のために開戦を急いだのだ。アメリカ人は自由主義経済を守るためとか、いろいろな『理念』を口にしているが、たかが自由主義経済のために世界全体を戦火に巻き込んでいいはずがない。そもそも自由主義経済は本当に行われているのか。その実態は民主主義、自由主義の装いをした富有階級の独裁政治にすぎない」(同)

そして、晩年の著書では、こう高らかに戦闘宣言した。

「自分の金儲けのためには、日本の国益も国民の権益も犠牲にして顧みない売国奴的商人が群生する今日の日本人を目の当たりに見る時、私は心の底から突き上げてくる怒りと闘魂を覚える」(前出『統治者の条件』)

すでに転向して半世紀が過ぎたが、かつての武装共産党を彷彿とさせる。本気で、荒くれ男の行動隊を差し向けかねない勢いだ。田中にとって、「略奪的資本主義」は共産主義と同じ、いや、それ以上に憎むべき敵だったのだろう。

二〇世紀の歴史に痕跡を残したケインズとハイエクの論争、七〇年代から世界を席巻したシカゴ学派、そして、一貫してハイエクを支持しつつ、略奪的資本主義に敵意を燃やした田中、ここから分かるのは、資本主義とは決して一つではない、また、時代によって流行りがあるということだ。

それを決めるのは、戦争であり、恐慌であり、あるいは感染症の流行であったりする。その時の世界を揺るがす危機が、振り子を動かし、ノーベル賞が権威づけ、さらに拡散していく。フリードマンの後、シカゴ学派の受賞が相次いだのは、象徴的だ。

そして、ハイエクが受賞した際の発言が、これまた興味深い。七四年一二月、田中も出席した、スウェーデン国王主催の晩餐会でのスピーチである。

「ノーベル経済学賞が創設され、その受賞者の一人に選ばれたことに、心から感謝の意を表したい」

「しかし、もし、ノーベル経済学賞の創設について相談を受けていたら、私は、はっきりと反対していただろう。そうした賞は、科学の流行り廃りを助長する傾向がある」

「ノーベル賞は、個人に大きな権威を与えるが、これが自然科学なら問題ない。その影響は、同じ分野の専門家に限られ、すぐ分相応に収まるからだ。だが、経済学者の影響は、政治家やジャーナリスト、官僚、そして、一般大衆にも及んでしまう。経済学の功績を挙げても、社会全般の問題まで権限を持つべきでない」

今から振り返ると、このハイエクの言葉は、予言的な響きを含んでいた。

七〇年代以降、ノーベル賞のお墨付きを得たシカゴ学派は、世界中に、自分たちの思想を広める。その哲学は、徹底した市場原理主義で、各国の国営企業の民営化、規制緩和、価格の自由化が行われた。

それは、八〇年代に入って加速し、東西冷戦の終結でクライマックスを迎える。市場は信頼でき、競争に任せておけば、最高の結果が得られる。自分たちは、間違っていなかった。そんな単純な楽観論、高揚感が満ち溢れていた。

だが、やがて、その負の側面も噴出し始める。

民営化は、各国で首切りや公共料金の値上げを生み、医療や公的教育など社会基盤の弱体化も批判された。また、ごく一部の富裕層が富を独占する一方、貧困は拡大、深刻な格差が問題となる。だが、いったん、権威を得た思想は、崇拝、絶対視され、それに反対する者は異端視された。

一握りの経済学者が、その国の社会、文化まで変えてしまったのだ。当然、反発も起きる。

かくして、世界各地で反市場原理主義のデモや暴動が起き、余りの経済格差に、社会主義に魅かれる若者も増えた。さらに、大量生産・大量消費の資本主義自体、地球環境を破壊しているとの声も高まった。

今、再び、振り子が動こうとしている。

かつて、その振り子を動かしたのが、ハイエクやフリードマンが創設したモンペルラン協会だった。その大会が、六六年、東京で開かれた時、会員の田中は「私見」として、ある論文を提出している。いくら自由主義と言っても、他国の歴史や境遇を無視し、ある考えを強制すれば、それは、もはや全体主義だという。

「本東京大会に於ても何人かの発言者の方が、『己の欲せざる所、之を人に施すことなかれ』という趣旨の事を言われましたが、私はこれでもなお不十分と思うものであります。私は更に一歩すすんで、『己が善と信じた事でも他人に押しつけてはならぬ』と主張したい。自分にとっての最善を他人に強制する時は、動機は如何にあれそれは既に自由主義では無い。アメリカはこの点、例えばヴエトナム、キューバ、ラテン・アメリカ諸国において誤りを犯していると思います。アメリカはたとえそれをアメリカが善と考え、民主々義的と考える事でも、他国に押しつけてはならぬと思うのであります」

ここで、田中が主に言及したのは、当時、激化していたベトナム戦争を指すと思われる。共産勢力への対抗を大義に、米国は、大規模な派兵を行い、泥沼の戦争に向かっていた。

そして、ここで「自由主義」を「資本主義」に換えると、今の世界と驚くほど共通しているのに気づく。

シカゴ学派は、確かに経済を活性化させ、成長を生んだ。が、それぞれの国には、独自の歴史や文化があり、いくつもの種類の経済が脈々と息づいている。それは、あたかも多種多様な生物が生息するのにも似ている。

そこへ、米国で生まれた生物、いや、一種類だけの資本主義を押しつけたら、どうなるか。たとえ善意であっても、無用な抗争、混乱を呼び、やがて強い者が弱い者を飲み込んでいく。それは、もはや、全体主義ではないか。

そこで、共存原理に立つ「棲み分け」理論を融合させ、いわば、新しい資本主義を目指そうとした。それは、まるでシカゴ学派に、京都学派の今西錦司をぶつけたようにも映る。

その今西とハイエクの対談で奔走した頃、田中は、あるインタビューを、こう締めくくっていた。

「これからの日本の行く道は、脚下《きゃっか》照顧《しょうこ》、まず内輪を固めて、本来の民衆の魂をとりもどし、歴史的伝統に立った中国やＡＳＥＡＮの行く道に協力すること。つまり、アジア・ソリダリティーですね。その上に立って、米、ソ、欧、アラブ、アフリカといった、それぞれの世界と共存しながら、行きづまりをみせている西欧合理主義を住み分けのアジアの原理と和合させることによって世界を蘇生させる。これが日本が人類に対してなし得る、最大の貢献じゃないですか」(「月刊プレーボーイ」一九八一年三月号)

彼にとって、これもヴ・ナロード、革命運動の延長だったのだろう。

八〇年代後半まで、田中は、定期的に欧州を訪れ、そのたびにハイエクと面談を重ねている。ある時は、西ドイツのフライブルクにある教授の自宅で、あるいはオーストリアのホテルで、数日間に亘り、二人きりで意見を交わすこともあった。

その話題は、国際情勢から経済学、人類学、宗教と幅広く、大学ノートなどに詳細に記録された。それを読むと、まるでハイエクを家庭教師にしているようだ。その文面に、田中が語った言葉が残っている。近く、教授を日本に招いて、大規模な国際シンポジウムをやりたいという。

「人類の危機に直面して、今こそ、ハイエク理論の重要性を世界にPRしたい。ハイエク哲学なくしては、現在の人類の危機は救済できないものと確信している」

世間一般の田中像は、右翼であり、黒幕であり、どこか禍々しい暗さがつきまとってきた。本人も人物の好悪が激しく、時に、傍若無人に振る舞った。その田中が、ことハイエクには全幅の信頼を寄せ、尊敬の気持ちは終生変わらなかった。

一体、何が、そこまで彼の心を摑んだのか。

ハイエクは、九三歳の誕生日を一ヵ月半後に控えた、九二年三月二三日に亡くなった。その最晩年のあるエピソードを、田中は紹介している。フライブルクの自宅を訪ねた際、教授が、近くのシュワルツワルト（黒い森）へ散歩に行こうと誘ったという。

「ところが行ってみると、大気汚染のせいなのか、酸性雨のせいなのかは分からないが、木が枯れて赤茶けた色になっている。教授はそれを見やりながら『これはシュワルツワルトじゃない、ブラウンワルトだ』って笑っていました。そこで僕はこう聞いたんです。

『いま世界中で、環境の汚染が大きな問題になっていますが、人類は地球環境の問題を解決できるとお考えですか』

教授はこう言われた。

『残念ながら、ミスター田中、自分はその質問に答えることはできない。なぜなら自分は微生物のことをよく知らないからだ。自分もその問題は非常に重要だと思っており、そのことと微生物の問題とは大きな関係があるとも思っているのだが、自分は微生物学を十分勉強していないから、もっとよく勉強してから、今のご質問にお答えすることにしよう』

僕はその答えを聞いて感動したな。教授ほどの世界的な大学者が、僕ごときの素人の質問に答えるに、これほど誠実な答えがあるだろうか。これはまさにハイエク教授の学問に対する誠実さ、そのものというべきものでした。教授とはこれが最後の会話になってしまいましたが、忘れられない思い出です」（前出『田中清玄自伝』）

そして、田中は、面談記録に、ハイエクが語ったという言葉を書き留めていた。

「人類は自分で思っているほど、利口ではない。人類は自己過信から、自らの限界を忘れ、何でもできると思っている。そこから新しいことをやろうとし、大きな間違いを起こしている」

この世に「絶対」というのは存在しない。絶対の正義も、悪もなく、それは、あらゆる思想にも通じる。資本主義も、共産主義も、どちらかを絶対と信じてしまうと、とてつもない禍《わざわい》をもたらす。

かつて共産主義にのめり込み、母アイを自殺させた田中は、ようやく、それを乗り越えられたのだ。

第七章 最後の日々
～冷戦を超えて～

田中が単なるフィクサーでなかった
ことは、その人脈を見ればわかる。
とくに、ハプスブルク家の当主、
オットー大公との友情は、
田中に世界中の機密情報が集まる
きっかけにもなった。
それらの情報を使って、
田中は何を目指したのか。

オットー・フォン・ハプスブルク財団提供

来日した大公夫妻を京都の古寺に案内する田中

そこは、まるで宗教の見本市のような場所だった。

元町は、函館市の南部、函館山の麓にあり、坂の上から停泊する船を一望できる。この港は、幕末に開かれて以来、貿易や北洋漁業の基地として栄えてきた。ここ元町も、外国公館や各国の宗教施設が建てられ、それが、異国情緒豊かな街並みを生んだ。

そこで生まれ育ったのが、文芸評論家の亀井勝一郎である。父親は函館貯蓄銀行の支配人で、今、生家の近くに記念碑が建ち、彼の文章の一節が記されている。

「私の家のすぐ隣は、フランスの神父のいるローマカソリック教会堂であった。その隣はロシヤ系のハリストス正教会である。この二つの会堂は、それぞれ高さ五十メートルほどの塔をもっているので、船で港へはいるとすぐ目につく。

ハリストス正教会の前には、イギリス系の聖公会があり、やや坂を下ったところにはアメリカ系のメソヂスト教会がある。

私の家は浄土真宗だが、菩提寺たる東本願寺は、坂道をへだててわが家の門前にある。また同じ町内の小高いところには、この港町の守護神である船魂《ふなだま》神社が祭られ、そこから一直線に下ったところには、中国領事館があって、ここは道教の廟堂《びょうどう》を兼ねていた。要するに世界中の宗教が私の家を中心に集まっていたようなもので、私は幼少年時代を、これら教会や寺院を遊び場として過ごしたのである」

確かに、この碑の前に立つと、いやでも東西の宗教が目に入る。

港から大三坂《だいさんざか》を登ると、左に東本願寺の函館別院、右には、カトリック元町教会の塔の風見鶏が見える。内部は、ローマ教皇ベネディクト一五世から贈られた祭壇が置かれ、その先は、函館ハリストス正教会だ。ギリシアから東欧、ロシアを通じて伝わったキリスト教で、真っ白な壁が、青い空に映える。

そして、約百年前の大正時代、母アイに手を引かれ、この元町の坂を登ってきたのが、小学生の清玄だった。

連れられて行った先は、八幡坂の側に立つ函館教会だ。明治初期、米国人宣教師のM・C・ハリスが設立し、プロテスタント系では国内有数の歴史を誇る。

愛する人の子を生みながら、結婚を許されなかったアイは、シングルマザーとして生きる道を選んだ。看護師の仕事の傍ら、女性の自立の手段だった産婆の資格を取った。腕の良さで評判となり、やがて何人もの弟子も抱え、成功を収める。

ところが、息子の清玄は、小学校に入ると悪戯がひどく、手がつけられなくなってしまった。連日、近所や学校から苦情が持ち込まれる。

一人っ子で、それに仕事にかまけて、甘やかしたのがいけなかったのかしら。

悩んだ末、アイは、ここの日曜学校に通わせることにした。牧師の説教を聞き、賛美歌を歌えば、少しは素行もよくなると思ったのだが、その期待は、見事に裏切られた。

説教に退屈して、さぼって遊び回り、帰る途中の子供から、出席簿のカードを取り上げていたのだ。それを知ったアイは、烈火の如く怒ったという。

函館山の麓の高龍寺には、先祖の田中玄純の墓がある。幕末の会津藩家老の家系で、蝦夷地の警護に派遣された際に亡くなった。その後、この地に葬られ、黒ずんだ墓石の眼下には函館港を望める。

そこへ、幼い清玄を引っ張ってきたアイは、喉元に短刀を突きつけ、こう凄んだ。こんな卑怯な真似をして、先祖に顔向けできない。ここで、お前を殺して、私も腹を切る。

その余りの迫力に、清玄は震え上がってしまった。必死の形相で謝り、それからは真面目に教会に通ったという。いわば、ここ元町は、幼かった彼の心の原風景なのだ。

鄧小平との単独会見

それから半世紀以上の年月が流れた八〇年代、老境を迎えた田中は、静岡県の伊豆高原で静かな余生を送っていた。すでに、石油など一切の事業から手を引き、ひで夫人と二人の静かな日々だった。

窓からは、伊豆諸島の大島を望め、行き交う小舟が見え隠れする。日が暮れる頃は、天城の山が夕陽に映え、やがて、とっぷりと闇が広がる。その合間に新聞各紙を読み、テレビのニュースを観ながら、憤慨し、怒ったりする。かつて国際的フィクサーと呼ばれ、世界を駆け回った男と思えない、平穏な日々だったという。

その田中が、再び、世間を驚かせ、耳目を集める出来事があった。

と言っても、荒くれ男を共産党に差し向けたり、クーデターを支援し、石油を取ってきたりしたのではない。肩書のない民間人として、中国を訪れ、最高実力者の鄧小平副首相と単独会見したのだ。

一九八〇年四月一四日、中日友好協会の招きで訪中した田中は、人民大会堂で、鄧小平と会見した。話し合いは一時間半も続き、二人の話題は、日中関係から超大国米ソの動向、中国の近代化まで及んだ。通訳を交え、文字通り、膝を突き合わせたような写真を見ると、決して社交辞令の会見ではな

東京大学近代日本法政史料センター提供

鄧小平と会見。日本人が単独で会うのはきわめて異例のことだった。

かったのが分かる。

右翼の黒幕が、よりによって世界最大の共産党、その最高実力者と会う。しかも、肩書は民間人、総合人間科学研究会の理事長で、日本の外務省も全く関与していない。

むろん、世間も驚いたが、当時、中国は建国から三〇年、鄧小平にも、日本との関係を強化したい事情があった。

一九〇四年生まれの鄧は、大戦前、パリに留学中、創設間もない中国共産党に入党した。帰国して革命運動に参加し、戦後も、党の総書記や政治局常務委員などを歴任する。名実共に実力者となるが、六〇年代の文化大革命で失脚してしまう。

地方の工場や農場で働き、やがて復活するが、資本主義を企む走資派の烙印を押され、またもや失脚した。そして、七〇年代後半、副首相に返り咲き、改革開放路線を打ち出す。有名な「白い猫でも、黒い猫でも、鼠を捕る猫がよい猫だ」

の言葉を生み、経済優先、市場経済の導入を目指した。

その後の中国が目覚ましい成長を遂げていったのは、歴史が示す通りだ。

創立間もない共産党に入党、戦争と建国を経て、失脚と復活を繰り返す、まさに、中国の現代史を体現した人物だった。

その鄧への田中の評価は、賞賛の一言に尽きた。絶妙なバランスで、一〇億以上の国民の生活を向上させた「名人芸」だという。

「鄧小平さんが始めた自留地にしても、初めてのときは腰掛け一つで、路傍で爺さん婆さんや孫娘が野菜を売っているという程度だった。ところがまたたく間に小屋掛けになり、バラックになり、本建築になりといった具合に、わずか五、六年で、政府の公設市場をあらゆる点でしのぐ大市場になってきた。人民公社を廃止したしね。ロシアはいまだにコルホーズ、ソホーズを廃止できないでいる。一番の違いはそこで、現実に国民を食わせているかどうかです」(『田中清玄自伝』)

「鄧小平さんはさらに百万人規模の軍縮をやったが、騒動一つ起きなかった。これは大変なことですよ。戦前の日本を考えてごらんなさい。軍縮どころか、軍事予算のちょっとした削減を口にしただけで、総理大臣や大蔵大臣がいとも簡単に殺されたんですから」(同)

「軍人が軍備削減というものに対して示す反発、反動というものは、古来変わるものではありません。それが不平一つでなかった。

現実に食べさせ、国民を満足させている者の強さですね。よく鄧小平の中国は最後の共産主義だなんていうが、歴史的な現実に立脚しているということで、イデオロギーなんかとっくに乗り越えている。社会主義を崩せるような要素をちゃんと織り込みながら、時間をかけて徐々に変えようとしている。急速にやったら失敗しますよ。鄧小平さんはしかもアメリカ流の市場経済がどうの、自由経済がどうのなんて、ひとことも言わない。にもかかわらず、極めて自立している」（同）

戦後、一貫して共産主義に敵意を燃やし、ハイエクの自由主義を支持してきた田中、それが、中国共産党の最高実力者に敬意を払った。しかも、イデオロギーなぞ関係ないという。

これまた支離滅裂に見えるが、そこには、田中流の人物鑑定法もあったようだ。長男の俊太郎は、こう語る。

「うちの親父が、よく自慢してたのは、『俺は会った瞬間に、相手の人物が分かるんだ』と。こっちは話半分に聞いてたけど、直観力は凄かったですね。雰囲気や目の力とかで、まず、相手が本気かどうか、物事を胡麻化《ごまか》してないかを見る。初対面で、何かを言う、それに相手が、どう反応するかを重視するんです」

そして田中が、鄧小平と初めて会った時の印象は、こうだ。

「鄧小平さんに会ったとき、あ、これは人物だなと、いっぺんでわかった。肩書のない素浪人だから、純一無雑な気持で相手に向い合える。だから、相手の人物の容量がそのまま映ってくる。同時に、会ったのは北京であるけれども、やっぱり汎神論的風土に育った稲作民族だな、と思った。感覚的にね」

（「月刊プレーボーイ」一九八一年三月号）

初めて会った相手が、本当に信頼できるかどうか、瞬時に見抜く。それには、肩書など無視し、相手の表情、目の動きに全神経を集める。

考えてみれば、これは、戦前の共産党で学んだことだった。

非合法時代、党員やシンパの誰が、特高警察のスパイか分からなかった。スパイでなくとも、ちょっとした拷問で、すぐに仲間を裏切ってしまう。それも、普段威張っている幹部が、だ。もし見誤れば、自分の命はおろか、党に壊滅的打撃を与える。

それは、喉がカラカラに渇く、体の芯が擦り減るような体験だったはずだ。青春時代の苛烈な日々が、ここでも、大きな財産になってくれた。

この鄧小平との邂逅の後、田中は訪中を繰り返し、政府中枢とコネクションを築いていく。そして、自分の残りの人生を、中国に賭ける決意をした。

第一の人生は、共産主義運動の時代で、第二は、食糧やエネルギー問題でアラブやインドネシアを駆け回った頃、そして今、第三の人生が始まったという。その田中は、全身全霊を傾け、あるプロジェクトに取り組み始めた。

敗戦直後、焼け野原の東京で密かに拝謁し、「命に懸けてお守り申し上げます」と誓った昭和天皇、その中国訪問だった。

天皇訪中への密使

後年、中日友好協会の孫平化《そんへいか》会長は、そもそも、中国側に天皇訪中を持ちかけたのは田中だったと明かした。本人も、晩年の自伝でそれを認め、しかも昭和天皇の前に、まず皇太子の訪中を打診したという。

「鄧小平さんとの会談の席上、私の方から申し上げた。陛下（筆者注・現上皇）はもちろんその時は皇太子でしたから、皇太子殿下の訪中ということです。鄧小平さんは『是非やりましょう』と即答されました。そればかりではありません。鄧小平さんは昭和天皇のご訪中も歓迎いたしますとさえおっしゃったんですよ。私がそのときに天皇陛下のご訪中の前に、まず皇太子殿下に行っていただこうと思ったのは、いきなり陛下のご訪中といっても、自民党は反対しますからね。なんといっても、それには時間がかかる。

いきなり陛下のご訪中などと言い出して、日中関係がおかしくなったら、そんなもの永久に駄目になりますよ。いわば将来、陛下がお出になられるときの道開きだと考えた」（前出『田中清玄自伝』）

こうしたやり取りがあったのは、北京での二人の会見に同席した秘書、林賢一も確認してくれた。日本に戻ると、田中は、宮内庁の幹部と極秘に会い、中国側との話を詳細に教えた。それは、すぐ天皇本人にも伝わる。もちろん、外務省に一言の相談もせず、だ。

この幹部こそ、終戦の年、一九四五年一二月二一日、皇居の生物学研究所での単独拝謁、それに同席した入江相政だった。

戦前の宮内省で侍従となり、以来、半世紀に亘って昭和天皇に仕えた入江は、当時、侍従長の要職にあった。その入江が、国際情勢に大きな関心を持つ天皇に代わり、田中と会い、海外の情報を入手していたのは、拙著『エンペラー・ファイル』で触れた。

田中自身、それを認めている。

「陛下にはその後、天皇誕生日なんかにおめでとうございますと書いてお届けすると、入江さんが陛下のところに持っていかれたようで、『田中は元気だね』って笑っておられたと伺ったことがあります。それから入江さんから電話があって『この問題を田中はどう言っておるか』と。それで入江さんとお会いして、二人でよく話しました。国際問題が中心でしたねえ」（同）

そして、その会合の舞台が、都内港区の白金台にある都ホテル東京（現シェラトン都ホテル東京）だった。ここは、岸内閣の外務大臣、藤山愛一郎の邸宅跡で、閑静な住宅街にある。

八〇年代に田中の秘書だった林は、この会合に何度か立ち会っていた。

「清玄先生が入江さんと会うのは、いつも、都ホテルと決めていました。あそこは、他のホテルと違って、専用の担当者を置いて、こっちの細かい頼みも聞いてくれたんです。先生が宿泊するのは一二三六号室で、別に個室を取っておいて、料理やワインを運び、入江さんは、いつも一人でやって来ましたね。こちらで用意したレポートを渡して、食事しながら背景を説明するんですが、中国や欧米、ソ連の動向が中心でした。たまに、テロに関する情報もあったと思います」

こうした会合は、八〇年代、二、三ヵ月に一回のペースで開かれ、必要に応じ、入江の自宅に、直接レポートを届けたこともあったという。

「当時、赤坂のプリンスホテルの近くに入江さんの公邸があったんですが、そこに夜、清玄先生に指示されて、よくレポートを持っていきました。それを玄関先で手渡すと、入江さんは、いつも寸志の入った封筒をくれるんです。それが楽しみで届けに行きましたよ」

これら水面下の接触は、後に公表された入江の日記でも確認できる。

侍従になって以来、彼は亡くなるまで日記をつけ、それを遺族が、『入江相政日記』として出版した。この中に、時々、「田中清玄」「都ホテル」という記述があるのだ。

また、日記によると、八四年四月、天皇が「中国へはもし行けたら」と発言したとある。この天皇の意向も、田中は入江から聞かされ、すぐ鄧小平ら中国側要人に伝えられた。これも、日本の外務省を介さない裏ルート、バック・チャンネルである。

だが、こうした田中の構想を実現するには、ある大きな障害を克服する必要があった。やつらを黙らせないと、まとまる話もまとまらねぇ。

天皇訪中に反対する国内勢力、特に自民党の保守派である。

一九八六年の春、田中は、朝日新聞社の雑誌「朝日ジャーナル」に、ある文章を寄稿した。タイトルは「天皇訪中を阻む軍国主義者どもの意図」、自民党の国会議員らを、痛烈に批判する内容だった。

戦後四〇年、日本は一見、繁栄と平和を享受し、戦争で多大な迷惑をかけたアジアとも、良好な関係を持つ。だが、これらの国とは、まだ、最も重大な決着がついていないという。かつての交戦国同士の「心の面での戦争終結」である。

そして、七八年一〇月、鄧小平が、中国首脳として戦後初めて来日し、天皇と会見した際のエピソードを紹介した。

宮内庁の発表では、この時、鄧は「過ぎ去ったことは過去のものとし、今後は前向きに両国の友好関係を建設し、進めていきたいと思います」と述べた。

それに対して天皇は、両国の間には、「一時不幸な出来事もあったけれども、お話のように過去のこととして、これからは長く両国の親善の歴史が進むことを期待しています」と応じたという。

だが、田中が入江から聞いていた話は、だいぶ違った。

天皇は、鄧を宮殿「竹の間」に招き入れると、突然、「長い間、ご迷惑をかけました」と話しかけた。先の戦争の過去を、自ら、率直に詫びたのだ。その言葉に、鄧は、非常に大きな衝撃を受けた様子だったという。その日の日記に、入江も「鄧氏は『今のお言葉には感動致しました』と。これは一種のハプニング」と書いている。
だが、これは、日本政府の意向で、一切発表されなかった。
そして、田中は、中国側も、天皇に訪中の意向があるのを承知しているとし、こう訴えた。
「中国の指導者層は、日本政府がなぜ天皇陛下の中国ご訪問を実現しようとしないのか疑惑を持っている。東南アジアの指導的階層の人たちにも『天皇陛下は欧米においでになっておられるが、なぜアジアにお越しにならないのか』と不審を抱いている。彼らは日本が東南アジアや中国を一段も二段も見下しているように感じ取っている。このような傾向の強まりは、アジアに生きる日本にとって極めて不幸であり、危険なことである」(「朝日ジャーナル」一九八六年四月一一日号)
「そして非常に危険なことは、今や戦後民主主義は定着し、戦前のような軍事強権政権はあり得ないという軽佻《けいちょう》浮薄な楽観論が横行することである」(同)
「事実、過去の戦争責任を負わなければならないはずの軍事強権主義者とその追随者たちが大量に今日復活し、あるいは自民党員として議会で活動し、あるいは官僚として政府権力の中枢で日本を動かしているではないか」(同)
「その意味でも、天皇陛下のご訪中実現こそが、アジアの平和、世界の平和にとって最大の保障になる。天皇陛下のアジアご歴訪で日支戦争、大東亜戦争の幕が最終的に閉じられることになる」(同)
いかにも田中らしい文章だが、右翼の黒幕が、軍国主義復活を警告する。それも、左寄りとされる朝日新聞の雑誌で、だ。さぞ、右翼も左翼も戸惑ったろうが、じつはその狙いは、時の総理、中曽根康弘の靖国神社参拝の阻止にあった。
その前年の八五年、終戦記念日の八月一五日、中曽根は、戦後の総理として初めて、靖国神社を公式参拝した。これに反発したのが、中国や韓国などである。A級戦犯の東條英機らを合祀《ごうし》する場として、中国では、反日デモが起きる事態になってしまった。

総理は、今後も、靖国神社へ参拝を続けるつもりか。とすれば、近隣諸国の反発に、どう対応するのか。

そんな思惑が流れる中、翌八六年の春、四月一一日から中国の呉学謙《ごがくけん》外相が来日した。日中外相の定期協議のためで、滞在中、中曽根総理や安倍晋太郎外相、自民党の幹部らと会談する予定だった。

その二日前、田中は、旧知の中曽根に、個人的な書簡を送っている。呉外相と会う際、ぜひ天皇、皇太子訪中を働きかけてほしい、そのためにも、靖国参拝は止めてもらいたいとの内容だった。

書簡によると、呉外相には、中国外務省の楊振亜《ようしんあ》アジア局長が随行してくる。楊は、胡耀邦《こようほう》総書記の直属のスタッフで、日中関係の重要局面に必ず顔を出す。

田中角栄総理が訪中、国交を回復した際、周恩来首相の手足となり、アジア局長になってからの働きも目覚ましい。

特筆すべきは、中曽根の靖国参拝で、中国の学生が反日行動に走った時だ。その時、楊局長は、北京や西安、上海などの大学に連日張りつき、懸命に学生を説得してくれたという。

「そのため、中国の大学生のデモは、小規模にとどまり、スローガンに、天皇陛下に対する非難は一文字もなく、亦《また》中曽根総理に対する公式の反対演説は勿論、横幕の反中曽根スローガンは一字も見当りませんでした。此《こ》れは、明らかに、中曽根総理と家族ぐるみの兄弟つき合いを続けて居る胡耀邦総書記の配慮に基くものであり、言はば、胡耀邦総書記は中曽根総理に自己の政治生命を賭けて居ります。貴総理の成功は胡総書記の成果となりましょう。

今、中国の指導的な人々の瞳は、貴総理の一挙手一投足に凝集して居ります。願わくば、貴中曽根総理が天皇陛下も御参拝なされない、靖国神社への公式参拝は、従前に引き続き御やめになっていただきたい」

中曽根は「戦後政治の総決算」を掲げており、靖国参拝もその一つだ。それには、宗教色を薄めれば、憲法で禁じた宗教活動に当たらないという論理だった。

だが、中国で予想以上の反発が起き、また強行すれば、楊振亜、胡耀邦らの政治生命に関わる。そうなれば、中曽根、いや、日本の利益にもならないとの趣旨だった。

だが、いくら旧知の仲とは言え、政治家でも何でもない老人の要請を、現職の総理が聞き入れるだろうか。

じつはこの時、中曽根は、田中の助けを求めざるを得ない、厄介な事情を抱えていた。しかも、元はと言えば、自らの迂闊《うかつ》な発言が原因である。それは靖国と全く関係ない、日本共産党の宮本議長からの名誉棄損訴訟だった。

中曽根との貸し借り

この年、一九八六年の三月三〇日、中曽根は、地元の群馬県高崎市で、青雲塾の四〇周年記念式典に出席した。

青雲塾とは、終戦直後、彼が設立した思想団体で、国土と人心の復興再建を目的とする。内務省を辞め、郷里に戻り、全国最年少の二八歳で国会議員となるが、後援会の役割も担ってきた。

その四〇周年の式典が、群馬音楽センターで開かれ、約二千名を前に、中曽根は塾長として演説した。

青年運動として青雲塾を始め、政界入りし、総理大臣まで登り詰めた軌跡を説き、更なる支援を訴えた。満員の会場で、スピーチは四〇分以上続くのだが、その途中で、事件は起きた。終戦直後を振り返る中で、共産党に言及したのだ。

「昭和二四、二五年になるというと、当時の共産党は、この、まだ武力、暴力共産党だった。そこで群馬の吾妻《あがつま》郡や利根郡には発電所がうんとあります。発電所の爆破をやるんじゃないかという心配があった」

「こういうわけで、共産党が電源を爆破して日本を革命しようとしている」

「その時に吾妻郡や利根郡まで入ってきて、それをいろいろと暴力革命的なことを教え込んだのが今の共産党の議長の宮本顕治君であります」

中曽根にすれば、内輪の、それも古くからの支援者を前に、気が緩んだのかもしれない。だが、誤算は、会場の報道関係者の中に、共産党機関紙、「赤旗」の記者がいたことだった。

案の定、三日後、共産党は自民党に、発言を取り消し、謝罪を求める申し入れを行った。

「宮本顕治議長が、当時、このような地におもむいたことはいっさいなく、もちろん『暴力革命的なことを教え込んだ』うんぬんということも、まったく事実無根である。一国の総理で公党の総裁の地位にあるものが、公式の席でこのようなことを言い、日本共産党の最高責任者を誹ぼう・中傷することは断じて許されない」

それを、赤旗は、一面トップで大々的に報じる。その後も、労働運動史の専門家のコメントを載せ、下劣なデマ演説と批判を続けていった。

一方、自民党は、演説の録音テープを聞いたが、問題ないとの立場を取った。別に、宮本自身が群馬に行ったとは言ってない、という。

これに業を煮やした宮本議長は、一四日、中曽根を相手取り、謝罪広告と損害賠償を求めて、名誉棄損の訴訟を起こしたのだった。

傍から見れば、三五年も昔の話、それも内輪で、一分程度の発言である。大人気ないとも思えるが、その夏は、参議院議員選挙を控えていた。これ幸いと攻勢に出たのかもしれないが、中曽根と自民党に、頭痛の種が増えたのは間違いない。

一応、反論はするが、万が一、負けるようなら厄介だ。現職の総理が、新聞に謝罪広告など出せるわけがない。至急、当時の事情を知り、弁護してくれる証人が欲しい。

そこで現れたのが、あの男、田中清玄であった。

終戦直後、三幸建設の田中が、会津若松などで電源防衛を展開したことには、すでに触れた。八六年六月、田中は、東京地方裁判所の民事第二五部に、上申書を提出した。当時から、台頭する党の若手幹部として、宮本に注目していたという。

「確かに一九五〇年の夏頃であったと思いますが、私のもとに、原告が重要な電源地帯を持つ群馬県に行き、電産労組の指導を行ったという情報が入りました。私はこれを同県出身の中曽根康弘代議士に伝達し、注意を喚起いたしました。

同代議士とは、一九四九年のクリスマスにＧＨＱのアーモンド参謀長が練馬の基地で催したパーティで面識を得て以来時折会っており、特に電源防衛運動では同志として共に活動した仲であります。

私は、スターリンの陰謀によって朝鮮戦争が引き起こされたことに対して、限りない怒りを感じると共に、せっかく平和になった祖国日本をソ連の手先たる日本共産党などに攪乱されてたまるものかと考え、当時、必死になって電源防衛運動をやったのであります」

当時、三幸の新入社員で、電源防衛に回された太田義人も、中曽根をよく覚えていた。

「あの頃は、また、それだけの情勢がありましたからね。警察力がないから、共産党も好き放題やってたんでね。で、群馬で電源防衛をやったのは中曽根康弘、青雲塾を動員したんです。よく三幸建設の田中のところにも来て、打ち合わせしてましたよ」

この上申書が、どれくらい効いたのかは、分からない。だが八六年八月、中曽根は、靖国神社の公式参拝を断念した。

そして、後に九〇年三月、東京地方裁判所は、宮本議長の訴えを退ける判決を下した。新聞の謝罪広告と損害賠償、いずれも棄却する、中曽根の全面勝利であった。

ここで興味深いのは、田中からの靖国参拝中止を求める書簡、そのタイミングだ。

中曽根が、高崎で共産党の破壊活動に言及したのが、三月三〇日、共産党が抗議したのが四月二日だった。じつは、その前日の一日の夜、田中は、密かに総理公邸を訪れ、中曽根と話し込んでいた。そして、参拝中止を求める書簡を送ったのが、九日である。

もはや本人に確かめる術はないが、宮本議長による訴訟は、田中にとり、千載一遇のチャンスだったはずだ。

〈今となれば、電源防衛の裏を知るのは、この俺しかいない。宮本顕治や共産党が何か言ってきたら、

喜んで証人になる。その代わり、こっちの願いも聞き入れてほしい。靖国神社への参拝、どうか、それを止めていただきたい〉

公邸で、こうしたやり取りがあったかは想像するしかないが、中曽根にとっても、田中は心強い援軍だったはずだ。それが、二ヵ月後、東京地裁への上申書につながったとすれば、辻褄は合う。現に、田中が中曽根側と、裁判対策を話し合った記録もある。

もっと面白いのは、じつはその夏、宮本率いる共産党も、総理の靖国参拝の中止を求めていたことだ。どんな参拝方式を取ろうと、それは侵略戦争を美化し、軍国主義復活をめざす一環だという。

田中清玄と日本共産党、両者は、互いを目の敵とし、戦後を通じ、事あるごとにぶつかってきた。終戦直後は、電源防衛で衝突し、皇居前のデモに荒くれ男が殴りかかっていった。六〇年安保は、反共産党の全学連に資金援助し、運動の主導権を奪ってしまう。また、海外の油田権益取得でも、共産党は、執拗に田中の暗躍ぶりを追及してきた。

党からすれば、革命を裏切って転向した卑劣漢、田中にとっては、陛下に弓を引く不倶戴天の敵だ。それが今回は、まるで打ち合わせたような、見事な連携プレーに映った。

むろん、両者が手を組むはずはないが、つくづく歴史とは、時に皮肉で、悪戯っぽい演出をすると思い知らされる。

だが、そもそも、なぜ田中は、そこまで靖国神社の参拝阻止に拘ったのだろう。その真意も、晩年の自伝で明かしている。終戦直後、三島の龍澤寺で修行した頃、一度だけ、参拝したことがあったらしい。

「一九四六年か、敗戦直後のことだった。行って、お参りをしようとした。そうしたら若い神官が出てきて『ここは靖国神社である。数珠を持ってお参りをするのはけしからん。神道の形式をもって礼拝せよ』なんて言いやがった。こっちは龍沢寺へ行っていましたから、数珠を持っていたんです。これを聞いて、俺は言ってやった。

『貴様なにを言うか。拝もうという俺の心の中まで干渉するのか。日本人には仏教徒もキリスト教徒もいるんだぞ。お前のような国粋主義の馬鹿がいるから、戦争に負けたんだ。俺が拝むのを妨害するというなら、ぶちのめしてやるから出てこいっ』

そうしたら名前を名乗れと言うから『田中清玄だ』って言ってやったら、向こうは顔色を変えたな。『えーっ』って言ったきり、引っ込んでしまった（笑）。爾来《じらい》、行ったことはありません。

こんな程度だ。神道の何たるかも知らん。神道はほんらいそんな狭隘なものでは、まったくありません。神はこの世の中のありとあらゆる所におられる。森にも水にも空気の中にも神はおられるというのが、日本古来の神道という宗教の精髄ですよ」（前出『田中清玄自伝』）

さらに、靖国神社の由来からして、けしからんという。

ここは、明治維新直後、長州藩出身の大村益次郎が創建した「招魂社」を前身とする。元々、戊辰戦争での官軍の死者を祀り、それが、後に靖国神社に改称され、陸海軍の所轄となっていった。

「したがって長州藩の守り神にすぎないものを、全国民に拝ませているようなものなんだ。ましてや皇室とは何の関係もない。俺のような会津藩の人間にとっては、何が靖国神社だぐらいのもんですよ。しかもどれぐらいこの勢力が、今も日本を軍国主義化するために動き回っていることか」（同）

こうなると、坊主憎けりゃ袈裟《けさ》まで憎いの気がしないでもない。

が、ここで気づくのは、田中が、会津藩家老の家柄という出自を意識し、それが生涯、行動を大きく左右してきたという事実だ。

あの六〇年安保では、全学連を支援し、長州、もとい山口県出身の岸信介を退陣に追い込んだ。インドネシア原油の輸入も、岸がバックにいるファーイースト・オイル・トレーディングに対抗、別会社設立に奔走した。そして、靖国神社参拝の阻止である。

一見、脈絡のない一連の行動は、「会津藩」というキーワードでつながる。その原点と言える風景が、幼い日、函館港を望む高龍寺の、曽祖父田中玄純の墓前だった。

母アイは、息子の喉元に短刀を突きつけ、会津藩家老の子孫の心構えを説く。今では時代錯誤の極致だが、それは、幼い清玄の心に刻み込まれた。その記憶は、共産主義に魅かれ、やがて転向してからも、決して消えなかった。

遥か遠くに去った大正時代、土に水を沁み込ませるように、たった一人で清玄を育てていたアイ、彼女こそ、昭和の歴史を動かした女性だったのかもしれない。


一九八六年の夏、中曽根総理は、靖国神社の公式参拝を見送った。前年の参拝に、中国や韓国などの反発が消えず、それを押し切れば友好関係に影を落とすと判断した。その裏で、田中からの要請も、説得の材料になったのは明らかだろう。

これに、怒りの声を上げたのが、自民党の国会議員、そして戦没者の遺族だった。

参拝中止が囁かれ始めた七月末、自民党の若手議員が、「国家の自主独立を守るため、外国からの不当な干渉を排す」とし、国家基本問題同志会を結成した。当選三、四回が中心で、靖国だけでなく、歴史教科書への干渉にも、政府の的確な対応を求めた。

中止が固まる頃には、自民党の靖国関係三協議会が総会を開き、決議と声明を採択した。「首相と各閣僚は国を代表する立場にある者として靖国神社に参拝し、戦没者に対し慰霊の誠を尽くすべき」という。

そして、いよいよ終戦記念日が近づくと、日本遺族会も緊急役員会を開いた。ここで、総理が参拝しない場合、会の政治組織である日本遺族政治連盟の会員、約一六万人が自民党を離党することが協議される。

戦争直後に創設された遺族会は、長い間、戦没者の家族にとり、心の拠りどころであった。かつて慰霊祭も禁止され、恩給も停止された頃、幼子を抱えた戦争未亡人は、塗炭の苦しみを味わう。「誉の家」としていた世間も、冷淡になり、その中で肩を寄せ合うように生きてきた。

それだけに、靖国神社への思い入れは、人一倍強い。

〈私たちの夫、息子、そして父は、御国のために戦い、命を落とした。それが祀られた場所を、総理大臣が、しかも、よその国に言われて参拝しない。とても納得できない〉

結局、八月一五日、総理以外の閣僚が、それぞれの立場で参拝、後藤田正晴官房長官が、政府見解を述べる談話を発表した。こうして、国内外を巻き込んだ八六年の夏は終わったのだった。

こうした様々な感情が渦巻くのを、田中も意識したのだろう。翌年の九月、彼は都内で講演するが、そこで、まるで遺族に語りかけたような場面があった。

最近、和歌山県にある真言密教の聖地、高野山を訪ねたが、その寺院の一つ、正智院《しょうちいん》で「高麗陣敵味方戦死者供養碑」を見てきたという。

これは、一六世紀末の慶長の役、豊臣秀吉の朝鮮出兵での、敵と味方の戦死者の霊を供養した塔で、薩摩藩の武将、島津義弘と忠恒の父子が建立した。

敵も味方も関係なく、戦に倒れた者を供養したと知り、田中は、心から感銘を受けた。

「ところが、高野山には、最近の大東亜戦争――太平洋戦争の記念碑があります。これは、例えばニューギニア派遣何々部隊とか、ルソン派遣何師団とか、日本の兵隊さんたちの供養塔である。ところが、相手方の戦い、殺したり、あるいは捕虜にしたり、死に至らしめた人たちの供養塔というのは一つもないですよ。だから、現代科学が発達し、文化が高まった、生活が豊かになったが、今日のわれわれの心の貧しさは、昔と比較にならないですね。われわれ三百年も前の先祖は朝鮮に侵略していった。そこで戦って戦没した相手の朝鮮の軍兵の魂をも、日本軍の犠牲者と同じように弔う」

「ここで、私は日本も見捨てたものじゃないな。私らの先祖は、こんな深い心境を持っておった。しかも、そういうのを許す。偏狭な、日本人の兵隊だけを記念するとか……。私は戦没兵士の墓参の人たちにいうのは、『お互いの子弟が死んだ、墓参もいいけれど、殺した相手の墓参したか』と。返ってくる声がない」

そして、そうした相手の国、人々を想う気持ち、本当の意味の和合、調和の精神を、今の日本人も持つべきだという。

「和合というと、だらしがなくて意気地がなくて、そうしてすぐ妥協するようにとったら、とんでもない間違いだ。今日敵方の死体も弔おうじゃないかというような人がいったら、今の日本人ならすぐ『国賊だ』と喚き散らすでしょう。このような発言には、非常な勇気が要るでしょう。本当の和合調和をやろうといったら、大変な勇気がいりますよ。調子に乗って偉そうな強いことはだれも言うわ。意気地のないやつほど偉そうな強いことを言うんです」

はたして遺族会の人々が、この言葉を聞いて納得したかどうかは、分からない。
だが、その田中は訪中する度、独立運動や革命の指導者の墓を訪ね、参っていた。彼らのおかげで、欧米の支配からアジアが解放されたという気持ちからだ。
一方、〈調子に乗って、偉そうなことを言う奴〉が、靖国参拝を唱える、特に自民党を指すのは明らかだった。そして、晩年の彼は、繰り返し、日本で軍国主義復活の危険がある、そのきっかけが靖国神社だと警告していた。
「かつて中国から鄧小平さんが来られた時に『鄧小平が陛下に会うのなら、その前に靖国神社にお参りせよ』などと言った馬鹿な右翼がいました。陛下が訪中されて鄧小平さんに会う前に、四川省か山西省か、どこか田舎のお寺をお参りしてこい。そうでなければ会わさないと、まったく逆のことを言われたら、日本人はどう思いますか。それとおんなじことだ。これほど陛下をないがしろにする話はないじゃないか。これで何が皇室崇拝だ」（前出『田中清玄自伝』）
「しかも、もっとひどいのは、それを今、大挙して国会議員たちが、年寄りも若いのもふんぞりかえって参拝していることだ。今年も去年より何十人増えたとかいって騒いでいる。この政治家たちは『平和、平和』って、一体何を考えているんだ。彼等が平和って言ったって『戦争をやるための口実だ』ぐらいに思ったらいいですよ。俺は断固反対だ。この問題ははっきりしている。こういうことは遠慮会釈なく叩かねばいかん」（同）
そして、将来それが、時の政権と天皇家の間に、緊張をもたらす可能性を指摘した。
「だいたい俺は民主政治とか国民の声とかいうものを信用しない。民衆の動向だけで国策を決定したら、国を滅ぼす。かつての日本はそうだった。先帝陛下があれだけ平和を唱え、日米戦争を回避しようとされたのに、民衆はそれを許さなかった。その民衆を動かしたのが軍部と官僚たちだ。そしてそのお先棒を担いで旗を振ったのが、ジャーナリズムだ。こんなものを我々は民主主義だとかいって、神様のように信じることができるか。現在もまだそういう馬鹿どもが残っている。衆愚といったが大衆はもともと馬鹿ではありませんからね。衆愚にさせる奴がいる」(同)

「今上陛下は憲法を守り、平和を守ると一番熱心に主張しておられる。もし陛下と政府が食い違うようなことになったら、俺は無条件で陛下を支持するな。楠木正成とおんなじだ。衆愚政治によって、二度と戦争という目には会いたくねえ。衆愚となって軍国主義化に突っ走るのは、人間として一番卑怯で怯懦な態度だ。俺がそんな弱い態度をとってたまるか」(同)

生前の田中は、「右翼の黒幕」とされ、また本人もそれを認めていた。だが、こうして見ると、右翼なのか左翼なのか、訳が分からなくなる。いや、そもそも、そうした範疇に入れるのが、間違っているのか。

悲惨な戦争を繰り返さないという陛下の御心、それをないがしろにすれば、共産党だろうが自民党だろうが、叩きのめす。その激情的な性格と行動は、終戦直後から全く変わっていなかった。

「命に懸けて陛下並びに日本の天皇制をお守り申し上げます」

あの敗戦の年の冬、皇居で密かに拝謁し、そう誓った田中。入江侍従長から近況を伝え聞いた昭和天皇が、「田中は元気だね」と笑ったというのも宜《むべ》なるかなである。

結局、田中が心血を注いだ天皇訪中が実現したのは、昭和が終わり、平成に入った九二年一〇月だった。

日中国交回復二〇周年に当たり、北京を訪れた天皇皇后夫妻は、楊尚昆《ようしょうこん》国家主席主催の歓迎晩餐会に臨んだ。この席で、天皇は日中戦争に触れ、「我が国が中国国民に対し多大の苦難を与えた不幸な一時期がありました。これは私の深く悲しみとするところであります」と言葉を述べた。

「心の面での戦争終結」がようやく実現したが、こうした田中の活動は、自民党だけでなく、他の右翼を刺激する恐れもあった。

後に、ある財界人が総理の靖国参拝を批判した際、自宅に、火炎瓶や銃の空薬莢《やっきょう》が入った封筒を置かれたことがある。また、天皇が訪中に出発する前も、自民党を中心とする保守派と右翼が強く反対した。中国が天皇に謝罪を要求し、政治利用されるとの理由で、おまけに左翼まで、天皇の戦争責任から「訪中阻止」を叫んだ。

出発前、山形県で開かれた国民体育大会では、何と、天皇の開会の挨拶中、過激派の男が、ロイヤルボックスに発煙筒を投げつける事件も起きた。このように、天皇訪中は、右と左に狙われる命懸けのプロジェクトだったのだ。

ここで、田中への心強い援軍となってくれた勢力があった。全国に睨みを利かせる強力な組織を持ち、いざとなれば実力行使に出られ、さすがの右翼も、正面からぶつかるのを躊躇った。下手に手を出せば、どんな報復が来るか、分かったものでない。

田中の盟友、田岡一雄が率いた日本最大の暴力団、山口組である。

盟友・田岡の死

それまでも、戦後史の節目で、二人の人生は大きく交差してきた。

六〇年安保では、右翼や共産党から全学連を守るため、田中の依頼で、山口組が待機した。その後、傘下の会社で元活動家の学生を引き受け、甲陽運輸に就職した篠原浩一郎が、そうだ。刑務所での服役を休職扱いしてくれたことは、先に述べた。

共に「麻薬追放・国土浄化同盟」を立ち上げ、それが原因で、右翼の児玉誉士夫と対立、ついに東京會舘で田中が撃たれる。この時、田岡は犯人が所属した東声会の町井久之会長を詰問している。ビジネスのパートナーであり、田中も、田岡の長男満が結婚した際、仲人を務めるなど、まさに家族ぐるみの付き合いだった。

その田岡は、かねて心臓病を患い、一九八一年七月二三日、心不全で亡くなる。葬儀は翌月、神戸市内の徳光院で行われたが、山口組の本葬は一〇月で、この日は、いわゆる堅気の人向けである。

蒸し暑く、蟬時雨が降る境内には、ずらりと供花が並び、全国の港湾荷役関係者、親交のあった芸能人ら、約八百人が参列した。全国船内荷役協会の加盟社の他、菅原文太、松方弘樹、小林旭《あきら》らの花が置かれ、美空ひばりが弔辞を読んだ。

その間も、地元の兵庫県警の刑事が、近くの木陰から、焼香客の名前をチェックする。そして、この日、友人代表として弔辞を述べたのが、田中だった。

「私の心からの友人であった田岡一雄さんに、私のそのままの気持ちを申し上げたい」

こう遺影に語りかけた田中は、戦争直後の出会いを振り返り、「世の毀誉褒貶、いかなる権力にも迎合しない人物」と故人を偲んだ。

石油権益で華々しい成果を挙げながら、田中には、常にうさんくさいという評判がつきまとった。名前を聞いただけで眉をひそめ、彼との関係を認めたがらぬ財界人すらいた。

武装共産党の元委員長で転向者という理由に加え、もう一つが山口組、その三代目組長、田岡一雄との交際である。

今より暴力団とのつながりに甘い昭和とは言え、二人の関係は注目を浴び、顰蹙すら買った。ところが、それを田中は隠すどころか、〈尊敬する友人〉と紹介し、気にする様子もなかったという。

本人の弁は、こうだった。

「私は何も山口組と付き合ったわけではありません。私が付き合ったのは田岡一雄という一人の俠客《きょうかく》であって、彼とは終生の友人でした。それはだれが何と言おうとまったく変わりません。いったん信じたら、とことん付き合うのが私の流儀ですから」

その田岡と知り合ったきっかけ、それは神戸と並ぶ港湾都市、横浜の実力者、藤木幸太郎だった。

「沖仲仕といっても、昼間から博打を打って、中にはヤクザと少しも変わらぬ暮らしをしている者もいましたからねえ。だからきちんとした生業を持たせ、それで十分生活ができるというところまで持っていかないといけないんだ。さらに田岡さんや藤木さんたちがやったのは、各地の港の荷揚げ労働者が油で汚れた顔をして家に帰るのでは、人に不愉快な感じを与えるというので、作業場に風呂を作り、最後は海員労働者専門の労災病院まで作った」（前出『田中清玄自伝』）

「それから、武器の取り引きと麻薬をやった者はただちに除名した。これらは藤木さんや皆との間の誓約だから、徹底してやった。こうして初めて全国的な大組織ができたからこそ、戦後、戦争に負けて占領されても、台湾、香港、韓国の組織にやられずにすんだし、六〇年安保も共産党に勝つことができたし、ヤクザが政治家とくっついて勝手なことをするのを、封じることもできたと思っている」(同)

これも今では、ただの身内びいき、暴力団擁護と取られるかもしれない。だが、終戦直後の国内を見れば、そうとも言えない事情があった。

敗戦で、それまでの秩序が崩壊する中、治安は無法状態に陥っていた。焦土の街を、愚連隊や戦勝国の人間が闊歩し、略奪と暴行を行う。闇市や賭博を開き、警官が駆けつけても、手も足も出ない。そこで、仲間たちと自警団を組織したのが、山口組の田岡だった。

その本人の証言は、生々しい。

「わたしは拳銃を懐に単身、神戸の闇市へ乗りだしていった。闇市は彼らの本拠である。争うならば堂々と、土俵の真ん中で雌雄を決する。それがわたしの主義だ。彼らはつねに集団を組んで行動する。同志的結合が強く、仲間の一人がいさかいを起こすとどこからともなく、いっせいにとびだしてくる。その本拠へ、あえていさかいを求めてわたしは乗り込んだ。むろん命の保証はない。わたしは初めから命を投げだしているのだ。彼らを相手に、わたしは毎日、いさかいを起こして歩いた」(『山口組三代目　田岡一雄自伝』徳間書店)

「わたしはまず、新開地から彼らを締めだすことを決意した。新開地を皮切りに、彼らの最大の拠点である三宮でまっこうから対決しようとしたのである。命を棄《す》てたわたしには怖いものはない。一人、二人、三人……と、わたしの周囲に集まってくる気鋭の同志がわたしを奮いたたせ、わたしの背後にある市民たちの大きな声援が、わたしを決断させた。警察も好意的にわたしたちを迎えてくれるようになっていた。新開地へ乗り込んだわたしは彼らを蹴散らし、デン助賭博台を片っぱしからぶちこわして歩いた」（同）

こうして、日本刀はおろか、拳銃や手榴弾《しゅりゅうだん》まで持った山口組の活躍が始まる。

それでも治安は悪化し、警官が拉致され、殺害される事件も起きた。そして、ついに、警察署への襲撃計画が持ち上がったのだった。

「彼らの不遜な行動は市民のはげしい憎しみを集めた。それを嘲笑《あざわら》うように、彼らは神戸市の全警察署を襲撃する計画まですすめるに至ったのである。警察当局は顔色を失った。治安の維持より警察そのものを守ることが急務であった。警察は、わたしに助っ人の依頼を申し入れてきたのである」（同）

「現在ではとうてい考えられぬことであるが、当時はそれほど警察は戦勝国民に対して無力だったのである。その暴虐非道に対して身を挺《てい》して楯となり、防波堤となったのは全国のやくざであった」（同）

取り締まられるはずの山口組が、逆に警察を防衛する、確かに、今からでは想像もしにくい。

だが、無法地帯と化した混乱期、山口組は、間違いなく、神戸の救世主だった。後年、兵庫県警察本部が出版した『兵庫県警察史』も、署の占拠事件が起き、「俠客団体」が自警団を組織したとある。また新開地では、「山口組幹部」が団長を務めていたという。

ところが、占領が終わり、世の中が落ち着くと、状況は一変した。

組織暴力団として警戒され、警察による壊滅作戦が始まったのだ。その田岡の晩年のエピソードを、田中は、自伝で明かしている。

「官憲の取締りだけでヤクザがなくなり、武器がなくなり、麻薬が消えていくというなら、日本からとうに犯罪はなくなっていますよ。田岡さんが心臓病で入院した時に、こう言ったことがある。『田中さん、山口組のどこが悪いんだ。警察は勝手に手前たちの都合のいい時だけ使っておきやがって、今度は都合が悪くなれば、止めてくれ、解散しろって言ってくる』」(同)

そして、これは、かつて田中が率いた電源防衛隊にも、同じことが言えた。

終戦直後、過激化した共産党系の組合に、電力会社は真っ青になり、立ちすくんでしまった。その時、ヤクザや復員兵を動員し、体を張って発電所を守ったのが、防衛隊である。電力会社も、裏帳簿と言える手法で資金を作り、活動を支えてくれた。

首都の電力供給基地だった猪苗代の水力発電所も、その一つだ。ここに田中は、屈強な行動隊を送り込み、組合を切り崩し、自ら反共演説を行った。ヤジを飛ばした共産党員に、壇上から降りて、殴りかかろうとする一幕もあった。

この猪苗代の発電所は、その後、東京電力が受け継ぎ、今も首都に電気を送り続ける。ところが、同社の社史には、恩人である田中と防衛隊の記述が、丸々抜けている。過激な組合運動は、自然に鎮静化したと言わんばかりの書きぶりで、あたかも歴史から消し去ってしまったかのようである。

混乱期に、誰もやれない荒仕事を、体を張って引き受けた。ところが、世が落ち着くと、自分たちとの関係、歴史自体を否定される。その意味で、山口組と電源防衛隊が辿った道は、驚くほど似ている。田岡と田中が意気投合し、終生の友情を結んだのは、そうした怒りや誇りを共有できたせいかもしれない。

この二人の交遊は、八一年七月、田岡が六八歳で亡くなるまで続くが、田中は、彼が付き合ったのは山口組ではないと言う。

だが、晩年の側近の一人によると、少し話は違うらしい。

「田岡組長が亡くなってからも、清玄先生は、山口組と関係がありましたよ。幹部から相談を持ちかけられることもあったし、まぁ、一種のアドバイザーです。陛下の訪中にしても、政治家や財界人にも、いつかはやらなきゃならんと思ってた人は多いんです。でも、それを口にすれば、右翼に狙われる。だから皆、口を噤んでたんですよ。清玄先生は、あの通り、来るなら来いっていう性格だし、後ろに山口組がいるって知られてましたから。下手な真似をすれば、手を出した方もただじゃすまんでしょ。いわば、用心棒になってくれたんですよ」

事実、伊豆高原の自宅に、組の幹部が足を運んだこともあった。

確かに、これでは右翼も迂闊に手を出しにくい。下手をすれば、その何倍もの規模で報復される恐れがあった。

終戦直後、「命に懸けて陛下をお守り申し上げます」と誓った田中清玄、その亡き盟友、田岡一雄が遺した山口組は、間接的に天皇家をも守っていたのだった。

そして、皇室の影の藩屏《はんぺい》たる田中の援軍は、これだけでない。

国際情勢に強い関心を寄せる昭和天皇、そこへ海外のインテリジェンスを届けるため、欧州に強力な友人がいた。反共活動の同志で、国家レベルの情報網を持ち、中世から欧州に君臨したハプスブルク家、その当主のオットー大公である。

オットー大公との友情

そのアルバムに残っていた、いくつかの写真も、また、いかにも彼らしいものだった。

一つは、おそらく六〇年代半ば、欧州のどこかのレストランだろう。友人らとの夕食の後、テーブルと椅子を動かし、スペースを作ったのだろう。そこで、徐《おもむろ》に背広の上着を脱ぎ、空手の演武を始めた田中、それを、室内の客が息を呑んで見つめている。

この写真の横に、手書きで英語の文章があった。

「真の勇気とは、全世界を前になし得ることを、目撃者なしにやってのけることである」

一七世紀のフランスの貴族で文学者、フランソワ・ド・ラ・ロシュフコーの格言である。

そして、もう一つは、これも六〇年代、京都の寺院の縁側に座る男女だった。

田中と一緒に並ぶのは、夫婦らしい欧米人である。男性の名は、オットー・フォン・ハプスブルク、女性はレギーナ夫人、一緒に旅行した際のスナップ写真らしい。古都で寛いでいる様子が伝わり、いずれも、夫妻のアルバムに大切に残っていた。

山口組の田岡組長と同じく、田中が終生の友情を結んだ人物、それが、欧州きっての名門ハプスブルク家、その当主のオットー大公だった。

一三世紀、ルドルフ一世が神聖ローマ帝国の皇帝に即位して以来、第一次大戦後の一九一八年に崩壊するまで、ハプスブルク家は多様な民族を束ねる王朝として君臨してきた。

その版図は、オーストリアからハンガリー、ルーマニア、そして旧ユーゴスラビア、ウクライナ西

オットー・フォン・ハプスブルク財団提供

レストランでオットー大公らを前に空手の形を披露する田中

部へ広がり、首都ウィーンは、欧州の主要都市として栄えた。

その最後の皇太子、オットーが生まれたのは一九一二年。帝国の崩壊により、わずか六歳で、両親と共に亡命を余儀なくされる。スペインやポルトガルを転々とし、成長する頃には、アドルフ・ヒトラーがオーストリアを併合してしまった。

第二次大戦では、オットーは亡命オーストリア人を組織し、抵抗運動を始める。戦後は欧州議会の議員となり、ソ連に支配された東欧諸国を支援した。また汎ヨーロッパ運動を通じ、欧州統合に尽力するなど、まさに二〇世紀の歴史を体現した人物であった。

田中の側近の太田によると、二人の出会いは五〇年代、欧州で開かれたモンペルラン協会の会合だったという。

「モンペルランの大会で、田中がオットー大公と知り合って、日本に呼んでくることになったんです。ところが、ハプスブルクって言ったって、私らもよく分からないんですよ。田中に訊いても、髭を生やした、大変立派な方だとしか言わんし。でも、オットー大公は、戦争中はヒトラーにやられて、次はロシアにやられたでしょ。だから、二人は息が合ったんでしょうな。それから、田中は大公から定期的に、世界の情報をレポートにしてもらってましたよ。それを、入江侍従長を通じて天皇陛下に渡してね。その翻訳は、息子の俊太郎君の義理の父の岩永信吉さんも手伝っていました」

岩永信吉は、戦前の国策通信社の同盟通信に入り、戦後は共同通信のロンドン特派員、常務理事などを歴任した。その娘の禮子と結婚したのが、田中の長男、俊太郎だった。

語学に堪能なのが買われたのだろう、七〇年代の石油権益交渉にも、岩永の名が記録にある。機密保持上、必要だったのかもしれないが、ハプスブルク家から天皇家への情報提供、それは何と、田中家の親族という家内工業的な作業で行われていた。

そして、俊太郎も、オットー大公から田中への書簡をよく覚えているという。

「うちの父は、東南アジア情勢には非常に詳しかったんで、親交のあった（シンガポール首相の）リー・クアン・ユーや（マレーシア首相の）マハティール、（インドネシアの）スハルトの情報を大公に渡し、その代わり、欧州について教えてもらってましたね。メディアにも載っていない情報が、随分入ったと聞いてます。ある政治家が今、どういう姿勢で、何を為そうとしてるのか、非常に的確に入っていました。例えば、フランスのジスカール・デスタン大統領は、単なる人気取りで評価できないとか」

また、俊太郎自身、欧州に行く際、父の書簡を届けたこともあり、その際のある会話を覚えていた。

「一度、大公に、どうしてうちの父と親しく付き合うようになったのか訊いてみたんです。そうしたら、『非常に珍しい人だと思った』と。『まず、共産主義を本当によく知っている。そして中国でも、ベトナムでも、インドネシアでも、田中さんが共産党の話をすると、ほとんどその通りになっていった。東洋の島国で、政治家でも外交官でもないのに、どうしてそんなことが分かるのか、非常に不思議だった』って言うんですね」

よく考えてみれば、これは、不思議でも何でもない。

かつて武装共産党を率いた田中は、ストライキや破壊工作を扇動し、共産党の手の内に通じていた。各国の党が今、何を目指し、どういう戦術を取るか、手に取るように分かったはずだ。餅は餅屋というが、反共活動には、元共産党員が適任なのだ。

では、オットー大公の情報源とは何だったか。ここで注目されるのが、数世紀に亘り、欧州全域に張り巡らせた、地下水脈のようなネットワークである。

天皇に届けられた欧州情報

第二次大戦後、かつてのハプスブルク家の領地は、ソ連、あるいはその衛星国になってしまった。すなわち、ポーランド、ルーマニア、ハンガリー、そして、チェコスロバキアやウクライナなどだ。いわば、先祖伝来の土地が、「鉄のカーテン」で自由主義陣営と共産主義陣営に引き裂かれた。だが、これらの地には、かつての家臣の子孫、シンパが多数いて、そのまま彼らは情報収集のアンテナになってくれた。

また、中世以来のハプスブルク家の家訓は、結婚政策にある。ラテン語の「戦いは他の者にさせるがよい。汝幸あるオーストリア、結婚せよ」の文句通り、各国王室と婚姻関係を結ぶ。

例えば、一五世紀のマクシミリアン一世は、ブルゴーニュ公国の公女マリアを妻に娶《めと》った。今のフランスからベルギー、オランダに至る公国は、毛織物産業で栄え、華麗な宮廷文化が開花した。これにより、欧州の通商と文化の拠点を手に入れられた。

その息子のフィリップ美公と娘マルガレーテはスペイン王家と結ばせ、さらに孫と孫娘もボヘミア・ハンガリー王家と縁組させた。ところが、相手の世継ぎが絶えたため、労せずしてスペインや中東欧の領土を手にできた。むろん、大西洋を越えた新大陸やアジアにある植民地も含めて、である。

こうして一六世紀のカール五世の頃は、「日の沈まぬ世界帝国」の支配者となっていた。その手段も、血生臭い戦争でなく、婚姻を通じたもので、まさに武器に頼らない安全保障だ。

しかも、欧州全域で一〇を超える民族を治めるため、ハプスブルク家の当主は、いくつもの言語を駆使した。その統治手法も、現地の文化を尊重するもので、この辺が、戦乱に明け暮れ、ややもすれば被支配者に高圧的な他の王朝と違う点だろう。

だが、それは時に、一族の者に思いもしない悲劇も生んだ。

有名なのは、一八世紀の女帝マリア・テレジアの娘で、フランスのブルボン家に嫁いだマリー・アントワネットである。美貌に恵まれ、華美な生活を好んだ彼女は、民衆の怒りを買い、フランス革命で夫のルイ一六世と処刑されてしまう。

こうして、王室と婚姻を繰り返したため、各国の指導層と太いパイプがあり、ここからも確度の高い情報が入った。

さらに、世界的なネットワークを持つ組織も、支援の手を差し伸べてくれた。欧米社会の基盤と言えるキリスト教、その中の一大勢力、カトリック教会である。

中東欧は、歴史的にカトリック信仰が深い地域も多く、共産圏に入った後も、聖職者や信者は有力な情報源だった。オットー大公自身、大戦中、カトリックの司祭から、ナチスの内部文書を入手している。こうして数世紀に亘り、蜘蛛の巣のような情報網が作られてきたのだった。

そして、俊太郎も、オットー大公からの情報を、清玄が天皇に渡しているのを聞いていた。

「父は、入江さんとは非常に気をつけながら、極秘によく会っていましたね。オットー大公の情報も、『これは大事なので、陛下のお耳に入れてほしい』と言って、伝えてたそうです。ただ、どういう話をしてたか、自分は知らないし、それと父が亡くなった後、自宅にあるオットー大公からのレポートは、全部燃やして処分したんです。内容が、ちょっとデリケート過ぎたもんで」

俊太郎は全部燃やしたと言うが、じつは幸い、田中家には、生前の田中とオットー大公の面談記録が残っていた。

晩年の八〇年代まで、田中は年に数回、西ドイツ、スペインにある大公の自宅や別荘を訪ねた。そこで、国際情勢について意見を交わし、後日、秘書の手で、詳細な議事録にまとめられた。それを読むと、オットー大公から、どんな情報を手に入れていたかが分かる。

例えば、一九八二年一一月一七日、この日の話題は、まず、ソ連情勢だった。

その一週間前、ソ連の最高指導者で、共産党中央委員会のレオニード・ブレジネフ書記長が死去した。一八年間もソ連の内政と外交を牛耳った人物の死は、衝撃を与え、その後継者選びは注目を集めた。

前年に就任した米国のレーガン大統領は、ソ連を「悪の帝国」と呼び、対決姿勢を取った。今後のクレムリンの路線は、どう変わるか、世界中が固唾を呑んで見守る中、その後継者は意外と早く決定する。

死去から二日後、共産党中央委員会は、特別総会を開き、長らくＫＧＢ（国家保安委員会）議長を務めたユーリ・アンドロポフを書記長に選出した。このスムーズな決定に田中は疑念を抱き、ブレジネフが亡くなる前から、クーデターを図っていたのでは、と質問した。

これにオットー大公は、「自分はそう思わない」と応じ、じつはブレジネフの意向で、アンドロポフはその年初から後継者に決まっていたと語った。「自分は、三月一一日にすでに、その知らせを受けていた」とし、六八歳という年齢から、強硬路線は取らないのでは、という。

その半年足らず前、六月二七日の面談の話題も、ソ連だった。

かねてから田中は、東西冷戦で鋭く対立しても、じつは米国とソ連は、裏で手を組んでいるのではと疑っていた。圧倒的な軍事力を武器に、両国で世界中の資源を分割、支配する密約があるのでは、と。

そこで注目したのが、七九年六月、ウィーンで行われた米ソ首脳会談、ＳＡＬＴⅡ（第二次戦略兵器制限交渉）だ。カーター大統領とブレジネフ書記長が、秘密裏にエネルギー分割で合意したのではないか。

そして、この日、オットー大公は、「面白い話がある」と前置きして、ある情報を教えてくれた。

三週間前、オーストリアのルドルフ・キルヒシュレーガー大統領が、ブレジネフに呼ばれて、モスクワへ行った。昨年来、ソ連は、彼を西側との仲介役に使ってきた。そこでブレジネフは、ソ連の世界戦略を説明し、米国の反応を探るよう依頼したという。

その内容とは、

「米ソは、共に軍縮を核兵器に於いても実行するが、それは条件ではない」

「米ソが、依然として、相対的には他国に比較して絶対優位を保つ形で軍縮を推進する」

「レバノン紛争解決後、米ソで、中東の石油分割につき話し合う」

つまり、両国で中東を分割し、石油を支配しようとする、第二のヤルタ協定のような提案だ。大公によると、レーガン政権の反応はいずれも否定的で、自分としては、レーガンは信頼できると思う、という。

ここで第六章の注記を思い出してほしい。田中が英国政府に渡したレポートには、米ソが手を組んで中東を分割するという話があった。それは、少なくともブレジネフの心の中には本当にあったことになる。田中の情報は、オットー大公のルートから入手したものだった可能性がある。

また一九八五年七月六日、ミュンヘンでの面談も、ソ連についてだった。ここでオットー大公は、「厳秘」と断って、ある情報を教えてくれた。

一〇日前、欧州議会の外交委員会のイタリア人のメンバーが、一つの報告をもたらした。その年の一〇月に、ソ連の新書記長ミハイル・ゴルバチョフが、フランスを公式訪問するが、その際、欧州議会を訪れたい意向という。

じつは、そのイタリア人は共産党員で、ソ連に住んでいた頃、ゴルバチョフと親しかった。彼を非公式のルートに使い、打診してきた。この提案は最終決着していないが、大公自身は反対だった。

ここ数年、レーガンの強硬な外交に、ソ連は守りを強いられてきた。彼らとしては、ここで攻めに転じ、米国と欧州を分断させたい。その材料の一つが、欧州でも不協和音のある、レーガン政権が進めるＳＤＩ（戦略防衛構想）という。

これらは、田中とオットー大公の面談のごく一部だが、二人の関心が東側、特にソ連にあり、確度の高いインテリジェンスを握っていたのが、よく分かる。

ソ連指導部の後継者はむろん、欧州の政治家の誰がクレムリンの手先か、それを使い、どんな政治工作が行われているか、具体的な人名を挙げ、指摘している。それを支えたのが、「鉄のカーテン」を超えたネットワークで、いわば、ハプスブルク家自体が巨大な情報機関だった。

しかも、その視線は、ソ連と敵対しているはずの米国にも向かった。

ホワイトハウスや国務省、国防省で、対ソ政策を担う人物、彼らの人間関係、それこそ週に何回、朝食ミーティングをやるかも把握した。だからこそ、中東の石油分割というデリケートな情報も手に入る。

そこからもたらされる情報は、外務省のそれとは質、量共に違った。それらは田中から、「これは大事なので、陛下のお耳に入れてほしい」と入江侍従長に、そして、天皇へと届けられたのだった。

そのオットー大公が、夫人を伴って初来日したのは、六二年三月だ。台湾から西ドイツへの帰途、わずか五日の短い滞在だが、この間、昭和天皇にも拝謁している。

その直前、宮内庁の宇佐美毅《たけし》長官に出された謁見願いがある。それを見ると、大公のプロフィールに、「オーストリア・ハンガリー帝位の正統後継者」「世界各国を旅行し、各国元首、政治家と親交を結び、国際政治研究家として著名」とあった。

しかも、この謁見願いが宇佐美長官に渡ったのは三月五日、拝謁は、七日の午後だ。まるで緊急の手続きのように話が進んだ印象も受ける。

拙著『エンペラー・ファイル』で触れたが、当時、昭和天皇は、国際情勢、特に共産主義の動きに神経を尖らせていた。そのため、謁見した各国の元首、外交官、軍人から、積極的に海外情報を聞き取っている。そんな中、ソ連を相手に戦うハプスブルク家の当主は、心強い同志に映ったはずだ。

そして、この来日時のあるエピソードを、晩年、田中が明かしている。

滞在中、大公を囲んで、友人で、後の新日本製鐵副社長の藤井丙午、文藝春秋社長の池島信平らと会合を持ったという。

「一九六二年に大公を初めて日本にお招きした。その時、藤井丙午や池島信平らが大公に『汎ヨーロッパ運動というが、どこからどこまでをさすのか』と質問した。『ウラルから大西洋までだ』と大公が答えられると、『しかし、その間には共産圏が含まれていますが』との重ねての質問だ。それに対して大公はこう言われた。

『それらは一時的な現象にすぎない。いずれこれらは雲散霧消するだろう。欧州には求心力と遠心力の二つの力が働いている。ある時は求心力が強く、ある時は遠心力が強い。いまは求心力に移りつつある』

どうです。それから三十年たって、共産圏は本当に雲散霧消したではありませんか。この息の長さと、透徹した洞察力を日本人は持てますか」（前出『田中清玄自伝』）

元々、中東欧の国々は、二〇世紀の初め、ハプスブルク帝国の崩壊で誕生した。

だが、これら新生国家は、第二次大戦後、今度は、ソ連のスターリンの支配下に置かれてしまう。ナチス・ドイツの敗北に伴い、ソ連は、ポーランドやチェコスロバキア、ハンガリーに、相次いで傀儡政権を樹立していった。

こうして、ハプスブルク家の領地は共産圏に飲み込まれるが、オットー大公から見れば、それは一時的で、いずれ欧州に戻ってくるという。

とは言え、文藝春秋の池島たちが首を捻ったのも、無理はない。ロシアを南北に縦断するウラル山脈、そこから大西洋まで欧州とすれば、東欧どころか、グルジアやウクライナまで入ってしまう。まさか、ソ連邦が崩壊するとでも言うのか。

これに関連して、俊太郎が、あるエピソードを記憶していた。

かつて、父からの書簡を携え、西ドイツのオットー大公の自宅を訪ねた時だ。れっきとした貴族の家系なのに、近所のレストランで誕生会をやるなど、庶民的な暮らしが印象に残ったという。

「大公本人は、非常に気さくな方で、子供たちも、何か特別な教育をしているわけでもないんです。ただ、私が国際情勢を質問した時に、『とにかく、毎日、世界地図を見なさい』と。『今は異なる国でも、少し遡ると、歴史的に同じ国に属していた。同じ領土だったのに、紛争があり、無理やり分かれているところもある。そういうのが、見えてくる』と」

そして、かなり早くからソ連、共産主義の崩壊を予見していた。

「これは、うちの親父も大公も、よく話してました。『ああいう体制は、長くは続かない。EU統合も、大公は前から、『次はチェコだ、ポーランドだ、ハンガリーだ』と言ってて、その通りになりましたからね」

その一例が、一九八〇年に田中が発表した、「一九九〇年、ソ連は破滅する」というタイトルの談話だ。

その前年、ソ連は、アフガニスタンに軍事侵攻し、親ソ派の傀儡政権を樹立して、国際的な非難を浴びた。これにより、アフガニスタンを含む、全世界のイスラム教徒を敵に回すだろうという。

「そして、一九九〇年にはソ連もまた、東欧諸国の解放運動の激化と、中近東諸国と国境を接する六つの自治共和国の民族的なイスラム独立運動の展開に直面して、破滅の道を歩むことになろう」（「週刊文春」一九八〇年一月一七日号）

東欧や中央アジアで民主化、自治拡大の要求が高まり、ついにソ連が崩壊したのは、一九九一年だった。

戦後、共産圏に取り込まれた東欧諸国では、しばしば離脱の動きも起きた。一九五六年のハンガリー動乱、六八年のチェコスロバキアの「プラハの春」で、いずれも、ソ連軍の戦車によって弾圧された。この永遠に続くかもしれないと思われた欧州の分断、その間も、ハプスブルク家の末裔オットー大公は、かつての欧州の地図を見つめ、過去から未来に思いを馳せていたのだった。

その大公は、かつてインタビューで、西側の情報機関のトップが語ったという言葉を紹介している。ある政治家を理解するには、その執務室の壁を見れば十分だという。著名人との写真を飾っていれば、大した者でなく、地図ならば、頼りになる、と。

その人物が、深遠な歴史観と世界観を持っているかどうか、一目瞭然なのだろう。

そして、欧州議会の議員として、オットー大公はある提案をした。欧州全体に関わる問題を討議する場では、必ず一つ、空席を用意しよう、という。

「我々の体制から隔たって暮らさなければならない国のヨーロッパの民がまだ多く存在することを目に見える形で示したいと考え、そのための空席を一つ置きたいと思ったのです。この象徴的な空席をめぐって、それから激しい戦いがありました。左翼のリーダーたちは猛烈な勢いで抵抗しました。彼らはヨーロッパはヤルタラインまでだと言い張ったのです」（エーリッヒ・ファイグル『ハプスブルク帝国、最後の皇太子』朝日新聞出版）

第二次大戦末期、クリミア半島のヤルタに集まった米英ソの首脳、ここで、戦後の国際秩序が話し合われた。そして、ポーランドの新しい国境など、東欧がソ連に支配される構図が出来上がる。その左翼の指導者にとり、それが、欧州だったのだろう。

だが、オットー大公の視点は、違った。

たかだか数十年前に引かれた国境線など、何の意味も持たない。その象徴的なエピソードを、田中が証言している。

一九八〇年の夏、ポーランドのグダニスクのレーニン造船所で、物価の値上げに反対し、ストライキが起きた。それは、各地に広がり、全国規模の自主管理労組「連帯」が生まれ、造船所の技師、レフ・ワレサが委員長に就く。社会主義国で初めての、党から独立した労働運動である。

だが、その影響を恐れた政府は、翌年一二月、戒厳令を出し、ワレサら幹部を逮捕、「連帯」も非合法化した。それでも組織は生き延び、八〇年代末の民主化運動につながっていった。

この一連の流れを、初めから予見し、的中させたのが田中で、キーワードはキリスト教だという。

「日本では宗教はアヘンであるというマルクス観念論の言葉だけが先行し、東欧諸国、特にポーランドでのキリスト教カトリックの影響がほとんど顧みられないが、ポーランドの内部では共産主義、社会主義はもはや根底的に否定されかけているのである。

現在のローマ法王（筆者注・ヨハネ・パウロ二世）がポーランド出身であることが裏打ちするように、ポーランド人の九五パーセントはカトリックで、そこには、マルクス主義のように頭の中だけでひねり出した観念論では太刀打ちできないほど、何千年もかけて人類が形成してきた信仰の歴史がある」

「そして、ポーランド人の心の拠り所、救いはキリスト教、信ずるものはローマン・カトリックの教義である。今から何千年かたった将来はいざ知らず、ここ、一、二世紀の間に、人間から信仰を取り去ろうとしても無理なのだ。マルクス＝レーニン主義は、この人間生活の本性とも言うべき信仰を無視して、人間を物質の生産工程の一部としか見ていない。そんな程度の人間認識では、社会の統制を取るのに軍事力による圧迫しか思いつけないのはいたし方のないことかもしれないが——」（前出『世界を行動する』）

また、レーニンの名を冠する造船所にローマ教皇、ヨハネ・パウロ二世の写真が飾られ、ワルシャワなどにいる枢機卿も、「連帯」と通じていたという。

オットー大公や田中が見ていた地図、それは自由主義でも共産主義でもなく、国を超えた民族、何世紀に亘り、彼らが受け継ぐ信仰だった。

民衆には、決して力で抑え切れないものがあるのだ。

そして、時にハプスブルク家は、そのネットワークを駆使し、大胆な政治工作も仕掛けた。

東西冷戦の末期、八九年の夏、ハンガリーの小さな村ショプロンで起きた、「ヨーロッパ・ピクニック計画」である。

この年の八月、オーストリアとハンガリーの国境沿いにある村、ショプロンに、数百人の東ドイツ市民が集まり始めた。ハプスブルク家主催のピクニックに参加するためで、その最中に、突如、国境の有刺鉄線が切断される。

そこから市民は、一斉にオーストリア側に越境し始めた。

それまで、東ドイツ市民が、東西を隔てる壁を越えるのは許されず、強行すれば即、射殺された。それが、オーストリア経由なら可能となり、東ドイツ政府は慌てたが、後の祭りだった。

この直後の九月、ハンガリー政府が、オーストリアとの国境を全面開放すると、人々の脱出は加速した。そして、一一月には、ついに「ベルリンの壁」が崩壊する。

ショプロンでのピクニックは、まさに「鉄のカーテン」を崩したが、それを裏で企画、演出したのがハプスブルク家、協力したのがカトリック教会であった。

「どうです。それから三十年たって、共産圏は本当に雲散霧消したではありませんか。この息の長さと、透徹した洞察力を日本人は持てますか」(前出『田中清玄自伝』)

これこそ、田中が、欧州に繰り返し足を運び、オットー大公と日本を結びつけようとした理由だったのかもしれない。

そして、昭和から平成に移った後、九一年と九九年もオットー大公は来日し、天皇に拝謁した。その際、天皇は、ショプロンの「ヨーロッパ・ピクニック計画」でハプスブルク家が果たした役割について、驚くほどよく知っていたという。

九一年の時は、橋渡し役の田中も同行し、その間、皇居の車寄せで控えた。皇居は、かつて敗戦の年の冬、「命に懸けて陛下をお守り申し上げます」と誓った場所である。そこで彼は、じっと何かに思いを馳せるように、一人、待っていた。

「プーチンは危険だ」

伊豆高原で余生を送っていても、田中は、やはり国際的フィクサーだった。

あの戦争の真の終わりを告げる天皇訪中、その実現に向け鄧小平に直談判し、中曽根の靖国神社参拝を中止させた。また、ハプスブルク家のネットワークで海外情報を入手し、入江を通じ、天皇のもとへ届けていた。

まさに東奔西走だが、そうした活動は、八〇年代の末、大きな転換点を迎えた。東西冷戦の終結である。

ソ連のゴルバチョフ書記長による改革は、東欧の民主化運動に波及し、八九年一一月、対立の象徴だった「ベルリンの壁」が崩壊した。翌月、マルタ島で、ゴルバチョフと米国のブッシュ大統領が会談し、冷戦終結を宣言、九一年一二月、ついにソ連が解体した。

そして、この頃、自由主義陣営には、高揚感が満ち溢れていた。

とうとう、共産主義に勝った。これからは、民主主義と資本主義が世界を支配する、という単純な楽観論だ。戦後を反共に捧げてきた田中も、手放しで喜んでいいはずだった。

ところが、喜ぶどころか、逆に彼は、共産主義を超える深刻な脅威に気づいたらしい。手をこまねいていると、いずれ、世界を破局に追い詰めてしまう。その前に、何とか行動を起こさないと。

冷戦末期から、各地で燃え上がり始めた民族主義である。

ゴルバチョフが中央の統制を緩めると、ソ連の各共和国は、一斉に独立や自治権を要求し始めた。バルト三国やウクライナ、中央アジアで、民族自決の運動が起き、そのうねりは田中の想像を超えたという。

「一昨年から始まったロシアや東欧の自由化、民主化をみて、西側自由主義陣営は資本主義の勝利だとか、自由主義の勝利だとして、ソ連、東欧の民主化はますます加速されるものだと考えていたようだが、実際にはソ連では保守主義と民族自立主義とが台頭して来るなど、ヨーロッパの近代文明史の表面しかみていないような連中には予測のつかない事態になり出している」(「経済往来」一九九一年四月号)

「ゴルバチョフはペレストロイカ、グラスノスチでロシア民族をはじめ、ソ連内の一〇〇からの諸民族が民族意識に目覚めてそれぞれ自分の自治権や主権の独立を求めて動くとは夢にも思わなかっただろう」(「経済往来」一九九一年一月号)

「こういう問題は社会民主主義でも、共産主義、あるいは資本主義的自由主義でも想像できなかった。共産主義も社会主義も民族問題を等閑視して来た。自由主義とても亦然りである」(同)

「現在はあらゆるものの総決算になりつつあるのではないのか。人類の、そして地球の根本の。われわれは民族問題がこのような形で爆発するとは思わなかった。私自身思わなかった」(同)

それが、血生臭い事態につながったのが、旧ユーゴスラビア連邦の内戦だ。

ここは元々、六つの共和国、五つの民族、四つの言語と言われるほど、複雑な土地柄だった。そして、ソ連崩壊後、連邦を構成する共和国の内戦が始まり、「民族浄化」とされる凄惨な戦いで、大量の難民が発生した。

この地域の一部は、かつてハプスブルク家の領地で、田中も何度か、足を踏み入れていた。が、それでも問題の本質、深刻さを摑み切れなかったという。

さらに危険なのが、各共和国の独立の動きに反発する、ロシア民族主義者だった。

その中核は、ソ連軍やＫＧＢ(国家保安委員会)、ロシア正教の関係者と幅広く、相互に連絡を取り合い、結束しつつあった。

彼らは、「ロシア民族の人種的優秀性を強調し、ソ連軍の軍事力を誇示し、政治経済の中央集権体制を進めて、ソビエト連邦政府の、権限を拡大するというような目標を持っている。一言で言えば、ソビエト大帝国主義の保全である」（「経済往来」一九九〇年一月号）

おそらくオットー大公の情報だろう、田中は、これらロシア民族主義者の組織のメンバー、会合を丹念に追っていた。いつか、独立を求める他の共和国との間で、軍事衝突も起きるかもしれない。日本の政治家も、事の重大さを知っておくべきだ。そう考えたのか、田中は、宮澤喜一内閣の官房長官、加藤紘一《こういち》を訪ねている。

その加藤は、この時の面談について、私にこう語った。

「一九九一年ですけど、田中さんが、突然、訪ねてきましてね。六〇年安保の時、自分は東大の学生で、デモには参加しなかったけど、その後、名前は聞いて知ってた。でも、直接会ったのは、それが初めてでした。小一時間ぐらい、話したと思います。田中さんが言うには、『これからの世界は、右とか左とか、イデオロギーじゃない』と。『それは宗教であり、ナショナリズムであり、民族主義だ。これから、世界は大変なことになる。だから、政治家として、あなたもきちんと勉強しておいてほしい』と。そんな話でした。そういう視点で物を考えてなかったんで、非常に新鮮だったのを覚えてますね」

そして、俊太郎も、この頃の父が、ふと漏らした言葉を覚えているという。

「親父が、ある時、『ＫＧＢのプーチンは、非常に危険な人物だとオットー大公が言っている』と、突然言ったんです。ベルリンの壁が崩れた時、オットー大公たちの動きを監視してたのが、ＫＧＢの東ドイツ駐在のプーチンだったと」
冷戦末期、東ドイツのドレスデン駐在のＫＧＢ将校で、後に連邦保安庁長官となり、二〇〇〇年にロシア大統領に就く、ウラジーミル・プーチンである。その危険性を、以前から繰り返し警告していたのが、オットー大公だった。

大公が「ヨーロッパ・ピクニック計画」を演出した時、ドレスデンの政治集会にも参加した。その際、元政治囚らから、プーチンの名前を教えられた。ＫＧＢでも特に冷酷で、残虐な人間だという。以来、その人となりや言動を追い始め、ナチスのヒトラーになぞらえるようになった。

二〇〇〇年代に入ると、講演やインタビューでも警告したが、耳を傾ける人は少なかった。それを、生前の田中は、大公からいち早く知らされたようだ。

そして、プーチン大統領の下、ロシアがウクライナに軍事侵攻、血みどろの戦争が起きるのは、二〇二二年二月になってからだった。

右とか左とかイデオロギーで片付かない、もう一つの脅威、それは地球環境問題だった。

九一年一二月、オットー大公は、田中の招きでレギーナ夫人、長男のカールらを伴って来日した。滞在中は、当時の宮澤総理と会見し、都内で講演を行う。と言っても、それは冷戦の終結などではなく、地球環境問題についてだった。

今後、途上国が生活水準を向上させると、資源の大量消費を生み、それは、地球環境に破壊的な影響を与えかねない。それを防ぐには、国際的な協力が必要だという。

「私たちは、理想主義と現実主義とを結びつけねばなりません。神から託された、この美しい地球、それを壊してしまう権利などない。それに、気づかなければならない。この地球、そこに住む人々に対して、私たちは責任を担っているのです」

そして、この頃、田中も環境問題への発言を続けていた。

当時は、イラクのクウェート侵攻に端を発した湾岸戦争から、一年も経っていなかった。石油権益を巡る対立で、イラクはクウェートを占領、それに米軍を主体とする多国籍軍が攻撃、湾岸戦争が勃発した。米国製のハイテク兵器に、イラク軍は敗退するのだが、深刻な環境汚染も引き起こす。

退却する際に、いくつもの油井に放火し、大量の原油をペルシャ湾に流出させた。砂漠から噴き上げる地獄のような業火と、流れ出た真っ黒な原油は、世界中のマスコミで報じられた。

それに怒りを爆発させたのが、田中だった。ある雑誌に、「地球滅亡につながる戦争は即刻やめよ」なる文章を寄稿している。

「地球破壊に対する闘いは、あらゆる人材も資力も傾注して研究を進めても足りないぐらい困難な大事なことであるにもかかわらず、そうした資金や人材や物資を戦争に向けて全く浪費してしまっている。こんな馬鹿げた話はない」（「経済往来」一九九一年三月号）

「今こそわれわれは、湾岸戦争などという石油エネルギーの独占世界支配などに現《うつつ》をぬかしている時期ではない。われわれ人類は、地球環境の保全という一番大切なことを拋棄《ほうき》して、地球の破滅に血道を挙げているではないか。われわれ人類は決して最高の生物体ではない。無数の宿業を負うた生物体こそ人類なのだ。如何にしてこの宿業を軽減するかそれはわれわれの人類としての務めなのだ」（「経済往来」一九九一年四月号）

さらに、「地球環境浄化推進　全国代表者会議」なる組織も立ち上げた。

「自然観を変え、技術を変え、生産のあり方を変えよう」のスローガンで、水と土壌の専門家、自民党や公明党、社会党などの国会議員に参加を呼びかける。党派に関係なく、「日本国民総結集」の運動にしたいという。

また、来日中、レセプションで会った中国の李鵬《りほう》首相に、書簡を送っている。「全アジアと地球をめぐる、生きとし生ける生命の共生」のため、共に運動したいという。

こうなると、電源防衛隊ならぬ、地球環境防衛隊である。

しかも、思想的には右から左、保守とリベラル、あろうことか、中国共産党の首脳まで引き入れようとした。山口組と港湾労働者も誘いかねない勢いだ。

今でこそ、環境問題での国際連携は珍しくもないが、三〇年前、ここまで、しかも個人で動いたのは、特筆に値する。一体、何がここまで、彼を駆り立てたか。その疑問には、ひで夫人の思い出がヒントを与えてくれる。

伊豆高原の自宅に引退してから、ひで夫人は、よく近くへの散歩に付き合わされたという。

「散歩に行ってはお気に入りのお菓子屋さんの店先で、小さな座布団の乗ったお店の椅子にかけて一休みし、お店の主人に、お茶を一っぱい、もう一っぱいなどと所望してお茶をおいしそうに頂き、お菓子を買って帰へるなど、とても往年の主人の姿とは結びつきませんでした。

散歩の途次、道辺の花の名前を尋ねるようになり、これから花の名前を覚えるんだとよく散歩のお供をさせられました」（前出「花伝別冊」）

その散歩の途中、近くの公園で、杖を手に一休みする二人は、ごく普通の老夫婦だ。確かに、往年の姿からは想像もできない。

だが、そうした散策を通じ、田中は、道辺に咲く花々に目を向けるようになっていった。かつて、石油権益で中東や欧州、アジアを駆ける間は、気にも留めなかった。それが、なぜか今、無性に気になり、やがて水や土壌への関心、地球環境運動に導かれていく。

「とにかく最后までどんなに国のことが心にかかってゐたか計り知れないと思ひます。国のことだけでなく、地球の存続をいつも憂いておりました」(同)

これが、田中清玄が、最後に辿り着いた場所だった。

そして、老いは、ゆっくりと、だが確実に田中にも訪れていた。

以前から耳が遠くなっていたが、視力も落ちて、日課である新聞各紙を読む時間も減ってしまう。次第に、一人、静かに物思いに耽ることが多くなり、世間でも名前を聞かなくなった。

それでも、たまに古い友人が来訪すると、大変なサービス精神を発揮した。部屋を片付け、料理やワインを用意し、正装して出迎えたという。自宅でもてなすのだから、別に普段着でもよさそうだが、これも、武士の作法だったのだろう。

その頃、英国の石油メジャー、BPの元幹部クレア・アースキンから太田に、一通の書簡が届けられた。日付が分からないが、おそらく八〇年代半ば、内容は、田中の老いについてだった。

世界の石油を牛耳るセブン・シスターズ、その一角のBPに、田中が食い込み、アブダビ沖の海上油田権益をもたらしたことは、先に述べた。そして、晩年まで英国へ行く度、本社を訪ね、首脳陣と意見を交換した。

だが、この頃、BP側は、少し戸惑い始めていたようだ。

田中は、昔のように通訳を連れず、一人でやって来ることが多くなった。むろん、本人の英語力に問題はないが、年のせいか、何を言っているか、理解できない場面が増えたという。

もっと大きいのは、彼が事業から離れ、政治活動に専念するようになったことだ。BPにとって最重要課題は、あくまでビジネス、利益追求である。いきなり政治問題を出されて、対応に困る場面もあったようだ。

そこで、長らく田中との窓口だったOBのクレア・アースキン、友人で元外交官のジョージ・ミドルトンが協議し、太田に手紙を書くことになった。今後、本社を訪れる際、事前に何を話し合うか整理してほしい、そうすれば、もう少し身のある対話になるという。

だが、このアースキンの書簡の核心は、次の部分にこそあった。

「BPは、田中氏に対して絶大な好意を持っております。これまで、田中氏は、BPに極めて熱心に協力して下さいました。そして田中氏のご意見、ご提言も、BPにとってまことに興味深いものがありました。従って、BPは、田中氏がロンドンに来られた際には、心から喜んで田中氏とお会いしております」

「BP側は、決して田中氏を敬遠しようとか、田中氏の来訪を迷惑だとか思っているわけではないのだから、田中氏のお気に触るような言い方は、絶対にしないでほしい、という申し出を受けました」

中東に巨大な権益を持つBPは、大英帝国の象徴的存在である。セブン・シスターズで最も誇り高く、傲慢ともされ、その彼らが、日本の引退した老人に、最大限の敬意を払っていた。

自宅を抵当に入れ、命も落としかねない危険を冒し、中東と欧州、日本を結び、BPにも大きな恩恵をもたらしてくれた。その記憶は、単なる商売を超え、経営陣に語り継がれていたのだ。

これと対照的なのが、日本の石油会社である。

田中が獲得した権益の受け皿として、いくつもの会社が発足した。そのアブダビ石油と合同石油開発は、現在、コスモエネルギーホールディングスのグループ企業となり、ジャパン石油開発は、旧国際石油開発（現INPEX）に統合された。これらは、今も、日本に原油を送り続けている。

だが、その社史やウェブサイトは、田中の名前と足跡に全く触れていない。それは、東京電力の社史から、電源防衛隊が丸々抜けているのと重なる。一一年を獄中で過ごし、山口組三代目と親友の右翼、そんな男が創業に関わったなどと公言したくないか。それとも、そもそも知らないのか。

いずれにせよ、歴史からの抹殺と言ってよかった。

一方で、晩年の田中に感謝を抱き続けた人物が、もう一人、いる。

前に述べた通り、六〇年代、田中は石油権益交渉で、単身、中東へ乗り込んだ。アブダビ首長国のザーイド首長の前で、服を脱ぎ、狙撃事件の傷跡を見せ、意気投合した。それが、アブダビ沖の海上油田の権益につながっていった。

その彼が、八〇年代のある時、「もう、アブダビには行かない」と言い出したという。その理由を、俊太郎は、こう解説する。

「要するに、扱いが全然、駄目になったと。一時は空港もフリーパスで、赤絨毯で迎えられた。でも、アブダビの中も、どんどん役人が変わって、もう『田中清玄だ』なんて言っても通らなくなった。それは、国の体制ができてきたわけですね。昔は王様の友人とか言って通ったけど、もう無理になった。それは、太田さんが、よく言ってました。『親父さんは、今でも自分が行きゃ、フリーパスで通ると思ってる。

だけど、アブダビは一応、国になってきたんだから、そんなわけにいかない』と」

かつて、アブダビの空港ターミナルビルは、ブロック塀の小屋同然で、わびしい裸電球が下がっていた。滑走路は、誘導灯代わりに缶に入れた石油が燃え、それは、まるで魚の群れを誘う漁り火のようだった。

それから二〇年余り、黒い油は、世界中の富を砂漠に呼び寄せた。

砂を被ったようだった街は、今では高層ビルが建ち並ぶ。政府の機構も確立され、全てに厳格なルール、手続きが優先されるようになった。石油とて、例外ではない。石油省の役人が仕切り、全てがビジネスライクになってしまった。

もう、王様の前でストリップをやり、交渉を進めるような時代ではなかったのだ。

「でも、そんなんじゃ、うちの親父は収まらない。もう行っても面白くないから、アブダビに行かないって言ったのは覚えてます。本人も言ってましたよ。『混乱の時に、自分は力を発揮するんだ。平和になって安定したら、俺なんか、用はないんだ』と。『混乱してる時に役に立つ、そういう時にやれる人は限られてる。普通の政治家とか役人じゃ、無理だ』と。それは、よく弁《わきま》えていたと思いますが」

こうして、日本の石油業界からも、次第に田中の名前は忘れられていく。

そんな中、一九九〇年五月、アラブ首長国連邦のザーイド大統領が、国賓として初めて来日した。わが国への最大の原油供給国ということから、政府は、最大限のもてなしで迎えた。

その滞在中、都内のホテルで、大統領を招いて、日本アラブ首長国連邦協会のレセプションが催された。

これは、七〇年に設立された日本アブダビ協会を前身とし、初代会長は、日本興業銀行相談役の中山素平である。名だたる商社や石油会社の首脳が理事だが、総合人間科学研究会の田中も、その一人として、歓迎レセプションに招かれた。

そして、この日のスピーチで、ザーイドは、両国への功労者として、中山と田中の名を挙げたのだ。著名な財界人の中山はともかく、田中は一民間人である。石油会社の社員は、もう名前すら知らなかったろう。

だが、ザーイド大統領は、田中への感謝と敬意を忘れていなかった。

かつて筋骨隆々だった体は痩せ細り、まるで枯れ木のようにも映った。が、その鋭い眼光は変わらず、口角泡を飛ばして話し込み、ザーイドが笑みを浮かべ、聞き入っている。すっかり心を許している感じだ。

この時、果たして田中の胸に、どんな感情が迫ったのか、想像するしかない。

だが、最晩年の自伝に残した言葉、それに尽きるのではないか。国内外で人脈を作ってきた秘訣は、と訊かれて、こう答えていた。

「秘訣というほどのことではありませんが、何でも自分を捨ててかかること。自分というものを滅してかかること。これは面倒ですよ。我執になったらだめです。私はそれを純一無雑の心境といっている。この心境で相手と向かい合えば、相手の人物の器量がそのまま見えてくるものです。それと、相手が信用した以上は、こっちも信用するぞという態度を貫き通すことです。いったん約束した以上は、どんな困難があってもやる。嘘は言わん、これが世界中で通用する真理です」（前出『田中清玄自伝』）

「付き合いというものは、そんなものじゃないいんです。仕事というのは人間と人間を結ぶきっかけにすぎないんですから。そのきっかけだけを漁って歩いて、だれが相手にしますか。人間と人間の本当の付き合いなら、生死を共にすることもあるだろうし、喜びと悲しみを共にすることもあるだろうし、少なくとも私は今日まで、そう信じてやってきました」(同)

あのくたら億兆京華の神佛　あの世この世に幸あらしめ給へ

一九九三年の春、桜が咲き始める頃、田中は、都内新宿区の慶應義塾大学病院に入院した。二年前、心臓にペースメーカーを埋め込み、その年初には、白内障の手術を受けた。それから体調を崩して入院するのだが、その後、二度と退院することはなかった。

夏から秋にかけて、意識が混濁し始め、ベッドで寝たきりとなる。それが、さらに身体の衰弱を進めた。家族も時間を見つけて病室を訪れたが、次第に、来るべきものを覚悟し始めていた。

そして、その日、一二月一〇日の夜、俊太郎は、勤務先の東芝府中工場で残業中だったという。前日の東京は、気持ちのいい冬晴れに恵まれたが、この朝から低い雲が垂れ、夕方から冷たい雨が降り始めていた。

「その時、病室にいたのは母ぐらいだと思います。会社に連絡があって、『お父さんが危ない』と。すぐに来いって言われたんで、夜遅く飛んで行った。でも、息を引き取る時は、間に合ってないんです。慶應病院に着いた時は、もう亡くなっていました」

窓の外は雨脚が強くなって、地上から冷気が立ち上がり、時計は、午後一一時を指そうとしていた。その部屋で、ひで夫人に見守られながら、田中清玄は亡くなった。

彼は今、静岡の三島市郊外、沢地の山林に佇む龍澤寺に眠っている。

小菅刑務所を出て、山本玄峰老師の下、雲水として身を寄せた場所だ。入山して、すぐに飯炊きをやらされ、そこでの修行から、共産主義を捨て、母の死を乗り越える一歩を踏み出した。

鬱蒼と樹木が茂る参道を登ると、左手に視界が開け、その一角に黒ずんだ墓石が見える。

明治の末に生まれ、大正に少年時代を過ごし、激動の昭和を駆けた彼は、平成の幕開けを見届けて世を去った。そして、この時が止まった、里山のような風景の中で眠っているのだった。

その生涯を通じて、田中には、様々なレッテルや肩書がついて回った。

「裏切り者」「政商」「利権屋」と誹謗《ひぼう》される一方、「国士」「愛国者」と呼ばれた。「国際情報の卸問屋」ともされ、死後三〇年近く経っても、評価は定まっていない。「得体の知れない男」というのが、世間の声かもしれない。

これは、そのまま昭和という時代の複雑さをも意味する。

戦争を挟んだ激変の中、政治家や財界人が決して埋められない隙間があった。それを埋める者が必要とされ、皆が彼の力を借り、その仕事に報酬を払い、感謝していた。

そして、あえて、たった一言で田中を表現すれば、「大いなる矛盾」だろうか。

戦前、武装共産党を率いながら、戦後は、一転して熱烈な天皇主義者となる。得意の空手で特高警察、右翼を叩きのめすが、自殺した母を思い出した途端、人目も気にせず、泣きじゃくる。また、「ぶっ殺してやる！」と言っていた相手に、会った途端、心酔して弟子入りしてしまう。

「事業白痴」と笑われたくらい、金儲けには不得手だった。それが、国際石油資本、中東の王族に食い込み、いくつもの石油権益を手にした。ところが、その石油をあっさりと見切り、一銭にもならぬ地球環境問題や再生可能エネルギーに向かっていく。

「自分を捨てる」と言いながら、時に、自己顕示欲と我が儘の塊のように振る舞った。また、とことん細部に拘る几帳面《きちょうめん》さの一方、明らかな法螺も吹く。

矛盾のない人間など、この世にいないが、彼の場合、極端なのだ。

底知れぬエネルギーで突き進み、行く先々で事件を起こし、波紋を広げ、秩序や権威を揺るがし続けた。それが、さらに新たなドラマを生み、まるで大河小説のようなストーリーになっていった。

同時に、その生き様は近くにいる者を翻弄し、困惑させ、呆れさせた。終戦直後から亡くなるまで側近だった太田義人も、その一人だ。

「本当、田中のところにおって、こんな人についていけない、もう辞めようと思ったこともありますよ。『あんたの話は支離滅裂で、何言ってるか、分からん!』って。でも、田中は土建屋でも政治家でもないし、なんて言うか、革命家なんですね。複雑怪奇なんだが、本人にすれば一貫してるんで。財界の人も、本当に分かってる人はいいけど、普通の人は付き合わんでしょ。ただ、夢を与える人だったね。私も色んな人に会ってきたけど、まぁ、とにかく、圧倒されるよ。本人にもよく言ったけど、『あんたは、極端に言えば極悪非道かもしれんけど、一片の仏心があるから救われてる』って。やっぱり、仏心と言うか、信仰心みたいなのが最後に出るんです」

その田中は、亡くなる一、二年前から、辞世の句に取りかかっていた。

すでに体力の衰えを自覚したのだろう。出来上がった句を、ひで夫人に見せ、「どうだ、いいだろう」と一人、悦に入っていたという。それは、次のようなものだった。

「あのくたら億兆京華の神佛　あの世この世に幸あらしめ給へ」

そして、晩年の彼が提唱した、あるプロジェクトがあった。世界中の、あらゆる人種、宗教、政治体制の代表が集まり、共通するものを見つける「世界会議」である。

東西冷戦のもと、超大国の米ソは、大量の核兵器を抱え、世界中で対峙していた。ソ連は、アフガニスタンに軍事進攻し、傀儡政権を樹立、ポーランドなど東欧へ弾圧をちらつかせた。中東では、イランでイスラム革命が起き、米大使館員が人質になり、イスラム圏を敵視する風潮も高まる。

このままだと、下手をすると核戦争、人類の破滅も招きかねない。それを避けるには、異なる者が、共存する道を探り出すしかない、という。

「そういうパワーポリティクスの行きつく果ては人類の破滅だ、という認識から発している。いいですか、人類というものは、その歴史のなかで、人種、宗教、文化、世界観、社会体制といったものの違いから、いくつかの本源的グループに分かれている。それをまずお互いに認め合おうということだ。

たとえば、われわれのアジアは、仏教ということでは必ずしもくくれないが、汎神論の世界だ。イスラムの世界がある。キリスト教の世界がある。キリスト教世界も、こういう本源的グループのひとつにすぎない。だから、西欧合理主義がそのまま出てきたところのキリスト教文明が絶対だといって、他の世界に押しつけることをやめなさい。アジアの汎神論の世界を認めなさい。イスラムの世界を認めなさい」（「月刊プレイボーイ」八一年三月号）

「これが絶対必要なんだ。お互いの体制、世界観、宗教、文明の違いをこえて共通のものをさぐり出すべく、お互いに話し合おうじゃないか。これこそ本当の世界会議だ。

まぁ、ロシアも入れるべきでしょうね。マルクス主義というものは、キリスト教＝西欧合理主義の亜流だ。ロシアの今日の共産主義というものは、マルクス主義と蒙古式デスポティズムとロシア正教の三つが融合してできた鬼っ子だ。しかし、それはそれとして認めようじゃないか。ただし、それを他国に輸出することはやめてもらいたい。イスラムのアフガンを、カソリックのポーランドを、自分らと対等の世界として認めなさい。そのうえで話し合おうということです。それを実現しない限り人類の平和はこないと、私は確信します」(同、傍点筆者)

「どうしても戦争を阻止する。民族、日本、アジア、人類――それがなかったら、金もうけなんかの動機でこれだけ体を犠牲にしてやれますか」(同)

あれほど、「絶対」という言葉を嫌った彼が、それを使う。そのぐらい、危機感を持っていたのだろう。

そして、自ら、その準備に動いたようだ。

八〇年代まで、田中は、西ドイツのハイエク教授を訪ね、意見交換を重ねた。その記録やノートを見ると、「一神教」「多神教」「人類学」といった言葉がある。

そして、ハイエクも田中に、自分の思想は日本の禅と、またギリシア哲学と仏教にも共通点があるようだと指摘していた。まるで、二人で「世界会議」の構想を練っているようで、それは不思議に、日本のある場所を思い起こさせる。

田中が少年時代を過ごした函館、その元町の風景である。

母のアイに手を引かれ、ここの坂を登って、函館教会の日曜学校に通わされた。その周りは、仏教から神道、キリスト教のカトリック、プロテスタント、そしてロシア正教と、世界中の宗教が共存していた。

それぞれ異なる鐘の音が響き、異なる香煙の香りが漂い、しかし、同じように頭を垂れ、一心に祈る人々の姿があった。

生涯を終えようとする時、脳裏に浮かんだのは、幼い日、母に連れられて行った原風景だったのかもしれない。

その八幡坂の近くの函館教会は、正面玄関のコンクリートに、「1930」と刻まれている。ちょうど基礎部分の陰に当たり、訪れる人の目に触れることは、まずない。

この教会は、一九二一年の大火で焼失し、再建するため、三〇年の秋に定礎式が行われた。その際、玄関の礎石中に、聖書や賛美歌などの本が埋められた。

そして、ここは、共産主義に走った清玄が官憲に追われ、苦しんだアイが、救いを求めた場所だ。

彼女は、この礎石が置かれた年の早春、「お前は、よき日本人になっておくれ。私の死をむなしくするな」と遺書を残し、自裁する。

その清玄は、晩年、「俺が今日あるのは、母のおかげだ」と声を詰まらせた。

今も函館教会に刻まれる「1930」、それは、子から母への贖罪《しょくざい》の旅の始まりでもあった。

エピローグ

それは、まるで、久しぶりに開いた同窓会のようにも見えた。

二〇〇九年一二月一五日の夕方、私は、皇居の西隣にあるホテルグランドアーク半蔵門に向かった。

ここは元々、六〇年代の初め、警察職員と家族の福利厚生施設、半蔵門会館として開設された。平成に入って、一七階建ての本格的ホテルに生まれ変わり、内堀通り沿いの客室から、皇居の美しい森を望める。

宴会所の入口で、名前を伝え、会費を払って入ると、すでに、あちこちで参加者が談笑していた。奥の天井付近に垂れ幕があり、その下のテーブルに、額に入れられた二つの写真、花輪とワイングラスが置かれている。

垂れ幕には「田中清玄を偲ぶ会」とあり、額の中の写真は、田中とひで夫人である。あの冬の全生庵での葬儀から一六年、家族や元社員、そして、縁のあった者が一堂に会していた。

ある意味で、この男は、巨大なジグソーパズルだったのかもしれない。

二〇世紀という時代を舞台に、世界を駆ける行動をしながら、秘密主義で、核心に触れる部分は、ほとんど記録を残していない。

そのため、日本や海外のアーカイブを訪ね歩き、資料を入手し、存命中の関係者の証言を集めた。

それは、まるでパズルの断片を、一つ、一つ、組み立てていく作業にも似ていたが、それでも、答えが見えない割り切れなさが残った。

結局、田中清玄とは、何者だったのか。なぜ、亡くなった後でも、妙に気になって仕方がないのか。それを知るのに、本人を知る者が一堂に集うのは、またとない機会に思えた。

会場には、長男の俊太郎ら田中家、太田義人や林賢一といった元社員、全学連の篠原浩一郎などの顔も見えた。その隅のテーブルには、「田岡家」という札のついた花輪が飾られている。もちろん、山口組三代目組長、田岡一雄の家族である。

と言っても、湿っぽさは微塵もなく、むしろ、田中との思い出を酒の肴《さかな》に楽しむという雰囲気だった。

晩年の秘書だった林賢一が、ある参加者を紹介してくれた。出版社の集英社の元編集者らしく、グラスを手にした林が、はしゃいだように声を上げた。

「こちらが、プレイボーイに、うちの清玄先生のヌード写真を載せた人ですよ」

一瞬、何の話かと思ったが、顚末を聞いて納得した。

生前、田中は、いくつかの新聞や雑誌のインタビューに応じているが、その一つが、若者向けの「月刊プレイボーイ」だった。

同誌は、七〇年代に創刊され、ドキュメンタリーから小説、ヌード写真まで、硬軟取り混ぜた誌面で知られた。毎号、話題の人物を長時間インタビューして肉声を載せるコーナーがあり、相手は、政治家から作家、ミュージシャンと幅広い。

そして、一九八一年三月号に登場したのが、田中だった。

林によると、この一一ページに及んだ記事を、本人は、甚《いた》く気に入ったという。しかも、全文を英語に訳させ、ハイエク教授など海外の友人にも届けている。その理由は、実際のインタビューの文面を読んで、よく分かった。

それまで田中清玄というと、禍々しいイメージが強く、その思想や行動原理は、まともに取り上げられることがなかった。せいぜい、「右翼の黒幕」のレッテルを貼り、情報源に利用するぐらいだ。

それが、「プレイボーイ」は初めて、国際情勢からエネルギー問題、歴史、宗教への識見を載せ、「ラジカルなまでの平和主義者」と紹介した。皮肉にも、彼の実像を初めて正確に描いたのは、老舗や大手のマスコミでなく、若い女性の裸を売り物にする雑誌だった。

そして、ここでも田中は、彼一流のサービス精神を発揮する。

カメラマンの要請で、かつて児玉誉士夫の息のかかった暴力団員に撃たれた傷跡を見せたのだ。シャツの前をはだけた、その写真は、「腹部に残る二発の被弾痕」のキャプションをつけ、掲載された。

この号には、女優の大谷直子や金髪女性のヌードがあり、田中事務所のスタッフは、「うちの先生のも載った」と手を叩いて、はしゃいだらしい。

六〇年代、アブダビのザーイド首長と会った時、田中は、いきなり服を脱ぐと、狙撃の傷跡を見せ、鬼気迫るプレゼンテーションを始めた。それがきっかけで、ザーイドと意気投合し、ペルシャ湾の海上油田権益の獲得につながっていく。

「プレイボーイ」に載った田中清玄のヌード写真、それは、日本のエネルギー供給を変えた歴史の証言だったのだ。


西部邁と出会ったのも、この会場だった。

筆者撮影

田中清玄を偲ぶ会で挨拶する西部邁。

元東京大学教授で、保守派の評論家の彼が、田中を偲ぶ会に顔を出す。不思議な感じもしたが、後になって、なるほどと思った。

北海道出身の西部は、東京大学に在学中、全学連に入って、六〇年安保闘争に参加した。そして、東大教養学部の自治会委員長や中央執行委員となり、国会議事堂前のデモで、陣頭指揮を執る。

その年の一月、新安保条約の調印に、岸信介総理ら全権団が、羽田空港からワシントンに出発した。それを阻止するため、全学連は、空港のターミナル・ビルに籠城、七〇名以上が逮捕される。その一人が、二十歳の西部で、彼らの保釈金をカンパしたのが、田中だった。

マイクを前にした挨拶で、「何しろ、こっちは保釈金を出してもらってるんで」と話すのが聞こえた。頃合いを見てから、話しかけ、自己紹介してみた。

清玄さんについて調べている、毀誉褒貶の

あった人だが、できるだけ公平に書きたい……ここまで言いかけると、いきなり西部が、「馬鹿野郎！」と怒鳴ってきた。

すでに酔っぱらっていた。

「公平とか何とか言ってないで、あいつの正体暴いて、止《とど》めを刺すんだよ。あいつのせいで、俺は人生、滅茶苦茶にされたんだぞ！」

そう言うと、少し呂律《ろれつ》が怪しい口調で、一気に捲し立てた。

「あいつは、とんでもない法螺吹きで、昔、付き合わされて、えらい目に遭ったんだ。会津武士の末裔だからと、戊辰戦争の話をするのは、まだ分かる。けど、関ヶ原の戦いで、先祖がどう戦ったかなんて、ついていけなかった。だって、一六〇〇年の話だぞ。全部、法螺に決まってるじゃねぇか。あれは、もう、脳の病気だ」

怒りのせいか、アルコールのせいか、西部が声を張り上げるのを、黙って聞いていた。

「田中に、人生を滅茶苦茶にされた」。この意味は、六〇年安保と、彼の個人史を重ねてみると分かった。

羽田で逮捕され、保釈された西部は、その後、反安保闘争に復帰する。そして、六月の総理官邸前のデモを指揮して、機動隊と衝突、大勢の負傷者を出す。それから間もなく、再び逮捕され、数年は家族との関係も絶ち、裁判所へ通う日々が続いたという。

一時、パチンコにも溺れ、二〇代は経済的に困窮する日々も送った。その後、東大大学院で近代経済学を学び、横浜国立大学助教授や東大教授を経て、保守派論客として活躍する。

だが、久しぶりに会った全学連の仲間に、羽田事件で保釈されなかったら、あのまま暴れ回らず、人生が違ったかもと漏らしている。田中のカンパのせいで人生が狂ったとも取れ、それだけ左翼運動の挫折が、深いトラウマになったのだろう。

そして、後年、回顧録で、自分が強度の吃音《きつおん》だったと明かし、六〇年安保を、「馬鹿騒ぎ」「空虚な祭典」と断じていた。

「私は、自分のなした軽率や醜悪について、意識してやったことであるから、後悔するところはない。それどころか、もしそれらをくぐりぬけなければ、私は単なる吃音男でおわっていたであろうと確信している。言葉の吃音のみならず、精神の吃音が悪化していたであろうとすら推測される。極端な物言をあえてすれば、ちゃちな闘争ではあったが、信頼と裏切、理想と現実、希望と絶望、勇気と怯懦、その他さまざまの人間存在における二律背反の基本形を味わうことができたように思う。だから私は六〇年安保闘争に際会できたことを幸運だったと考えている」(『六〇年安保　センチメンタル・ジャーニー』文藝春秋)

北海道から上京してきた無垢《むく》な青年、西部にとり、六〇年安保は、貴重な青春の通過儀礼だった。それがあってこそ、「人間とは何か」を知り、後の思想遍歴、アカデミアでの活躍につながる。そして、それは、田中が保釈金を出し、全学連を支援したからこそ、可能だった。

とすれば、それで人生を狂わされたとするのは、少々、八つ当たりの気がしないでもない。

では、「あいつは法螺吹きだ」とは、どういう意味か。

その辺の事情は、後で複数の人間から聞かされて知った。八〇年代に西部は、ある出版社から、田中の評伝を書くよう依頼されていたのだ。初めは、本人もやる気で、何度か田中のもとを訪ね、インタビューを重ねた。

ところが、やがてその話に、明らかな事実誤認や誇張、虚偽が混じっているのに気づいたらしい。そして、じつは、それは本書を書く際、私が体験したことでもあった。

生前、田中が発表した回顧談の裏を取ろうとすると、それと食い違う事実、証言が次々に現れたのだ。悪く言えば、自己顕示欲と英雄願望の塊、好意的に見れば、話を面白くしたいサービス精神かもしれない。

しかも、本人が、「俺は、法螺は吹くけど、嘘はつかんよ」と言うから、厄介だ。この虚実綯《な》い交ぜにした語り口が、うさんくさいイメージを、さらに増幅させる。

幸い、自分の場合、英国や米国で公文書が機密解除され、昔の事情を知る当事者が口を開いてくれた。これらで活動を検証でき、ある程度、法螺と事実の境を見抜くことができた。それは、まるで不純物が混じった液体を、時間というフィルターで濾過《ろか》するのにも似ていた。

気の毒なのは、田中の話に、延々と付き合わされた西部邁である。

独演会のように、法螺混じりの話を聞かされ、かつ、それを本にしなければならない。必死に唇を噛み、耐えているのが、目に浮かぶ。

そんな体験が何度か続いた、ある日、事件は起きた。

田中とホテルで食事中、突然、西部が胸を押さえ、ぐったりとしてしまった。秘書たちが、慌てて声をかける。結局、その後、出版はうやむやになるのだが、本当に体調を崩したのか、または仮病だったかは判然としない。いずれにせよ、脳と心臓に過大な負担がかかったのは、間違いなかった。

〈あいつのせいで、俺は、えらい目に遭ったんだぞ〉

そこには、悲劇にも喜劇にも取れる、妙な実感が籠もっていた。やはり、清玄行く処、騒動あり、か。

その西部は、二〇一八年一月、都内大田区の多摩川で入水自殺を遂げる。結局、彼と言葉を交わしたのは、それが最初で最後、わずか五分余りだった。だが、田中清玄とは何か、という問いに、最も雄弁な答えをくれたのは、西部だったように思える。

「まぁ、西部は、そういう奴だから。でも、とか何とか言いながら、清玄さんを偲ぶ会をやれば、顔を出すじゃない」

同じく六〇年安保で、全学連の中央執行委員だった篠原浩一郎は、そう言って苦笑いした。

公私共に田中に世話になり、感謝している者は多い。だが、同時に、その強烈な個性に圧倒され、辟易し、逃げ出してしまう者も多かった。それは、田中の会社の社員たちにも言える。「もう、こんな人についていけない」と、去っていく者もいたのだ。

ところが、後になると妙に懐かしく、偲ぶ会をやると、つい、顔を出してしまう。この愛憎半ばするのが、田中の持つ不思議な磁力なのだろう。現に西部も、進んでマイクの前に立っている。

そして、篠原は、別の形で、田中の実像を教えてくれた。

二〇一五年九月、有楽町にある外人記者クラブ、日本外国特派員協会で、安全保障関連法案に反対する学生団体、ＳＥＡＬＤｓ（シールズ）が会見した。当時、安倍晋三内閣は、集団的自衛権の行使を可能にする法案成立を目指し、全国的な反対運動が起きていた。

法案は、憲法九条に違反し、立憲主義や平和主義、国民主権に反するとし、連日、国会周辺でデモが行われる。一〇代から二〇代前半のＳＥＡＬＤｓも、その主役の一人で、私も会見に参加した。そこへ、元全学連の篠原を誘ってみた。

安保法案を通そうとする安倍総理は、その五五年前、日米安保条約を改定した岸の孫だ。その打倒を叫び、国会突入を図った篠原が、自分の孫のような年格好の学生の会見を見守る……想像しただけでも、絵になる。

会見場は、マスコミ各社の記者やカメラでむせ返るようで、その間、篠原は、じっと何かに思いを馳せる表情で見つめていた。

終了後、クラブの中にあるバーで、一杯やろうという話になった。生ビールを注文し、タブレット端末の画面を開くと、あるニュースが目に飛び込んできた。

ちょうど、この日は、横浜で安保法案の地方公聴会が開かれた。その後、国会議員が東京へ戻り、その夜にも、強行採決が行われるとの噂が流れる。それを阻止するため、公聴会の会場のホテル周辺に、群衆が集まり始めていた。

ニュースによると、デモ隊が、道路や新横浜駅を占拠し、議員を戻れなくする動きもあるという。それを篠原に言うと、破顔一笑、「おー、いいねぇ！」と、上ずった声を上げた。まるで、〈そうこなくっちゃ！〉と言いたげな、稚気に溢れた笑顔だった。

かつて、全学連委員長の唐牛健太郎と羽田に籠城、機動隊の装甲車を乗り越え、国会に突入した男だ。その瞬間、何とも言えない不思議な感覚が、私を包んだ。今、ここに田中清玄がいても、同じセリフを口にしたのでは。

後で知ったが、この日、国会議員の車を止めようと、デモ隊が一斉に路上に寝転び、横浜は大混乱に陥っていた。

「不謹慎な」と、眉をひそめる人もいるだろう。

だが、得てして歴史とは、そういう人間が集まり、動かしていく。過去の政変や革命を見ても、そうだ。理性とか、目先の損得ではなく、突き上げるような衝動、それが頭の中を真っ白にし、無意識に体が動いてしまう。

そして、田中は、そういう人間の筆頭格だった。いや、騒動好き、と言ってもいい。それは共産党時代も、電源防衛隊でも、六〇年安保でも、そして、海外の石油権益獲得でも同じだった。

「俺は、混乱してる時に、力を発揮するんだ。平和になったら、俺なんか用はないんだ」

長男の俊太郎に漏らしたという言葉は、まさに正鵠を得ていた。

八七年の生涯を通じ、田中は、行く先々で、事件や騒動を起こし続ける。その中で、最も彼らしいエピソード、それは、ロンドンでのある晩の出来事だと思われる。

一九七三年の秋、田中角栄総理が訪英した際、日本興業銀行相談役の中山素平ら、資源派財界人が同行した。海外石油開発の今里広記社長、石油開発公団の島田喜仁総裁らで、英国のＢＰの油田権益を取得するためだ。

それに田中も参加し、ある晩、日本大使館でパーティが開かれた。この時、どういう経緯か、中山の指名で、一人ずつ、歌を披露することになった。

今里や島田らは、「陛下の御真影の前で、流行歌が歌える」と、無邪気に喜んだ。やがて自分の番が回って、田中は、ちょっと困惑した顔を浮かべ、意を決したように、「インターナショナル」を歌い始めたのだ。これは、その場にいた人物から確認した。

「起て飢えたる者よ、今ぞ日は近し、醒めよ我が同胞《はらから》、暁は来ぬ」

「暴虐の鎖断つ日、旗は血に燃えて、海を隔てつ我等、腕《かいな》結びゆく」

「いざ、闘わん、いざ、奮い立て、いざ、あぁ、インターナショナル、我等がもの」

むろん、世界中で広く歌われ、一時、ソ連の国歌にもなった、伝統ある革命歌だ。

共産主義の象徴と言える歌を、日本の錚々たる財界人に、しかも、昭和天皇の御真影を前に披露した。支離滅裂で、さぞや、中山たちも唖然としたろう。この男は、本当に転向したのか。

だが、田中本人には、何ら、矛盾はなかったはずだ。

長年、欧米の国際石油資本が支配し、儲けを独占してきた油田権益、それに、アラブの産油国が反旗を翻し始めた。その間隙を縫って、日本が独自の権益を手に入れる。それは、まさに世界のエネルギーの秩序を変える「革命」であった。

とすれば、やはり、この場に相応しい歌は、「インターナショナル」しかない。共産主義を捨てた後も、彼は終生、革命家として生きていたのだ。

「俺は日本だ、日本は俺だ、文句あるか」

生前、あなたは何者なのか、と問われ、こう返している。夜の帳《とばり》が下りたロンドンで、田中が口ずさむ革命歌は、どこへともなく響いていった。

謝辞

いつか、この本を書きたいと最初に思い立ったのは、一九九三年一二月一一日、スイスのジュネーブにいた時だった。当時、そこで行われたＧＡＴＴ（関税及び貿易に関する一般協定）の交渉、その取材で、ジュネーブのホテルに滞在していた。

すでに東西冷戦が終わり、二年前には、ソ連も崩壊した。

ついに長年の宿敵、共産主義に勝利した。これからは、市場経済と民主主義が世界を覆い、平和と繁栄をもたらす。そんな高揚感が溢れ、自由貿易を話し合うＧＡＴＴの場でも、はっきり感じられた。そして、唯一の超大国となった米国の経済学者は、宣教師のように旧東側へ向かう。

後で知ったが、この頃すでに、田中は、米国の驕りと資本主義の限界、ロシアの民族主義の台頭、戦争の危険を警告していたのだった。

まだ、インターネットやメールが普及する前である。毎朝、ホテルの売店で、日本の新聞の国際衛星版を買うのが日課だった。いつものように朝刊を開くと、社会面に、「田中清玄氏が死去」という見出しがあった。

その瞬間、「しまった」という言葉が口を衝いて出て、ロビーのソファに座り込んでしまった。こんなことなら、なぜ、もっと早く……後悔と落胆で、体の力が抜けたのを覚えている。

田中清玄という国際的フィクサーがいるのは、以前から耳にしてきた。戦前の過激な左翼から、一転して右翼になった男。一匹狼で、海外の指導者、王族に食い込み、中東の石油権益で荒稼ぎしたという。また天皇の影の藩屏であり、裏社会にも通じるらしい。

今の時代、本当に、そんな日本人がいるのか。当然のように好奇心を刺激され、友人を通じて、インタビューを申し込んだ矢先だった。だが、本人が世を去った以上、その実像を知る手段は、もうない。

これは、完全に自分の思い違いだった。

それから一〇年以上経ち、英米政府を中心に、田中に関する文書が、続々と機密解除され始めたのだ。生前の彼は、秘密主義で知られ、行動の核心に触れる部分は、明かしていない。また、その軌跡も、虚実綯い交ぜて語られ、〈うさんくさい〉という印象がつきまとってきた。

ひょっとしたら、「東京タイガー」に新たな光を当てられるかも。そんな希望が芽生え始めてきた。だが、単に資料を集めて組み立てるだけでは、その人物像は見えてこない。田中の人生に深く関わり、長所も短所も知り尽くす人間が、胸襟を開いてくれるかが、鍵になる。

その意味で、長年の右腕だった太田義人への恩義は大きい。彼の協力なしに、終戦直後の電源防衛隊、六〇年安保、海外の油田権益獲得の内幕は書けなかった。山口組三代目の田岡一雄組長との友情も、そうである。

また、田中の長男の俊太郎にも、感謝の意を表したい。東京會舘での狙撃事件、ハプスブルク家のオットー大公との交遊など、家族しか知り得ないエピソードは、生き生きとした色彩を与えてくれた。

残念ながら、太田はすでに故人となり、この本を届けることはできなかった。だが、田中の虚像と実像を明らかにするという願いに、少しは応えられたのではないか。

そして、太田は亡くなる前、訪ねてきた俊太郎に、「いろいろあったけど、面白かったなぁ」と声をかけたという。「面白かった」、このごく短い一言に、田中清玄とは何か、が凝縮されているように思える。

執筆に当たっては、国内外の数多くの組織や人々が力を貸してくれた。

北海道では、会津藩に連なる田中の家系、幼少期を知るのに、七飯町歴史館にお世話になった。母アイと清玄のキリスト教との関係は、函館教会、日本基督教団、青山学院資料センターなどの文書を参照した。

京都大学人文科学研究所図書室の「警視庁聴取書」、湘南大庭市民図書館の「石堂清倫文庫」は、武装共産党時代の田中の姿を教えてくれた。日本共産党中央委員会の資料室、矯正図書館の記録も役立った。

終戦直後の電源防衛隊では、米バージニア州のマッカーサー記念館のGHQ文書、国立国会図書館憲政資料室の占領関係資料などを参考にした。

六〇年安保闘争は、全学連の元中央執行委員の篠原浩一郎、東原吉伸の証言に負うところが大きい。東京會舘の狙撃事件は、東京地方検察庁が所蔵する裁判関係資料も基にした。

海外の石油権益獲得を巡る動きは、機密解除された英米政府や石油メジャーの記録が、貴重な情報源になってくれた。特に英国国立公文書館、ニクソン大統領図書館、フォード大統領図書館、国家安全保障アーカイブに感謝したい。この他、外務省の外交史料館、日本アラブ首長国連邦協会の記録も参考にした。

また、ロンドンでは、六〇年代、東京の英国大使館の商務参事官で、後に駐日大使を務めたヒュー・コータッツィが、有意義なアドバイスをくれた。このコータッツィは、田中が、中東の油田権益でフィクサーとして暗躍した頃、本国に注意を喚起した人物である。

米スタンフォード大学フーバー研究所の「フリードリヒ・ハイエク文書」は、ハイエク教授と田中が交わした大量の書簡を含んでいた。また、ハプスブルク家当主のオットー大公では、ハンガリーのオットー・フォン・ハプスブルク財団が、貴重な記録や写真を提供してくれた。宮内庁の宮内公文書館の記録も役立った。

晩年の田中が取り組んだ天皇訪中計画、再生可能エネルギーは、元秘書の林賢一らの話を基にした。東京大学法学部近代日本法政史料センター原資料部の「田中清玄関係文書」も参考にした。

政界や官界、財界で、田中と付き合いのあった、中には利害が対立した人々にも接触した。だが、匿名を条件に証言する者も少なくなく、その内容は、文中の背景描写に使わせてもらった。

最後になったが、本書の出版に当って、文藝春秋の吉地真にお世話になった。ここに記して謝意を表したい。


（敬称略）

二〇二二年七月

主要参考文献

・「田中清玄自伝」（田中清玄、文藝春秋）
・「世界を行動する」（田中清玄、情報センター出版局）
・「統治者の条件」（田中清玄、情報センター出版局）
・「評伝田中清玄」（大須賀瑞夫、勉誠出版）
・「エンペラー・ファイル」（徳本栄一郎、文藝春秋）
・「東京電力三十年史」（東京電力社史編集委員会）
・「私の履歴書　39」（日本経済新聞社）
・「函館市史　通説編第三巻」（函館市史編さん室）
・「日本基督教団函館教会100年史　1874-1974」（日本基督教団ハリス監督記念函館教会）
・「要略　会津藩諸士系譜　下巻」（芳賀幸雄編著、歴史春秋社）
・「道南女性史研究　明治生まれの女たち」創刊号
・「神奈川県警察史　中巻」（神奈川県警察本部）
・「ある内務官僚の軌跡」（上田誠吉、大月書店）
・「日本共産党の八十年」（日本共産党中央委員会）
・「愛は牢獄をこえて」（中本たか子、五月書房）
・「治安維持法検挙者の記録　特高に踏みにじられた人々」（小森恵著、西田義信編、文生書院）
・「東京帝大新人会の記録」（石堂清倫、竪山利忠編、経済往来社）
・「東京大学空手部六十年史」（拳法会報記念号）
・「新人会の研究　日本学生運動の源流」（H・スミス、東京大学出版会）

・「慈眼悲心　教誨師六十年の歩み」(乙山如雲、一如庵)
・「獄中日記」(河上肇、河上肇全集22、岩波書店)
・「自叙伝」(河上肇、河上肇全集続6、岩波書店)
・「近代日本社会運動史人物大事典」(近代日本社会運動史人物大事典編集委員会編、日外アソシエーツ)
・「小菅刑務所図集1929」(小菅刑務所)
・「側近日誌」(木下道雄、高橋紘編、中央公論新社)
・「入江相政日記」(入江相政、朝日新聞社)
・「回想　山本玄峰」(玉置辨吉編著、春秋社)
・「無門関提唱」(山本玄峰、大法輪閣)
・「玄峰老師」(高木蒼梧編著、大法輪閣)
・「わが生は苦悩に灼かれて」(中本たか子、白石書店)
・「苦悩の年鑑」(太宰治、「グッド・バイ」収録、新潮社)
・「1945日本占領」(徳本栄一郎、新潮社)
・「悪政・銃声・乱世」(児玉誉士夫、廣済堂出版)
・「安保闘争の概要：闘争の経過と分析」(公安調査庁)
・「60年安保　6人の証言」(森川友義編著、同時代社)
・「六〇年安保センチメンタル・ジャーニー」(西部邁、文藝春秋)
・「ブント私史」(島成郎、批評社)
・「唐牛健太郎追想集」(唐牛健太郎追想集刊行会)
・「ペガサスの記憶」(桐島洋子、桐島かれん、桐島ノエル、桐島ローランド、小学館)
・「政治と人生」(中曽根康弘、講談社)

・「岸信介回顧録」（岸信介、廣済堂出版）
・「岸信介」（原彬久、岩波書店）
・「岸信介政権と高度成長」（中村隆英、宮崎正康編、東洋経済新報社）
・「日本警察官僚総合名鑑」（小山善一郎、石丸陽編、新時代社）
・「松永安左ェ門翁の憶い出」（電力中央研究所）
・「セブン・シスターズ　不死身の国際石油資本」（アンソニー・サンプソン、日本経済新聞社）
・「British Petroleum and Global Oil 1950-1975: The Challenge of Nationalism」（James Bamberg, Cambridge University Press）
・「ファーイーストオイルトレーディング20年史」（20年史編纂委員会、ファーイーストオイルトレーディング）
・「30 Years offshore Abu Dhabi 1968-1998」（Abu Dhabi Oil Co., Ltd.）
・「忘れ得ぬ石油人たち」（矢部孟）
・「市場対国家」（ダニエル・ヤーギン、ジョゼフ・スタニスロー、日本経済新聞社）
・「フリードリヒ・ハイエク」（ラニー・エーベンシュタイン、春秋社）
・「ケインズかハイエクか　資本主義を動かした世紀の対決」（ニコラス・ワプショット、新潮社）
・「自然・人類・文明」（F・A・ハイエク、今西錦司、NHK出版）
・「山口組三代目　田岡一雄自伝」（田岡一雄、徳間書店）
・「ハプスブルク帝国、最後の皇太子」（エーリッヒ・ファイグル、朝日新聞出版）
・「ハプスブルク家」（江村洋、講談社）
・「図説ハプスブルク帝国」（加藤雅彦、河出書房新社）

本書の登場人物の証言の中で、現在の価値観からすると差別的と捉えられる可能性のある部分がありますが、歴史的な証言であることからママとしました。ご理解を賜わりますようお願い申し上げます。

現代の読者の読みやすさを考えて、引用中の旧字体、歴史的仮名遣いを、新字体、現代仮名遣いに改めた部分があります。こちらもご理解を賜わりますようお願い申し上げます。

徳本栄一郎（とくもと・えいいちろう）

1963年佐賀県生まれ。英国ロイター通信特派員を経て、ジャーナリストとして活躍。国際政治・経済を主なテーマに、取材活動を続けている。ノンフィクションの著書に『英国機密ファイルの昭和天皇』、『1945日本占領』（以上、新潮社）、『エンペラー・ファイル』（文藝春秋）、小説に『臨界』（新潮社）などがある。

田《た》中《なか》清《せい》玄《げん》

二十世紀《にじゅっせいき》を駆《か》け抜《ぬ》けた快男児《かいだんじ》

2022年8月30日　第1刷発行

著者　徳《とく》本《もと》栄《えい》一《いち》郎《ろう》

発行者　大松芳男

発行所　株式会社 文藝春秋
〒102-8008
東京都千代田区紀尾井町3-23
電話　03-3265-1211（代表）

印刷所　図書印刷

製本所　図書印刷

ISBN 978-4-16-391530-2